JOAQUÍN

EL CHAPO

GUZMÁN

EL VARÓN DE LA DROGA

JOAQUÍN EL CHAPO GUZMÁN

EL VARÓN DE LA DROGA

ANDRÉS LÓPEZ LÓPEZ

AGUILAR

Joaquín "El Chapo" Guzmán: El Varón de la Droga

Primera edición: noviembre de 2015
Segunda edición: febrero de 2016

D. R. © 2015, Andrés López López
D. R. © 2016, derechos de la presente edición en castellano:
Penguin Random House Grupo Editorial USA, LLC.
8950 SW 74th Court, Suite 2010
Miami, FL 33156

Diseño de cubierta: Luis Sánchez Carvajal
Foto de cubierta: © Tomas Bravo / Reuters
Formación de interiores: Oscar Levi García

Este libro se basa en hechos reales, con muchos de los personajes y escenarios auténticos,
aunque parte de la historia y de sus protagonistas responde a la
libertad de ficción ejercida por el autor.

ISBN: 978-1-941999-49-3

Printed in USA by Thomson-Shore

Penguin
Random House
Grupo Editorial

PREÁMBULO

La noticia corrió como pólvora y los medios de comunicación del mundo entero la confirmaban: Joaquín "el Chapo" Guzmán había sido capturado por tercera vez. El 8 de enero de 2016 un comando de la Marina mexicana logró poner fin a una búsqueda que se había iniciado seis meses antes.

Recuerdo que el domingo 12 de julio de 2015, cuando desperté a las 5:30 de la mañana para comenzar mi rutina diaria, tenía en mi celular una cantidad de mensajes que hicieron que me levantara más rápido que de costumbre. La noche anterior, a eso de las 8:52, había sucedido lo que nadie esperaba, aunque muchos pudiéramos haberlo imaginado: se había fugado "el Chapo" Guzmán.

Los mensajes, que venían de diferentes remitentes —autoridades estadounidenses y mexicanas, bandidos, narcos, periodistas de todas las latitudes y gente común— coincidían en que informaban sobre lo mismo: la fuga del Varón de la Droga.

Mi primera reacción fue como la de todos: asombro e incredulidad. Pero cuando a eso de las seis de la mañana, las noticias corroboraron la información de los mensajes, sentí curiosidad por saber cómo había sucedido lo impensable. El penal del Altiplano, donde el Chapo estaba pagando por sus actos, era el más seguro de México, al menos hasta ese día.

Desde entonces sigo impresionado por la precisión con la que construyó el túnel de mil quinientos metros. El riesgo no fue su diseño, ni siquiera su construcción; el cambio en una sola de sus variables habría bastado para que todo fuera a dar a la chingada. Si la dirección del penal hubiera decidido cambiar de celda al Chapo o hubiera escuchado las denuncias de los otros presos ante semejantes ruidos, el plan habría fallado. Según las últimas informaciones que me llegaron en ese momento de fuentes fidedignas, el Chapo estaba completamente seguro de que nada alteraría el plan que tenía.

Entre las muchas versiones que circularon hay una que asegura que, en el predio donde se encontraba la salida del túnel, había un helicóptero esperándolo con uno de sus hijos a bordo para llevarlo a un destino desconocido. Esa misma versión asegura que capturaron a los pilotos, pero se ignora la razón por la que las autoridades no han sacado a la luz pública semejante noticia. De ser cierto, lo que resulta más difícil de creer es cómo es posible que aterrice un helicóptero a tan corta distancia de una prisión de alta seguridad sin que nadie vea ni diga nada.

Como narro en las siguientes páginas, el Chapo había utilizado su capacidad de convencimiento y corrupción para escapar en 2001. Igual que en el pasado, estoy seguro de que a mucha gente —y, por qué no decirlo, a muchas autoridades— les convenía que el Chapo estuviera afuera. Solo que ninguno de sus amigos tuvo en cuenta, en esta ocasión, la variable desconocida, aquella por la que hombres como el Chapo, que casi terminan convertidos en mito, caen en el momento menos esperado.

Así sucedió en lo que se ha llamado la recaptura o tercera caída del Chapo. La madrugada del 8 de enero de 2016, un comando de la Marina mexicana, instruido y preparado en los Estados Unidos, daría un certero golpe matando a cinco de sus hombres y apresando a seis, quienes conformaban su anillo de seguridad. Un golpe que, según las autoridades, llevaba tiempo preparándose a partir de una llamada anónima que alertó de que en una casa de Los Mochis había hombres armados. Una versión que me resulta manipulada para tratar de desvirtuar la verdadera realidad: que en este momento político era necesario que el Chapo regresara a prisión.

Pero, después de varios días, la noticia de la recaptura del Chapo pasó a un segundo plano cuando se reveló que el actor americano ganador de dos premios Óscar, Sean Penn, había logrado lo que muchos periodistas estaban buscando: una entrevista con el prófugo más buscado del mundo.

A raíz de esa revelación –la entrevista de Sean Penn– la recaptura del Chapo pasó a un segundo plano y tomó fuerza inusitada otra nueva revelación, esta vez a cargo del mismo actor: la importancia que había tenido la actriz mexicana Kate del Castillo para que Sean Penn pudiera llevar a cabo su entrevista.

Se trata, ciertamente, de una novela que promete, porque estoy seguro de que no se han revelado todos sus puntos de giro, los cuales siempre irán a confluir al mismo lugar: la fuerza de atracción que ejerce un personaje como "el Chapo" Guzmán en una mujer.

Aún hay muchos acontecimientos e historias que contar sobre un personaje como Joaquín Guzmán Loera, un imán que atrae metales de todo calibre, y que en su momento seguramente serán revelados.

Alguien como el Chapo, que ha vivido haciendo lo que le da la gana con absoluta libertad incluso estando preso, si pierde esa misma libertad pierde en cierta medida su propia esencia. No se trata de ser fuerte con las armas ni con las organizaciones, ni de tener visión en los negocios; se trata de convencer. Esa es la fortaleza de un hombre como Joaquín Guzmán, y si se le quita esa arma, se le derrumba la mitad de la vida.

Convencer es tener la capacidad de hacer que otro haga lo que uno quiera. Esto es algo muy parecido a lo que hacen los políticos, un punto de unión de dos líneas aparentemente separadas. El Chapo ha aprendido que convencer paga, y tal vez buscando limpiar su imagen trató de hacerlo obligatorio, un hecho contra el que algunos periodistas se rebelaron. Una oda a una práctica muy común que tuvo el capo Pablo Escobar en Colombia para amilanar a sus enemigos: "Plata o plomo".

Desde mi punto de vista eso constituye un error, pues mejorar una imagen a la fuerza es incoherente con el mismo objetivo trazado.

Antes de su recaptura en Los Mochis, pensé que el temor a la extradición podía haber sido la motivación más fuerte para que el Chapo tomara la decisión de arriesgar su vida escapando por un túnel, burlarse del mundo entero y retomar las riendas de su negocio. Pero ante las nuevas revelaciones me atrevo a decir que le ganó la megalomanía, algo natural en capos como el Chapo. Por su origen humilde (miembros de familias numerosas, ignorados por la mayoría de los que los rodean, exceptuando la madre), tal vez por su condición, físico o nivel de educación, han tenido que crecer en un contexto donde la pobreza es dueña y señora, han sido discriminados, provocando que cuando tienen todo el dinero y el poder para llenar ese vacío, pierdan la noción de la realidad.

En el video que circuló por todos los medios, se pudo ver cómo minutos antes de su fuga en julio de 2015 el Chapo se acercó a la regadera, se agachó y caminó de regreso a la parte amplia de la celda; pero percibo que regresó con algo diferente: tenía un arma en la entrepierna que alguien desde el interior del túnel le acababa de entregar. Esto para mí significa que el Chapo estaba decidido a escapar o morir; esa era su consigna.

Ahora entiendo que la motivación resultaba más poderosa que su propia vida. El Chapo debió haber sentido que su extradición era inminente y que prefería morir a pasar el resto de su vida en una prisión de los Estados Unidos. Lo mismo que, paradójicamente, pregonaban los narcos colombianos a mediados de los ochenta: "Preferimos una tumba en Colombia que un calabozo en los Estados Unidos". El Chapo, ahora, debe estar pensando lo mismo.

No creo que llevando a cabo una fuga espectacular como la que protagonizó tuviera la intención de dejar a las instituciones de seguridad mexicanas en ridículo. Al menos no con la fuga, sino con lo que pasaría después. La intención ingenua de conocer a una mujer y hacer una película, queriendo eternizar su espíritu y legado por si algún día lo mataban o lo volvían a recapturar, dejaría mal parado al gobierno mexicano, que había permitido que el hombre más buscado del mundo hiciera en sus narices lo que le venía en gana. Una afrenta que pueden terminar pagando justos por pecadores.

En este negocio siempre se piensa primero en uno, segundo en uno, tercero en uno y luego, sí, en las posibles consecuencias de los actos. La primera motivación es salvarse, salvar la propia vida, hacer lo que se crea conveniente; jamás se piensa si las propias acciones van a beneficiar o no a un gobierno o a unas personas, así sean famosas. Sencillamente impera la ley del "sálvese quien pueda", y lo repito: muchos funcionarios públicos pudieron haber celebrado la fuga del Chapo porque, con el narco afuera, paradójicamente, se sentirían más seguros; pero otros, que políticamente están haciendo carrera y tienen que pagar favores, se deben sentir contentos por su recaptura.

Fueron seis meses de soñar con la fama desde aquel 11 de julio, caminando en su celda como león enjaulado y viendo en la pequeña pantalla de televisión el programa *Sabadazo*. Su obra maestra, que comenzó en los años ochenta cuando construyó a lo largo de la frontera entre los Estados Unidos y México más de setenta túneles por donde pasó toneladas de droga, se concretó en ese túnel de un kilómetro y medio que lo llevó a la libertad por muy poco tiempo. La estrategia le funcionó a la perfección, pues así como para unos fueron los cielos, para el Chapo su gran fortaleza fue el subsuelo.

Cuando bajó las escalerillas del túnel se hizo de una segunda arma, un cuerno de chivo*, con el que estaba dispuesto a abrirse camino a plomazos si era necesario. La motivación de concretar una ilusión le marcaba el derrotero, la luz al final del túnel, la supuesta libertad.

Una vez que lo recorrió en moto, dejando tras de sí diversas trampas por si era perseguido, el Chapo recordó la promesa que había hecho en Guatemala la primera vez que lo

---

* Fusil de asalto AK-47.

capturaron: nunca más volvería a poner un pie en una prisión. La extradición inminente, el maltrato continuo de propios y extraños a su familia, sus socios que lo dejaron solo y la traición de un gobierno eran motivos suficientes. Para volverlo a ver tras las rejas, las autoridades tuvieron que vencer al mito. El ser humano tuvo que caer como un trueno desde el Olimpo para poner fin a la leyenda en la que el mismo gobierno y la misma sociedad lo convirtieron y que él quería inmortalizar en una película, a su antojo y conveniencia, para la posteridad, buscando ser recordado como han sido recordados muchos héroes mexicanos.

Este es Joaquín Guzmán Loera, el Chapo, el Varón de la Droga, y así comienza su historia.

INTRODUCCIÓN

Es un reto acercarse a la vida de un personaje tan complejo como Joaquín Archivaldo Guzmán Loera, el Chapo Guzmán, para quien lo intente desde una perspectiva distinta de la periodística o investigativa.

En este libro fusiono dos mundos: el de la ficción y el de los hechos reales, tal como lo he venido haciendo desde que decidí contar mi experiencia en el mundo del narcotráfico. La fusión de estos dos mundos me ha permitido construir un estilo propio en la mal llamada "literatura narco"; a fin de cuentas, la literatura es literatura, sin adjetivos.

Esta historia se vertebra a partir de hechos trascendentales de la vida del Chapo Guzmán, desde su niñez en la pequeña población rural de La Tuna, en el municipio de Badiraguato en el estado de Sinaloa, México, pasando por su adolescencia, que se desarrolló bajo el amparo de los grandes capos del narcotráfico de Sinaloa, hasta sus dos capturas. Los ejes transversales del relato son las vivencias con sus mujeres, en cuyos detalles me detengo para mostrar su faceta de esposo, padre y amante.

Preso en la penitenciaría de máxima seguridad del Altiplano, en Almoloya de Juárez, Estado de México, antes de su última fuga, el Chapo Guzmán afrontaba nueve procesos penales, purgaba tres condenas y encaraba un inminente procedimiento de extradición a los Estados Unidos.

Conozco las peculiares características del Chapo y trato de mostrar la otra cara de un personaje que, por más que sea humanizado, no deja de ser un criminal. Así que, para quien esté interesado en conocer la historia detrás de los titulares, está este libro.

Mi narración sobre su vida ofrece una perspectiva diferente de la que sobre él se da a través de los medios de comunicación, o de las dependencias de seguridad del Estado mexicano: un personaje equivocado y nefasto para la sociedad. Como cualquiera de nosotros, el Chapo tuvo una madre, un padre, hermanos, mujeres e hijos que lo han amado. Además, cuenta con un pueblo que lo aprueba y lo venera, y que incluso ha realizado marchas para oponerse a su extradición.

A lo largo del libro entretejo algunos hechos relevantes de la vida del Chapo Guzmán con otras historias reales para construir un relato lo más verídico posible, en el cual una de las constantes es el contraste entre valores positivos y negativos. Por petición de algunos protagonistas, sus nombres han sido cambiados, sin que esto afecte la veracidad de la historia que aquí presento.

El Chapo, solicitado por siete tribunales federales de los Estados Unidos, acusado de haber introducido al menos quinientas toneladas de cocaína en territorio estadounidense, exhibe los rasgos comunes a los narcos: ambición, avidez de poder, necesidad de dominio sobre los demás, soborno, sevicia, engaño, mentira y traición. Antivalores que también se pueden reconocer en líderes de sociedades que se consideran justas y democráticas.

No es casualidad que, hasta antes de su segunda fuga, el Chapo —que había logrado frenar toda orden de extradición a los Estados Unidos—, tuviera que compartir el espacio de la penitenciaría con algunos de sus enemigos acérrimos: los Zetas, Servando Gómez, la Tuta, o el exalcalde de Iguala, José Luis Abarca, quienes con el mismo objetivo, operando en diferentes organizaciones, equivocaron el destino de sus vidas. Lo paradójico es que otros individuos de igual o mayor peligrosidad permanecen libres, caminando entre nosotros, insertados en la estructura del negocio de las drogas, ocupando el lugar de quienes permanecen en reclusión.

Asimismo, tomo la experiencia del Chapo Guzmán para contrastar los valores de una sociedad con la práctica de un negocio que, aunque estigmatizado, no se ha logrado erradicar. Todo lo contrario: ha crecido y se ha desplazado hacia otro tipo de organizaciones y de actividades criminales que en México han cobrado la vida de por lo menos ochenta mil personas, y ha dejado un saldo de veintidós mil desaparecidos, entre los que se cuentan los cuarenta y tres estudiantes de Ayotzinapa.

Usted se dispone a leer una historia que combina acción, amistad, amor, ambición, y también traición y sevicia. Una historia que le dará una nueva perspectiva acerca del Chapo Guzmán, conocido como el Varón de la Droga. Se le llama *varón* por las agallas que tuvo para llegar a ser el capo que fue —¿y seguirá siendo ahora prófugo de la justicia?—, condición nada admirable en una sociedad que elogia públicamente ciertos valores. Sin embargo, tras el capo es posible reconocer a un personaje que, pese a sus escasos estudios, llegó a ser jefe de una de las organizaciones criminales más grandes del mundo, amado por diferentes mujeres con quienes concibió varios hijos que hoy, al igual que ellas, lo miran con admiración.

I
JOAQUÍN ARCHIVALDO GUZMÁN LOERA, EL CHAPO

Cuando el reloj marcaba las diez de la mañana, un comando de la Inteligencia Militar guatemalteca, acompañado por varios miembros del ejército mexicano y una agente de la DEA (Agencia de Lucha Contra las Drogas de los Estados Unidos), se disponían a irrumpir en el lugar que hasta ese momento había servido como refugio a Joaquín Guzmán Loera, el Chapo Guzmán. Era el 9 de junio de 1993. El Chapo, el mayor narcotraficante mexicano, había pasado más de quince años evadiendo a las autoridades, quienes querían presentarlo ante la Procuraduría General de la República y ante varios tribunales de los Estados Unidos por tráfico de drogas.

Los comandos llevaban días rastreando a uno de los hombres más buscados desde que había huido no solo de las autoridades, sino también de sus enemigos, los hermanos Arellano Félix, jefes del temido cártel de Tijuana, quienes días antes le habían tendido una emboscada a las afueras del aeropuerto de Guadalajara con la intención de ultimarlo.

Pero ese día la fortuna estuvo del lado del Chapo. Los disparos de los fusiles impactaron al cardenal Jesús Posadas Ocampo, a quien por un azar del destino o por mala suerte los agresores confundieron con su enemigo, el Chapo Guzmán.

El aviso que había recibido la Inteligencia Militar guatemalteca resultó cierto. En veinte minutos un comando de este cuerpo llegó al lugar donde se refugiaba el Chapo; mientras algunos soldados rodearon el sitio, otros entraron al hotel en donde se hospedaba. Luego de someter al encargado de la recepción, subieron las escaleras hasta el tercer piso, avanzaron sigilosos por el pasillo y se detuvieron frente a la puerta de la habitación para coordinar el asalto en silencio.

Dentro de la habitación —que había sido remodelada y parecía un palacio— cundió la alarma. El Chapo, que en ese momento hablaba por teléfono, percibió un ruido extraño y corrió a la ventana. Al ver las camionetas del comando estacionadas cerca del hotel y a los soldados que apoyaban sus armas de alto poder en soportes improvisados mientras apuntaban al interior del edificio, el Varón de la Droga comprendió que era una emboscada.

Se escucharon varios gritos, primero de un hombre y luego de una mujer, que ordenaban desde el exterior que abriera la puerta. Luego de un silencio sepulcral, presagio de un suceso extraordinario, se escuchó una explosión que voló la cerradura en pedazos. Los soldados entraron y ordenaron a la esposa del Chapo y a su hija que levantaran las manos. Inspeccionaron el lugar cuidadosamente pero no encontraron nada, como si al Varón de la Droga se lo hubiera tragado la tierra.

No era posible que el Chapo hubiera huido. Afuera estaba el soplón confirmando la presencia del fugitivo en el lugar. Los minutos pasaban y la angustia de la familia iba en aumento, mientras los miembros del comando, furiosos, levantaban colchones y derribaban puertas. Tanto la Inteligencia Militar como la agente de la DEA tenían la orden de echar abajo el edificio si era necesario para capturar al Chapo. La ansiedad empezaba a hacer efecto en los miembros del operativo.

El nivel de ansiedad en el escondite del Varón de la Droga también era elevado. El sonido de los taladros y el incesante golpeteo de los martillos hacían aún más angustiosa su permanencia entre esas dos paredes, que estaban a treinta centímetros una de la otra, un espacio perfecto para evadir a las autoridades que lo acusaban de ser el mayor capo del narcotráfico en el mundo.

Contaba con un tanque con oxígeno suficiente para cinco horas. Esto no solamente impedía que se asfixiara sino que también lo ponía a salvo del trauma que lo tenía sudoroso, temblando y con ganas de gritar como cuando era niño y su padre lo encerraba con llave en un armario oscuro para convertirlo en un macho de verdad. El calor era insoportable, pero más insoportable era la idea de enfrentarse a la justicia del mundo entero que reclamaba a gritos su captura.

El Chapo sintió deseos de llorar cuando la broca del taladro perforó una de sus piernas. El dolor era abrumador. Intentaba tragar saliva pero se lo impedía la mascarilla de oxígeno que le permitía respirar.

En silencio para no delatarse, rogaba al santo Malverde —que llevaba tatuado en un tobillo— que lo ayudara. Y como si el santo de los narcos escuchara sus plegarias, de pronto cesó el golpeteo en el exterior que retumbaba en todo el refugio acondicionado.

Afuera, en la sala del lujoso departamento ubicado en un sector residencial de la ciudad de Guatemala, los hombres de la Inteligencia Militar, al mando del coronel Otto Pérez Molina —que a la postre llegaría a ser presidente de Guatemala— y Jessica, la agente de la DEA, buscaban desesperadamente a Joaquín. Estaban seguros —por informes de inteligencia que seguían llegando— de que el Chapo permanecía en ese lugar, pero ni su esposa ni su hija confirmaban su presencia, a pesar de que sabían dónde estaba. Lo protegían afirmando que hacía varias horas que no lo veían. Pero lejos estaban las autoridades de creer semejante mentira.

Jessica, la espigada agente de la DEA, se acercó a Griselda López, la segunda esposa del Chapo, con la intención de interrogarla. Las dos mujeres se miraron fijamente y la tensión en el apartamento se disparó cuando de pronto se reconocieron: habían sido compañeras en la escuela.

Entre el nerviosismo y la desesperación, Jessica y Griselda recordaron los diferentes motivos que las acercaban al Chapo. Cuando eran muy jóvenes, Jessica, de quien Joaquín vivió eternamente enamorado, se fue a los Estados Unidos y Joaquín, con el corazón hecho pedazos, buscó alivio en muchas mujeres. En segundas nupcias se casó con Griselda. Su padrino de bodas fue José Luis Beltrán Sánchez, tío de los hermanos Alfredo, Arturo, Carlos y Héctor Beltrán Leyva, líderes de un cártel de drogas, quienes a la postre se convertirían en sus peores enemigos y a los que acusaría de ser informantes del ejército mexicano.

Jessica se sorprendió cuando se enteró de que el Chapo se había casado con Griselda, pero cuando supo que tenían una bonita familia, se llenó de decepción. Recordó el día que el Chapo, en uno de sus negocios de narcotráfico, la visitó en Nueva York. Pasaron una noche juntos y hablaron de los buenos tiempos en la escuela. En esa ocasión el Chapo la engañó: le hizo creer que era un gran empresario, que estaba soltero y que deseaba rehacer su vida.

Además de cumplir con su deber como agente de la DEA, el engaño del Chapo era la razón íntima, oculta, por la que Jessica quería capturarlo. Ansiaba preguntarle por qué después de aquella noche inolvidable, se largó —como lo hacen aquellos a quienes les falta hombría— sin decir nada.

El Chapo estaba desesperado. Podía soportar el calor y el encierro en un espacio tan estrecho, pero lo que le resultaba insoportable era la idea de que Jessica le contara a Griselda —quien lo celaba hasta con su sombra— que se habían visto en Nueva York. Él jamás le había contado a Griselda ese episodio y si Jessica se lo decía tendría como objetivo que él se desesperara y delatara su presencia en el lugar. Una buena estrategia, se dijo el Chapo. Pero no salió de su escondite. Aunque hubiera deseado hacerlo para contarle la verdad a Jessica: que aquella mañana se fue sin decir nada porque descubrió que ella era una agente encubierta de la DEA que —ironía del destino— tenía la tarea de investigar la identidad de un narco mexicano al que llamaban el Varón de la Droga.

Tras cuatro intensas horas de búsqueda, los integrantes del comando de Inteligencia Militar se dieron por vencidos al concluir que Joaquín no podía estar en ese apartamento. Se les había escapado de nuevo, como había hecho en el desierto de

Sonora y en las sierras de Durango, sus sitios preferidos para descargar los aviones que llegaban de Colombia repletos de cocaína, que luego transportaba en grandes trocas que pasaban la frontera de los Estados Unidos como Pedro por su casa.

Una vez que la calma regresó al apartamento, el Chapo, herido en la pierna, salió de su escondite. Pero su esposa se negó a marcharse con él mientras no le aclarara lo que había pasado con la agente de la DEA. El Chapo, sabiendo que cada minuto contaba para lograr escapar, le pedía a gritos que razonara; no era el momento de enfrascarse en una discusión. Lo más importante era salir de allí y buscar un nuevo refugio donde pudieran estar a salvo. Griselda, enferma de celos, le advirtió tajantemente que si no le daba una explicación, no se movería del lugar, poniendo en peligro la huida del Varón de la Droga.

El Chapo, además de querer ponerse a salvo, tenía un jale pendiente con unos mafiosos colombianos, con quienes quería saldar una deuda para continuar haciendo negocios con ellos en paz. Cerca de allí, a esa misma hora, en la pista de un aeropuerto comercial, aterrizaba un avión con cinco toneladas de cocaína enviadas desde Colombia que debía recibir y transportar hasta suelo norteamericano.

Por esa razón, varios hombres del Chapo esperaban órdenes en las inmediaciones. En el refugio del capo se preparaban para liberar a su jefe en caso de que fuese capturado. Una llamada del Chapo anunciándoles que todo marchaba sobre ruedas fue el campanazo que evitó el enfrentamiento directo. El Varón de la Droga salió del hotel deslizándose por el ducto de la basura hasta el contenedor de desechos. Luego de limpiarse con lo primero que encontró, buscó a sus secuaces, que lo estaban esperando para recibir la aeronave repleta de droga.

Lo que el Chapo no previó fue que, a pocos kilómetros de distancia, Jessica y el coronel Otto Pérez Molina los seguían. En el camino se había preparado un retén militar para cortarle el paso a los narcos. Esta vez, el Varón de la Droga no tendría escapatoria.

En el momento de la detención el Chapo Guzmán intentó evadirse de nuevo pero no lo logró. Luego admitió que se dirigía a recoger un alijo de cinco toneladas de "soda". El alijo fue decomisado y cinco de sus hombres capturados. De nada valieron los dos millones de dólares que ofreció a las autoridades a cambio de su liberación. Se especula que la recompensa de un millón de dólares que el gobierno mexicano había ofrecido por el Chapo fue pagada a los altos mandos que participaron en su captura.

Fue una caída muy estúpida, pensó el Chapo, mientras hacía conjeturas sobre la operación que culminó con su captura y sobre las maneras en que podría haberla evitado. Supuso que su arresto fue consecuencia de un cabo suelto que no logró ver y resolver a tiempo. Se dijo a sí mismo que no había marcado los puntos cardinales dentro de los que debía moverse. Se convenció de que ese descuido era un riesgo, porque si no ubicaba la hipotenusa del triángulo de su existencia, su vida podría convertirse en tragedia.

Encapuchado y atado de pies y manos con una cuerda, el Chapo fue lanzado a la parte trasera de una camioneta *pickup*. El ejército montó un extenso dispositivo de seguridad, en prevención de un posible intento de rescate por parte de los enlaces de Guzmán en el mundo del hampa. Así, con todas las precauciones, lo condujeron a la frontera para entregarlo a las autoridades mexicanas.

En la ciudad de México el Chapo fue recibido por el general Carrillo Olea, un aguerrido oficial del ejército que le venía siguiendo los pasos desde hacía muchos años. De acuerdo con el protocolo establecido para evitar ser reconocido, el general se cubrió el rostro con un pasamontañas, tal como lo hicieron todos los elementos de la seguridad pública mexicana que fueron parte del operativo.

Antes de presentarlo a los periodistas, le quitaron los zapatos de plataforma que solía usar para aumentar su estatura. Los integrantes de la prensa lo vieron con sus 1.55 m. El

Chapo fue subido a una tarima improvisada, construida con estacones de madera. Ahora maniatado, el capo era presa fácil para la curiosidad de los reporteros. Joaquín se sintió víctima de una humillación deliberada.

Los *flashes* y las cámaras se disparaban mientras los periodistas lo acosaban a preguntas: a qué se dedicaba, cuántos hijos tenía, qué cultivaba, si tenía mucho dinero. Él, estoico, respondía todos los cuestionamientos sin inmutarse, aunque en todas las respuestas mintió. Las preguntas directas e incisivas no lograban doblegarlo: el Varón de la Droga había sido capturado pero aún no estaba acabado, y tenía que demostrarlo.

Luego de pasar por el escarnio público de la lluvia de preguntas de la prensa, lo condujeron al cuarto de interrogatorios. Allí pudo comprobar que, al igual que cuando era un niño, no le tenía miedo a nada. Cuando el general se sentó frente a él para decirle que era el ser más vil e inhumano, el Chapo permaneció tranquilo. Solo abrió la boca para decirle al oficial: "Los ladrones de bancos o los jotos son los únicos que se esconden detrás de una máscara".

Esas palabras provocaron la ira del general. Justo cuando estaba a punto de quitarse la máscara, un oficial se lo impidió y le recordó la razón de ocultar el rostro. Las fuerzas del Estado saben que los delincuentes como el Chapo son sanguinarios y si conocen la identidad de quienes los atrapan, no dudan ni un segundo en hacerles un daño mayor, como mandar matar a su familia.

El Chapo continuó provocándolo, mientras el general no escatimó palabras para recriminarle que, por narcotraficantes como él, millones de familias en el mundo estaban destruidas. Pero Joaquín no se dejaba doblegar. Todo lo contrario: seguía mostrándole su poder al oficial y le juró que no pasaría mucho tiempo en prisión. Tenía la plena seguridad de que no tardaría mucho en salir libre. "Pájaro viejo no entra en jaula", repetía. Y tenía razón.

II
LA GRAN IDEA

Durante la lectura de cargos, el Chapo estuvo tranquilo, pero cuando lo raparon comprendió que el asunto iba en serio; comprendió la magnitud del problema en que estaba metido. El ánimo se le vino al piso y vio su vida en retrospectiva. Entonces decidió que, con todo lo que había hecho, nada ganaba ahogándose en sus propias penas. Tenía que actuar. Aunque estuviera encarcelado, la vida seguía. Mientras se acomodaba a esa rutina, una gran pregunta vino a su mente: ¿quién lo había traicionado?

Aún no se sabía quién había sido la borrega. Desde la cárcel se las ingenió para hacerle llegar mensajes a sus hombres indagando por el culpable. Joaquín estaba dispuesto a pagar la cantidad de dinero que fuera necesaria para descubrir al traidor, pero nadie hablaba, nadie sabía nada.

A pesar de sus esfuerzos, el silencio era grande y la identidad del traidor un gran misterio. La idea de salir de prisión se le volvió una obsesión; aunque en la calle abundaban los enemigos, el reclusorio no era el sitio más seguro. Estaba convencido de que alguien lo había traicionado, y los antagonistas, los Arellano Félix, enviaban desde las sombras información tergiversada que acusaba a sus hombres de confianza. Esto hizo que el Varón de la Droga sospechara hasta de su sombra.

Jessica, la primera agente federal que lo acusó en los Estados Unidos, trató de entrevistarse con el Chapo en prisión, aduciendo que era su amiga. Por lo sonado del caso, aunado a la poca colaboración de la Procuraduría General de la República, no obtuvo el permiso con la prontitud que lo requería. En el fondo quería confirmar si el Varón de la Droga era el mismo Chapo que ella había conocido en su infancia; pero más que eso, necesitaba saber por qué, tras esa noche que pasaron juntos en Nueva York, había desaparecido.

La vida del Chapo siempre estuvo rodeada de mujeres, a las que Joaquín llevaba del cielo al infierno en segundos. Mujeres a las que amó pero a las que también hizo sufrir al jugar con sus sentimientos. Aunque él niegue que lo haya hecho. Para el Chapo el amor por sus mujeres era puro, pero su pureza y forma de amar eran completamente distintas de las del resto de los mortales. Una buena justificación para encubrir el desamor.

Ese era el caso de Griselda, la segunda esposa del Chapo, a quien también le vibraba el corazón de rabia cada vez que lo visitaba. Aún tenía la cabeza llena de dudas respecto a la agente de la DEA que estaba obsesionada con su captura. Era tanta la rabia que corría por sus venas que amenazó al Chapo con dejarlo solo en ese reclusorio si no le confesaba de una vez por todas cada una de sus aventuras con esas mujeres que desde las ocho de la mañana se aglutinaban en la puerta principal del penal exigiendo ver al detenido.

Griselda quizá era, entre sus últimas mujeres, la que más lo amó. La que siempre estuvo a su lado, en las buenas y en las malas. Pero la paciencia tenía un límite: Griselda tuvo la valentía de amenazarlo con irse lejos con sus hijos si no le daba su lugar. La amenaza lo puso iracundo. El Varón de la Droga no era un hombre que se doblegara con amenazas. Se le acercó a centímetros del rostro y con gesto fiero, característico en él en momentos de ira, le advirtió que si lo hacía no viviría para contarlo.

Los días dentro del penal transcurrían en una tediosa rutina. El Chapo se levantaba temprano para caminar en el patio. Uno de esos días sucedió lo inesperado: se encontró con dos de sus amigos y colaboradores cercanos que habían cometido un delito para hacerse capturar y terminar en el mismo reclusorio de su jefe. Luego de saludarse emotivamente, le contaron que estaban allí porque tenían la misión de sacarlo de la cárcel; necesitaban trabajar en el plan. Además, tenían una noticia importante: el nombre de la borrega que lo había delatado.

Tras conocer el nombre, un deseo de venganza infinito se apoderó de él. Ya no era una especulación, no, ahora tenía la certeza de que los Arellano Félix, al no poder ultimarlo y para tranquilizar a las autoridades por el asesinato del cardenal, optaron por delatarlo. Sin más preámbulo, levantó el teléfono —contaba con un aparato de estos en el penal porque a esas alturas ya había sobornado a los custodios para que cumplieran cada uno de sus caprichos— y los sentenció.

Luego de la amenaza, sintió algo de temor al pensar que sus enemigos podrían aprovechar su vulnerabilidad al estar en reclusión, pero no le dio mayor importancia. Tranquilamente, se sentó con sus hombres a planear su fuga. Llevaba tiempo estudiando las posibilidades y había concluido que la llave a su libertad estaba en la enfermería, pero necesitaba saber más acerca de cómo operaba esta oficina. Sin pensarlo dos veces, se hizo él mismo una herida en la mano. Fue atendido por Camila, la doctora encargada del área.

Él y sus camaradas se dieron a la tarea de estudiar a la doctora, de evaluar las innumerables situaciones posibles e imposibles, así como los riesgos para facilitar la huida. Como parte del plan, el Chapo debía seducir a la doctora con su encanto y fortuna. A él no le desagradaba la idea: de hecho la consideraba atractiva. Así que, con la ayuda de los custodios, inventó mil y una excusas para ir a parar constantemente en la enfermería.

El Chapo, con su nadadito de perro, se fue ganando la confianza de la doctora. De a poco descubrió la operación del pabellón de sanidad. Al volver a su celda escribía en pequeñas hojas las rutinas que, según él, eran el punto vulnerable del departamento.

Mientras eso sucedía en prisión, afuera Griselda estaba ocupada en sus propias indagaciones y descubrió que el Chapo había tenido múltiples amoríos en la región mientras estaba casado con ella. Volvió a visitarlo. Estaba que se la llevaba el diablo. Se sentía traicionada. Lo insultó. Le dijo que debería estar preso en los Estados Unidos para que realmente pagara bien caro por haberla traicionado.

El Chapo juró no saber de qué hablaba, negó las afirmaciones que sobre él hacían las mujeres en la calle. Argumentó que en su condición lo más fácil era ser atacado por cualquiera que quisiera vengarse de él por la razón que fuera, le dijo que lo que más lo ofendía era la afirmación de Griselda sobre una supuesta relación con Jessica, la agente de la DEA que lo había puesto tras las rejas. El Chapo se defendió de las acusaciones que le hacía su esposa con sus argumentos: para él todo había sido un plan orquestado años atrás por los gabachosgringos, con la única intención de capturarlo en suelo americano y recluirlo en una celda de por vida.

A pesar de que Griselda no le quería creer, la dulzura con la que el Chapo le susurraba al oído que, en caso de ser cierto, ella era la catedral y las demás siempre serían las demás, logró convencerla. Se rompió el momento cuando uno de los guardias dio por terminada la visita. El Chapo, que estaba acostumbrado a hacer de las suyas en el reclusorio, salió del cuarto de visitas conyugales a poner en su sitio al custodio que se atrevió a molestarlo en un momento tan delicado. Con una mirada desafiante lo obligó a retirarse mientras él regresaba a la celda donde, a puerta cerrada, le demostró a su esposa que era y seguiría siendo el amor de su vida. Griselda accedió a permanecer a su lado y luchar hasta alcanzar la libertad del padre de sus hijos.

Para entonces la doctora se había involucrado más de lo que debía. Secretamente tenía la ilusión de que el Chapo, una vez cumplida su condena, sería un hombre distinto. Sentía cierta atracción por aquel recluso en quien todos veían a un demonio, pero que con ella se portaba como un angelito. Bajó la guardia. Ella, en el fondo y en contra de sus sentimientos, sabía que era una relación imposible. Él era un criminal. Ella, una mujer de bien, incapaz de cometer la locura de llevar a la realidad un romance con un reo.

El Chapo, como era su costumbre, comenzó a nadar entre dos aguas aparentemente tranquilas, que en cualquier momento se podrían convertir en un maremoto capaz de mandar a la chingada cualquier plan que estuviera fraguando para escapar del penal de Puente Grande, una de las prisiones más seguras de México.

Debido a las múltiples infidelidades del Chapo, Griselda, su esposa, aunque le había dicho que lo perdonaba, tenía la inquietud de separarse de él, de llevarse lejos a sus hijos, ponerlos fuera de su alcance para que su destino no fuera el mismo que el de su padre. Camila, la doctora del penal, por su parte ahora estaba más confundida al sentirse engañada por un hombre que se atrevía a tener una compañera de reclusorio durmiendo en su propia celda.

Por su parte, Jessica insistió en establecer contacto con él y le hizo una oferta por escrito que otros habrían aceptado. Sabiendo que tarde o temprano saldrían a relucir todos sus trapitos sucios, le pidió de manera formal que firmara voluntariamente su extradición a los Estados Unidos para trabajar con la justicia estadounidense. En otras palabras, le pidió que se convirtiera en informante para evitar una condena; para ella era una forma de salvar a su amigo.

El Chapo no aceptó. Entonces Jessica le envió una nueva misiva donde le expuso las dos opciones que tenía, a cuál peor: permanecer en cautiverio por el resto de su vida o que sus enemigos le jugaran una mala pasada y lo mandaran al cementerio.

Aunque tenía la certeza de que no terminaría convertido en soplón, no podía evitar que los caminos planteados por Jessica le martillaran el cerebro. Sin embargo, el ofrecimiento nunca fue para él una opción. Los hombres de verdad no se rajan, y el Chapo se asumía como tal. Aunque tuviera que engañar a mil mujeres o empeñarle el alma al diablo, su idea era fugarse, y para ello contaba con el apoyo de sus camaradas, dentro y fuera del penal.

III
CORRELACIÓN DE FUERZAS

Los Arellano Félix, jefes del cártel de Tijuana, y sus sicarios creían que al estar el Chapo en prisión ganarían la batalla. Para rematarlo, estaban dispuestos a darle otro golpe certero que, pronosticaban, marcaría el final del cártel de Guadalajara, ahora mal organizado y en decadencia. La intención de los Arellano Félix era quitarle las rutas, quedarse con sus plazas, con la lana que tenía guardada en los clavos y cobrarse por derecha una supuesta mercancía que les había robado Ismael Zambada —obedeciendo órdenes del Chapo—, socio de Joaquín Guzmán, más conocido como el Mayo Zambada.

La historia comenzó cuando una de las lanchas propiedad de los Arellano Félix fue incautada por las autoridades mexicanas. Los Arellano Félix responsabilizaron al Mayo Zambada, encargado de la logística en esa zona del país. Él se defendió diciendo que no tuvo nada que ver. Sin embargo, no fue un hecho aislado; la policía les daba un golpe tras otro, ¿quién era la borrega? Los Arellano Félix no se comieron el cuento, sus pesquisas siempre los llevaron a un mismo norte: acusaron al Mayo del robo, confirmando que hay dos cosas en el mundo del narcotráfico que los mafiosos no perdonan: que les roben la "soda" o a sus mujeres.

Los Arellano Félix le pidieron al Chapo —entonces en libertad— la cabeza del Mayo Zambada para equilibrar la balanza. Lejos de esto, Joaquín, fiel escudero de su socio, amigo y compadre, le advirtió que sus enemigos lo andaban buscando para matarlo. Este hecho marcó el inicio de una nueva guerra al interior de la mafia, la cual se venía fraguando desde mucho tiempo atrás. En vista de que se acercaba una confrontación inevitable, los Arellano Félix visitaron a su socio Amado Carrillo,

El Señor de los Cielos, para pedirle ayuda. Y éste tomó partido a favor de los Arellano Félix sin que el Chapo lo sospechara.

El Mayo Zambada debió esconderse mientras que el Chapo viajó a Guadalajara para hablar con Amado Carrillo, a quien le confió la ubicación de su refugio. Ese descuido derivó en un atentado del que Joaquín logró salir con vida. Fue una advertencia clara en un territorio donde los jefes eran otros. Ese evento y el atentado en el aeropuerto de Guadalajara obligaron al Chapo a salir de México para refugiarse en Guatemala, con la esperanza de que la marea bajara y las aguas tomaran su curso.

El Chapo informó al Señor de los Cielos sobre su paradero. Éste, que jugaba a doble banda, aprovechó sus contactos en el interior del gobierno y de algunas agencias federales estadounidenses para delatarlo. Su objetivo era que lo capturaran o lo ultimaran: de una forma ganaba y de la otra también. Pero no contaba con que México y la mafia del narcotráfico tendría Joaquín Guzmán Loera para rato.

IV
EL CARDENAL

Antes de escapar a Guatemala, el Chapo necesitaba convencer a Griselda, su esposa, para que lo acompañara. Él necesitaba desaparecer, ya que era perseguido por los organismos del gobierno estadounidense, la policía mexicana y sus enemigos, los Arellano Félix. Griselda se negó: ella rechazaba la idea de estar huyendo. Al contrario, se atrevió a pedirle que —por el amor que sentía por él y su familia, a la que no quería seguir viendo sufrir por vivir esa vida que llevaban— se entregara de una vez por todas. Así salvaría su vida y la de todos. Pero el Chapo, así estuviera con el agua al cuello y sin salida, no se entregaría, y tuvo que imponerse.

El Chapo se subió al banco especial que tenía en su casa —único lugar en que se atrevía a hacerlo— para quedar a la altura de su mujer y le dijo: "Te vas conmigo o te quedas con mi sombra". Con el Chapo no había término medio: él la amaba y la necesitaba a su lado. Ella era una mujer de rancho que, como los hombres, no se raja. Y aunque a Griselda carácter y fuerza no le faltaban, también sabía que cuando el Chapo usaba el banco, era cosa seria. Él le dijo que si en verdad se había comprometido hasta que la muerte los separara, lo debía acompañar. Este argumento ofendió a Griselda pues, pensó, la esclavitud había desaparecido mucho tiempo atrás. Pero cuando el Chapo se bajó, se arrodilló y le rogó que lo acompañara, ella aceptó conmovida.

A continuación ella pasó a recoger a sus hijos al colegio para reunirse con el Chapo dos horas después en el aeropuerto de Guadalajara.

En las oficinas del ejército mexicano, Jessica analizaba información acerca del Chapo cuando recibió una llamada anónima que la alertó sobre las intenciones de escapar del capo.

El soplo resultó ser cierto. Mientras se desplazaba en su Grand Marquis rumbo al aeropuerto de Guadalajara, el Chapo solo pensaba en dejar ese pasado que lo atormentaba. Incluso consideró la posibilidad de iniciar una nueva vida en Guatemala, luego de cerrar unos negocios pendientes con unos colombianos. Mientras tanto, las alarmas en el ejército se encendieron cuando se hizo oficial la información de que el Chapo iba a salir del país. Jessica dio inicio a un plan sorpresa. La idea era capturarlo en el aeropuerto, si es que llegaba.

El Chapo, ignorando lo que planeaban en su contra no solamente las autoridades sino también sus enemigos, pidió al chofer que bajara la velocidad para poder ver las señales de tránsito de la salida. Esto causó que los rebasara otro Grand Marquis con vidrios polarizados. Dos minutos después, ese Grand Marquis fue llenado de plomo en el estacionamiento del aeropuerto por varios hombres que se bajaron de tres camionetas. Los ocupantes, armados con fusiles de asalto, eran los Arellano Félix y sus camaradas.

El Chapo, por un instante congelado en el tiempo y viendo su vida en retrospectiva, se quedó mirando la escena y vio cómo del Grand Marquis caía, tras abrirse una de las puertas traseras, el cuerpo de un cardenal que intentaba bajarse para pedir clemencia a sus asesinos. Éstos salieron a toda prisa del lugar sin percatarse de que se habían equivocado de víctima.

Al escuchar el sonido de las sirenas, el Chapo supo que no podía dar marcha atrás. Acompañado por su escolta corrió al interior del aeropuerto para intentar salvaguardar su vida. La gente corría desesperadamente de un lado a otro tratando de resguardarse. Los gritos histéricos de los testigos se confundían con las sirenas de la policía que inundaban el lugar. La confusión tardó varios minutos; tiempo que aprovechó el Chapo para desaparecer. A salvo, pero con el corazón palpitándole a mil tras haber sentido la muerte en la oreja, llamó a su esposa para indicarle que había cambio de planes, que se encontraran en una pista clandestina.

El operativo en el aeropuerto, organizado por Jessica, había sido frustrado. Por ninguna parte apareció el Chapo. El que sí apareció fue el presidente de la República para regañarlos a gritos por estúpidos: acababan de matar al cardenal Posadas en sus narices y nadie se había dado cuenta. Ahora sí se les iba a venir encima la Iglesia y la sociedad por semejante ineptitud, les reclamaba encolerizado a los agentes federales, exigiendo resultados inmediatos. Por su parte, Jessica recibía el regaño más humillante de su vida de parte de sus jefes en los Estados Unidos.

Mientras el caos reinaba en el aeropuerto de Guadalajara, el Chapo volaba en su avión rumbo a Guatemala, ignorando que el reloj de su hija —un regalo de un compañero del colegio— enviaba ondas a un receptor satelital que luego las bajaba a la antena del comando del ejército. Por este medio llegaron a conocer su ubicación exacta en Guatemala.

Minutos después Jessica abordó un avión de la DEA rumbo a Guatemala. Fue recibida por el agente encargado de la región, quien la llevó directamente a las oficinas en la Estación Central de la Inteligencia Militar de Guatemala. La agente les informó que había ingresado a Guatemala uno de los mayores traficantes de droga del mundo, Joaquín Guzmán, alias el Chapo. La idea era que la DEA llevara a cabo la captura, con la intención de pedir la extradición inmediata del criminal a los Estados Unidos. Pero los dirigentes de la inteligencia militar guatemalteca pensaban otra cosa: ellos querían los logros y colgarse las medallas al precio que fuera. Por eso el jefe de ese organismo —que a la postre sería presidente de Guatemala— no quiso desaprovechar semejante oportunidad que le habían servido en bandeja de plata.

La captura del Chapo fue una jugosa carta de presentación para ascender en las fuerzas militares o seguir una carrera política, aunque el costo resultara muy alto. Tiempo después los tentáculos del criminal alcanzarían a arrancarles la vida a algunos miembros de la familia del coronel Otto Pérez Molina, uno de los responsables de su detención. En el fondo, ésa fue la razón por la que el general Olea nunca se descubrió el rostro, por más que quería, cuando recibió e interrogó al Chapo en México.

El Chapo, quien también tenía infiltrados en todos los organismos del gobierno, recibió una llamada momentos antes del operativo para su captura mientras se encontraba en su nuevo departamento ubicado en el sitio más exclusivo de la Ciudad de Guatemala. Le informaron que si era capturado por guatemaltecos, sería extraditado a México, pero que si lo hacía la DEA, lo enviarían a los Estados Unidos. Para cuando colgó escuchó un estruendo: los cuerpos de seguridad estaban a punto de derribar la puerta.

El Chapo alcanzó a darle instrucciones a su esposa y se fue a la cocina. Allí accionó un mecanismo eléctrico que abrió una pequeña puerta oculta con la misma textura de la pared y se escondió. El Chapo sabía que en un momento como ese el tiempo que ganara era oro; lo que fue una sorpresa es que Jessica llegara por él. La obsesiva agente, quien comandaba el operativo, llevaba bastante tiempo buscándolo.

V
LA FUGA

El Chapo y sus camaradas presos con él en Puente Grande, tras una minuciosa labor de inteligencia decidieron que, tal como Joaquín había pensado antes de su llegada, el único modo de escapar de la custodiada prisión era por la enfermería.

A esas alturas el Chapo había realizado un estudio pormenorizado de la logística de la enfermería: conocía los horarios de citas, los instrumentos que utilizaban, los uniformes y dónde los guardaban, a qué hora llegaban y salían los asistentes, qué tipo de medicamentos suministraban para calmar a los enfermos y cuáles eran los días de más trabajo y los más tranquilos, entre otras cosas.

Uno de sus hombres fue el encargado de levantar el censo a todos los externos que tenían que ver con la enfermería. Investigó proveedores, laboratorios clínicos, servicio de ambulancias, paramédicos, lavandería y hasta a los que traían las cofias y tapabocas.

Fueron varias noches las que dedicaron a estudiar el minucioso plan que contemplaba dominar el pabellón, hacer alianzas, tener tanto a presos como custodios y personal administrativo controlado. Para lograrlo, a menudo invitaba licor, mujeres y droga dentro del penal; el Chapo se convirtió en el amo y preso simbólico al que otros presos y custodios querían proteger por tanta "bondad".

Con ese dominio y esa confianza es que el Chapo y sus secuaces celebraban en la celda 307. Después de tener la información suficiente, habían decidido echar a andar el plan. En una botella de Coca-Cola que hacía las veces de vaso sirvieron el Bacardí con el que brindaron mientras el Chapo se deshacía de su vestimenta de reo para ponerse ropa especial, capaz de evitar que los sensores detectaran el calor del cuerpo. Por última vez y ante el nuevo horizonte, el Chapo le dio un repaso al que fue su segundo hogar.

La vida en la celda —decorada en las paredes con una imagen del sagrado corazón, otra del santo Malverde, una foto de Griselda con sus hijos y un póster del boxeador mexicano Julio César Chávez— que por varios años lo hospedó le enseñó lo que antes intuía pero que jamás había sentido hasta que llegó a Puente Grande: más importante que el dinero y el poder es la libertad.

El custodio, según lo previsto, llegó a la hora indicada haciéndose notar. El Chapo se despidió de sus dos grandes amigos prometiéndoles que, mientras él viviera, nunca les faltaría nada. El más emotivo le dio un fuerte abrazo: "Es cuestión de honor, compadre", le dijo, mientras el custodio presionaba confirmando que era hora de salir.

El custodio, un moreno fuerte de treinta y siete años, empujaría el carrito con ropa sucia desde la enfermería hasta la lavandería. No andaba ni lento ni rápido, caminaba como lo hacía cada miércoles que sacaba la ropa sucia de la enfermería para llevarla al camión de la lavandería. En el fondo del pasillo lo esperaban dos estaciones de vigilancia, con un oficial en cada una, encargado de examinar los carritos que se amontonaban frente a los sensores.

El primer vigilante se acercó para revisar el contenido del carrito. Antes de hacerlo miró al custodio fijamente. Éste le sonrió y dijo: "Si las miradas mataran…". El comentario no fue bien recibido por el vigilante, quien le reclamó que llevara tanta ropa. El custodio simplemente se encogió de hombros. El vigilante no escondía las ganas de mirar en el interior del carrito.

Fue un momento de gran tensión para el Chapo, quien, escondido en el fondo del carrito, sudaba, esperando que todo saliera según lo planeado. Los traumas permanecen y tuvo que taparse la boca para no gritar. No había considerado que una vez más lo afectaría la experiencia infantil de haber sido encerrado en un armario por su padre. Fueron tres segundos que lo obligaron a rogar de nuevo al santo Malverde que le hiciera el milagro; prometió que si lo lograba nada le faltaría a su santuario y se comprometió a ayudar a la gente pobre haciendo obras sociales a cambio de su libertad.

El vigilante, al ver el rostro despreocupado del custodio —quien resultó ser un actor de primera línea y que por esa pequeña hazaña recibiría una fortuna y una casa para su madre—, le hizo un gesto para que acercara el carrito a los sensores de calor y movimiento. Los dos vigilantes se acercaron a los monitores adonde los sensores enviaban señales digitales en caso de encontrar algo anormal. La vestimenta y el revestimiento del carrito habían funcionado a la perfección, como lo habían planeado los camaradas del Chapo. En la celda 307 celebraban el éxito de la operación. Mientras tanto, en la enfermería la doctora se preguntaba adónde había ido a parar su indumentaria que había desaparecido.

En el abastecimiento del penal —el lugar donde llegan todo tipo de camiones, cajas, vehículos y provisiones— el custodio entregó el carrito con la ropa sucia a un hombre que iba vestido como empleado de una empresa de lavandería. "Eso fue lo que pidió el señor", le dijo. Ésta era la clave para asegurar que todo estaba bajo control.

En el interior, en al área médica del penal, el custodio que venía de regreso fue abordado por el primer vigilante, quien quería confirmar con tabla en mano si le habían hecho la segunda revisión. El custodio, siguiendo su buena actuación lo miró a los ojos para responderle que lo habían contratado para la limpieza, para nada más. El vigilante se sintió molesto por la respuesta y desenfundó su arma; la tensión podía cortarse en el aire. Otro guardia que hacía su ronda rompió el momento; quería saber qué pasaba.

Las aguas bajaron cuando el custodio se quejó de que los vigilantes abusaban de su poder. Él solo hacía su trabajo.

La situación se calmó al interior del penal, mientras que en la carretera desolada que lleva a Puente Grande, del camión de la lavandería bajó el Chapo, sonriente, con la mirada fija en el horizonte: estaba dispuesto a cobrar venganza y poner las cosas en orden.

El Chapo, rápidamente, se vistió con su ropa habitual: zapatos de plataforma, pantalones vaqueros, camisa ceñida al cuerpo y cinturón de piel de serpiente. Después se acercó a uno de sus hombres, que había bajado de un sedán, quien le dio lo que no podía faltarle: una gorra de beisbolista. Luego de acomodarse la gorra con la visera hacia atrás, abordó el coche, que arrancó de inmediato para perderse por la carretera rumbo a la libertad.

VI
UNA PROPUESTA INDECENTE

En un desierto cercano a la prisión de Puente Grande lo esperaba un helicóptero. El Chapo, seguro de que el plan había salido a la perfección, se sorprendió al ver que un hombre vestido como un elegante ejecutivo lo esperaba dentro del vehículo, dispuesto para llevarlo hasta la sierra. El Chapo, sin entender de qué se trataba, pensó que era una trampa de los Arellano Félix. Se presentó y la respuesta del desconocido lo hizo volver a la vida: el apuesto y educado hombre se identificó como un alto mando del gobierno. Estaba ahí por orden directa de la presidencia.

El Chapo, ahora más tranquilo, quiso saber el motivo del inesperado encuentro. El funcionario lo corrigió: no era inesperado, sino un encuentro planeado. "¿O cree que el plan infantil de enamorar a una doctora y escapar oculto entre la ropa sucia de un penal de máxima seguridad fue una idea brillante?", le preguntó el joven funcionario.

Por primera vez en su vida el Chapo se quedó sin palabras, lo que aprovechó el funcionario para continuar hablando. "De parte de la presidencia le tenemos una propuesta: trabaje a nuestro lado. Nosotros lo dejamos en paz y usted nos entrega a los demás, empezando por los que se lo quisieron chingar: los Arellano Félix. Luego nos entregaría a todo aquel que se atraviese en su camino o no cumpla con las exigencias del gobierno".

Mientras eso sucedía en un lugar remoto, en uno de los auditorios de la Universidad de Guadalajara se dictaba una conferencia, la cual era ilustrada con la proyección de imágenes de la vida delictiva del Chapo: de joven, cuando empezó en el negocio del transporte de marihuana en su pueblo natal,

La Tuna; luego, de cuando ya era un capo y del asesinato del cardenal; por último, su tiempo en la prisión. La Tuna, una aldea de apenas doscientos habitantes, llegó a convertirse en leyenda porque ahí nació, se crio y aprendió del negocio el Chapo Guzmán. La conferencista, Jessica, cautivaba la atención de estudiantes y directivos. También estaban presentes algunos medios de comunicación.

El discurso de Jessica abordó el origen del narcotráfico, una de las grandes catástrofes que ha tenido que soportar la sociedad mexicana. Debido al desarrollo que experimentó el narcotráfico, a la gran cantidad de dinero que generó desde el principio, ha sido percibido como un problema sin solución. La bella mujer expuso una novedosa idea respecto al narco: "la contratación".

El éxito del narco en cuanto a "la contratación", decía Jessica, se basaba, por un lado, en las expectativas económicas que el negocio ofrecía, aunque —afirmaba— el dinero no era la única causa. Por el otro lado, las personas se acercan directa o indirectamente al narco porque —además del beneficio económico—buscan generar la adrenalina propia de una sociedad que ha puesto como meta una felicidad inalcanzable, que nada tiene que ver con el desarrollo espiritual.

Para Jessica, además de la estrategia política, como la "guerra contra el narco", se necesitaba un compromiso real de la sociedad para no caer en sus garras. De nada servía que se hicieran esfuerzos como la captura del líder del cártel de Sinaloa, el Chapo Guzmán, si había gente encubriéndolo con sus empresas o dándole una fachada legal a su negocio en busca de ese "ingreso extra" para sus hogares, una conducta, decía Jessica, que cruzaba la delgada línea que separa el bien del mal.

Una osada teoría para la mayoría del auditorio que esperaba datos estadísticos que solo sirven para llenar las páginas de periódicos y justificar determinadas políticas gubernamentales, como la que le proponía a kilómetros de allí un alto funcionario del gobierno mexicano al Chapo. Éste se preguntaba, atónito, si lo que estaba viviendo lo sabría Jessica y si era parte de un gran plan estratégico del presidente para ofrecer buenos resultados ante el descontento nacional e internacional por el poder que estaban obteniendo los narcotraficantes mexicanos que enfrentaban a un inepto gobierno que poco o nada hacía por erradicarlos.

La brillante exposición de Jessica, preparada con la ayuda de Rodrigo, su novio —quien esperaba que ella tuviera una licencia en su trabajo para cumplirle la promesa de casamiento hecha un mes atrás—, fue interrumpida por la pregunta de un periodista, encargado de tirar la bomba periodística en medio de tan esperanzadora conferencia. La pregunta contenía un veneno que Jessica no percibió de inmediato. El periodista, haciendo las necesarias pausas dramáticas, común en su gremio para llamar la atención, dijo: "Señora Jessica, ¿usted sí cree que este o cualquier gobierno tiene la autoridad suficiente como para hablar de combatir al narcotráfico? Porque estamos de acuerdo: todos tenemos que aportar pero cuando ni el gobierno ni el presidente lo hacen, menos lo podría hacer una sociedad que no cuenta con ningún medio para ello".

Jessica le dijo que no entendía cuál era la pregunta, una respuesta que el periodista había calculado y que prosiguió a voz en cuello: "¿Cómo es que una persona, después de ser perseguida por el gobierno, escapa así del ojo público y desaparece? ¿No es absurdo?".

La intervención del periodista hizo enmudecer al auditorio, como si estuviera a la espera de un bombazo característico de quien estaba en el uso de la palabra, ya que sus críticas al gobierno eran constantes y la mayoría de las veces justificadas. Ante la duda, abstenerse, reza el adagio; pero Jessica lo olvidó por completo y, cayendo de nuevo en la trampa del periodista, afirmó que no entendía de qué hablaba.

Eso era lo que el periodista quería oír y sin consideración se atrevió a resaltar lo que estaba sucediendo: la ignorancia de una persona de su rango era la demostración evidente de la ineptitud de las autoridades frente a un problema tan crucial como el narcotráfico y sus jefes, que se pasean por sus prisiones como Pedro por su casa; por ejemplo, la reciente fuga de Joaquín Archivaldo Guzmán, conocido como el Chapo Guzmán, de la supuestamente segura prisión de Puente Grande.

Jessica no esperaba esa noticia y por poco cae desmayada en el estrado. El rector se apresuró a dar por terminada la conferencia en vista de la reacción de temor del auditorio, que minutos antes se había sentido aliviado con los planteamientos osados de Jessica, que implicaban una nueva esperanza contra el narcotráfico.

VII
DURANGO

Ahora el Chapo, sus amigos y el gobierno tenían un pacto secreto: unificar a todo el gremio del narcotráfico por las buenas o por las malas, bajo un único mando: el del Chapo. Con ese pacto el gobierno buscaba reducir la violencia, la tasa de homicidios y controlar el negocio del narcotráfico, lo que representaría para el presidente un gobierno como ninguno.

¿Cuántas veces nos caemos los seres humanos? Si se sufre una caída, lo que cuenta es saberse levantar. Esto lo sabía muy bien el Chapo, quien tuvo que empezar de cero nuevamente. Además, con un serio problema: ningún narco confiaba en él. Se había regado el rumor de que los de la DEA y los federales lo tenían del pescuezo.

Por si fuera poco, el Chapo salió de la cárcel con el corazón partido: no podía sacarse de la cabeza a la doctora, a quien había engañado en aras de cumplir sus intereses. Lo que comenzó como una maniobra para poder escapar terminó transformándose, según él —quizá para justificarse o no quedar como un verdadero cobarde—, en amor auténtico, o al menos así se lo hizo creer el Chapo a Camila. Y lo que más le dolió fue no haber podido despedirse de ella. No pudo pedirle perdón por manipularla ni decirle que, a pesar de que el fin justifica los medios, se había enamorado de ella, que era una mujer muy especial.

Ese mismo argumento esgrimió el coronel Mendoza, jefe de la división del ejército mexicano encargada de la protección de toda la región de Sinaloa, en una conversación telefónica secreta que sostuvo con Jessica. El coronel le propuso que unieran fuerzas para capturar a quien se había convertido en un gran dolor de cabeza para ambos. Él quería aprovechar los sentimientos encontrados de Jessica: su amor y odio hacia el Chapo, las dos caras de la moneda. El yin y el yang. Jessica ponderaba la propuesta del coronel Mendoza, quien inexplicablemente conocía su secreto mejor guardado: su encuentro fortuito con el Chapo en Nueva York.

El coronel Mendoza le prestó atención, incluso le dio suficiente confianza y comprensión, lo que provocó que Jessica se abriera plenamente y se apropiara del objetivo propuesto por el coronel: capturar de nuevo, a como diera lugar, al Chapo.

Un objetivo que le daba vida a Jessica, quien intentó recoger la mayor información posible que le diera pistas seguras de dónde podría estar escondido el Chapo. Mientras pasaba la vista por fotos de las exesposas, amantes, buchonas y amigas del Chapo, le comentó que tal vez estaba en Europa o Asia, donde podría esconderse fácilmente con alguna de ellas.

El coronel descartó esa posibilidad. Según él, la vida afectiva era muy importante para un personaje como el Chapo, y era lógico que intentara recuperar el tiempo perdido. Este argumento desconcertaba a Jessica, quien aparentaba ser la más fría y calculadora de las mujeres para escuchar las hipótesis del coronel relacionadas con los posibles paraderos del Chapo: algún estado mexicano del norte o hasta en su pueblo, La Tuna, en la propia sierra de Sinaloa.

La Tuna es el pueblo donde se criaron Guzmán y sus hermanos, todos hijos de un "ganadero", quien según las autoridades en realidad se dedicaba a la principal industria de la zona: el cultivo y contrabando de marihuana.

Allí, el Chapo Guzmán escaló posiciones al lado de Héctor "Güero" Palma, su amigo de infancia, con quien primero cultivó la droga, para después encargarse del traslado de la producción desde las ciudades costeras de Sinaloa hasta los Estados Unidos. En La Tuna fue también donde Jessica volvió a ver al Chapo y nunca pensó que el hombre con quien tendría una excelente amistad y había vuelto a ver en la Gran Manzana, se había convertido en un traficante de droga.

Mientras el coronel Mendoza sustentaba su hipótesis, la mente de Jessica volaba a la sierra de Sinaloa, a los días en que el Chapo la sacaba de la tristeza llevándole flores que robaba del cementerio. O cuando un día soleado la sorprendió con una banda. El cantante tuvo que alzarlo para que lo viera desde la ventana de su casa, donde Jessica escuchaba sorprendida la voz de Joaquín gritándole en disonancia que su amistad no cabía en este mundo.

En La Tuna, su lugar preferido, se escondía el Chapo protegido por su gente. Un tipo como él, una máquina de producir dólares, no dejaría de hacerlo solamente porque las autoridades llevaban más de dos años intentando capturarlo. Era cuando más necesitaba estar en movimiento, y el acuerdo al que había llegado con el gobierno se lo permitía. En ese acuerdo, la advertencia en letras chiquitas era muy clara: si se dejaba capturar, los funcionarios del gobierno lo negarían todo.

Aceptar el trabajo que le proponía el coronel Mendoza significaba para Jessica preparar un operativo de inmediato en una zona de Durango. Según ciertos informes, el Chapo se escondía entre La Tuna y ese lugar inhóspito de la geografía mexicana situado en Durango. El coronel no le había perdido la pista a ninguna de sus mujeres, en especial a Emma Coronel, una hermosa duranguense que se hizo famosa al ganar un concurso de belleza de la feria del café y la guayaba. Apenas dos años después, esta espigada *miss* se convertiría en la nueva compañera del Chapo Guzmán, tras separarse de su esposa Griselda, con quien había procreado cuatro hijos. También había procreado otros tres hijos con su primera esposa, Alejandrina María Salazar.

Por los últimos desplazamientos de Emma —a quien su condición de ciudadana estadounidense le permitía cruzar la frontera sin despertar sospechas—, el coronel Mendoza estaba seguro de que el Chapo se encontraba en Durango haciendo de las suyas.

—La historia de Emma era muy parecida a la de otras tantas mujeres bellas que luego de ganar un concurso de belleza se vuelven objetivos amorosos de hombres poderosos. Ellas consiguen todo lo que desean —cariño, dinero, poder, fama— pero al final pagan por no haberse labrado un futuro por su propia cuenta, lo que casi siempre termina en desgracia.

Efectivamente, en La Angostura, un rancho en la remota sierra, había una escena frecuente: después de que las hélices de una avioneta se detenían, la puerta se abría para dejar ver unos pies con zapatos deportivos Nike que, por donde pasaban, dejaban su huella característica. Era la marca del Chapo, quien cargaba una metralleta, vestía *jeans*, camisa, gorra y lentes oscuros.

Después, por la puerta de la avioneta descendía Inés Barrera, un cincuentón con barba de candado y camisa a cuadros. Un día, el Chapo, aprovechando que estaban emparentados por ser el padre de Emma, le preguntó si le gustaría hacer algunos arreglos al rancho: "Eso si a usted no le molesta, don Inés", le dijo. "¿Cómo me va a molestar, Joaquín? Si, como tú dices, ya somos familia", respondió. El Chapo no estaba acostumbrado a que lo llamaran por su nombre, solo restringido a su credencial de elector; mientras caminaba entre la gente que lo saludaba, le contestó: "Para usted, querido suegro, soy el Chapo", mientras seguía recibiendo palmadas en los hombros de un pueblo que lo admiraba. Cariños que el Chapo correspondía arreglándole el sombrero a su interlocutor o con una palmadita.

Entre la multitud que lo rodeaba, sobresalía Edgar, un joven de unos veintiún años, quien acompañado de su hermosa novia se abrazaba amorosamente con su padre mientras le contaba que los otros hermanos no habían podido asistir al pachangón que se daba por su santo. El Chapo, que conocía bien a sus hijos, no se molestó, y anunció eufóricamente que nunca más lo iban a meter a la cárcel, y menos en Durango donde la tierra lo amaba.

Sin embargo, Jessica le pisaba los talones y se preparaba en una de las bases del ejército para salir con todo el equipo y el personal especializado para un operativo exitoso. Ella le insistía a su gente que no podían regresar sin haber capturado al Chapo Guzmán, el hombre que parecía ya una leyenda.

VIII
SANTO PASADO POR AGUA

La oscuridad, aliada perfecta, le servía a Jessica como telón de fondo de una operación que podría ser su mayor éxito si lograba capturar al hombre que la llenó de dudas cuando tuvieron el encuentro años atrás en Nueva York. Apostada tras unos matorrales, intentaba desechar los recuerdos mientras veía a través de sus binoculares de visión nocturna una panorámica de la fiesta ofrecida por el Chapo. Éste no terminaba de saludar a su pueblo que lo amaba y lo veneraba por sus obras, que estaba dispuesto a dar la vida por él. El Chapo representaba el mayor obstáculo para la aguerrida agente, quien le ordenó a un efectivo que avanzara sigilosamente arrastrándose como culebra por la hierba.

En la fiesta retumbaba la tambora animando a los presentes, entre quienes se encontraban algunos dirigentes de la política local y narcos, disfrutando por cuenta de don Joaquín y su querida familia. El Chapo, para la mayoría, era el pequeño grande de corazón. Admirado por todos, en especial por su hijo Edgar, quien veía a su padre como un gran héroe, y era correspondido, pues era su hijo preferido.

Entre los invitados había dos muy especiales que esperaban a que Joaquín se acercara a saludarlos: Ismael "Mayo" Zambada y Juan José Esparragoza Moreno, el Azul. Eran sus socios, amigos de negocio y de placer con quienes había compartido en las duras y las maduras, que estaban custodiados por un cuarteto de mujeres, que además de ser bellas, portaban las famosas matapolicías, los AK-47. Estos fusiles representaban la nueva moda en cuanto a las medidas de seguridad que protegían a estos personajes tan buscados. Si Jessica lo hubiera sabido, habría tenido aún más cuidado a la hora de seleccionar el grupo de hombres que la acompañaban para dar el golpe, que para ella era el más importante de su vida.

El Mayo Zambada, el más desconfiado de los tres, le reclamó al Chapo por dar ese tipo de pachanga con tanta raza junta. Según él, cualquiera los podría sapear con los guachos, y hasta creía que éstos ya estaban rondando la zona. El Chapo respingó, no quería que lo creyera tan imbécil. Sabía lo que hacía. En caso de que algo llegara a suceder, tenía a su gente que no se rajaba y no dudarían en dar la vida por salvarlo.

Eran palabras fuertes que hicieron que los tres narcos chocaran copas y brindaran por un años más de prosperidad y por la venganza que, en su momento, tomaría el Chapo. Esa venganza se haría realidad poco a poco, de la mano del gobierno, al irse deshaciendo de sus enemigos del cártel de Tijuana, los Arellano Félix. Este cártel estaba conformado por miembros de una misma familia, que terminaron mal: muertos o presos pagando por todas sus fechorías. Era el resultado de desafiar al Chapo y al Mayo Zambada, a quien por poco asesinan.

Hasta entonces soplaban buenos vientos; era época de crecimiento personal y laboral. Por cuestiones del negocio, una nueva guerra con miembros del propio bando que pretendieron desafiar la autoridad del cártel de Sinaloa, al mando del Chapo y del Mayo Zambada, convirtió la región en una zona de guerra.

Los Beltrán Leyva, primos lejanos del Chapo Guzmán, eran sus principales colaboradores hasta la detención de uno de ellos, Alfredo Beltrán, alias el Mochomo. Los hermanos Arellano Félix creyeron que esta captura tenía que ver con un pacto secreto entre el Chapo y el gobierno para sacarlos del camino. Uno de los Arellano Félix, Arturo, asumió el liderazgo de un nuevo cártel, denominado Los Beltrán Leyva, y desató una feroz pugna contra su exjefe, Joaquín Guzmán.

Una nueva guerra, un nuevo frente de batalla, una nueva traición se gestaba al interior de la mafia mexicana. El cártel de Sinaloa, al mando de Joaquín Guzmán, contra la disidencia, los Beltrán Leyva, al mando de su propio cártel.

El Chapo, junto a Emma, su nueva y hermosa mujer, ocupaban esa noche de la fiesta en La Angostura la mesa más elegante del lugar. Cuando él se puso de pie, todos los presentes guardaran silencio, disponiéndose a escucharlo con atención. Antes que nada agradeció, en nombre de su mujer y en nombre de la empresa, la compañía y la fidelidad de todos los presentes; después dijo que, como era un hombre de pocas palabras, a menos de que anduviera borracho y como todavía no lo estaba, les cedía la palabra a los muchachos de la banda.

La gente vibraba con las palabras de su benefactor y aplaudía extática. Los Canelos de Durango tocaron los primeros acordes de "Cruzando cerros y arroyos", que también escuchaba Jessica, quien, junto a su comando, estaba cada vez más cerca de su objetivo.

El Chapo bailaba con Emma, a quien acababa de hacer su esposa según las leyes eclesiásticas que él mismo manejaba y disponía a su antojo, al ritmo de los Canelos de Durango. Se notaba alegría y amor en la nueva pareja. El Chapo se le acercó y le dijo al oído: "No que no, chiquitita". Emma con una sonrisa de oreja a oreja replicó que no pensaba que lo que le prometía fuera en serio. El Chapo, dándole una vuelta canela, adoptó un tono grave, él era un hombre de palabra: "Lo que digo es ley y punto".

Palabras similares escuchó Jessica mientras bailaba con el Chapo en su departamento de Manhattan. Vestido como empresario, él le dijo, al darle la misma vuelta canela, que una mujer como ella no tenía por qué dudar del amor. Palabras que agradeció Jessica y que el Chapo, orgulloso, reafirmó diciendo que lo que él decía era ley.

Mientras Jessica recordaba, un efectivo vestido con ropa de camuflaje, de treinta años, robusto, se abría paso entre el mar verde de vegetación. Unos metros atrás varios soldados, también vestidos de camuflaje, lo seguían confundiéndose con las verdes plantas del lugar. Se detuvieron porque delante de ellos pasaba un campesino que con botella en mano trataba de arrear la terca mula que lo llevaba a él y a su tremenda borrachera.

El efectivo y los soldados bajo el mando de Jessica, que no le perdían de vista, prepararon sus armas y apuntaron, listos para actuar. Jessica dio por radio la orden al efectivo de no disparar mientras no estuvieran seguros de que era un hombre del anillo de seguridad del Chapo. El efectivo y los soldados guardaron silencio mientras el viejo campesino se alejaba cantando una canción que le recordaba a su amada muerta.

Luego de avanzar varios metros, el campesino, que seguía cantando, sacó de su bolsillo un celular que cubrió con un trapo negro transparente para no delatarse en la oscuridad y escribió un mensaje de texto: "Cuidado, ya están aquí".

Mientras tanto, en la plaza de La Angostura, los invitados brindaban, reían, platicaban, otros seguían bailando al son de la música: todos, por igual pasándosela como Dios manda, al cien. Hasta que a lo lejos se empezó a escuchar el rugir del motor de los *razors* quebrando la armonía de la fiesta. De uno de ellos se bajaron el Chino Ántrax, quien se había convertido los últimos años en fiel escudero del Chapo Guzmán, y su camarada el Narices; se abrazaron con el Chapo, quien les dijo que ya estaba pensando que lo habían dejado solo en la celebración de su santo: "Cómo se le ocurre, patrón, andábamos sacándole la vuelta a esos gabachos que nos querían chingar mientras andábamos en un jale, pero ya todo al cien patrón".

Nada más alejado de la verdad. Entre las negociaciones del Chapo con el gobierno estaba la exigencia de no molestar a sus mejores hombres, y el Narices y el Chino Ántrax eran dos de ellos, fundamentales para los planes que el Chapo tenía en mente.

La charla del capo con sus compadres y subordinados fue interrumpida por el Cóndor. Se tenían que pelar inmediatamente de ahí porque los verdes habían llegado. El Chapo levantó la mano y otro de los *razors* se acercó también para dar la orden de partir y recordarles que cada quien sabía qué hacer. "A ti, Chino, te encargo a mi hijo —y agregó, mirando a Emma—, a mi hijo y a toda la familia".

El Chino Ántrax, fiel a las órdenes del Chapo, se fue con su familia y dirigió a los conductores de los *razors* para que les ayudaran a escapar. Los invitados, como si fuera parte de un número preparado, huyeron del lugar rápidamente; la plaza quedó vacía en menos de un minuto .

Jessica, con el rostro marcado por la frustración, terminaba por contarle al coronel Mendoza, en su oficina, que, después de que lo tuvieron a metros, el Chapo había desaparecido como por arte de magia, como si alguien les hubiera avisado. El coronel insistió en la explicación que le había dado en la conversación telefónica: a estos tipos los cuida todo un pueblo que ve en la oscuridad y se esconde detrás de las matas.

Una explicación que no lograba calmar los deseos ocultos de Jessica, quien soñaba tener esa noche al Chapo frente a sus ojos para pedirle una explicación: la verdad expresada en sus propias palabras, no la verdad que divulgaban los medios de comunicación.

IX
EL SEÑOR DE LOS CIELOS

"Primero lo primero", les decía el Chapo a sus socios, el Mayo Zambada y el Azul, cuando le reclamaron por descuidos como el de La Angostura. El Chapo los calmó con una revelación: eso estaba calculado, necesitaba hacerlo para dar el siguiente paso en el camino de acabar con los Beltrán Leyva, sus nuevos enemigos, que consistía en quitarles el apoyo que les estaban dando desde Guadalajara los esbirros de Amado Carrillo Fuentes, el Señor de los Cielos.

El Chapo y los demás integrantes del cártel de Sinaloa no le perdonaban al Señor de los Cielos que, años atrás, delatara al Chapo como responsable de la muerte del cardenal. El Chapo, desde la prisión, se propuso liquidarlo, pero sus secuaces llegaron tarde a la cita: Amado Carrillo Fuentes había muerto en un quirófano cuando se le practicaba una operación de cirugía plástica para cambiarle el rostro. La vida misma se encargó de cobrarle la traición, o al menos así lo creía el Chapo.

Habían transcurrido algunos años desde tal suceso, pero el Chapo decidió visitar la clínica en la que murió Amado Carrillo. Su intención, más que cerciorarse, era ver el sitio que había cobrado venganza por él y agradecerle al destino haberlo hecho en su nombre.

Cerca de allí, por circunstancias inexplicables, se encontraría con dos de los hermanos Beltrán Leyva. Se enfrentó a ellos y se desató una balacera monumental en plena autopista. El tráfico se detuvo mientras los balazos del Chapo y del Chino Ántrax, por un lado, y los de los Beltrán Leyva por el otro, se confundían con los de los policías que a esa hora patrullaban el lugar.

Enfermeras y doctores de todos los centros hospitalarios de la zona, al ver la escena de guerra que se estaba viviendo en tan prestigiosa zona, salieron corriendo. En la escena del crimen yacían aún con vida, sangrantes, los cuerpos de dos hombres que habían caído por los plomazos del Chapo.

Fue tan fuerte el enfrentamiento que se presentó un convoy del ejército mexicano, a cuyo mando se encontraba el coronel Mendoza. Éste ordenó a sus hombres que iniciaran la operación limpieza; incluso autorizó el uso de armamento pesado si era necesario. El coronel divisó a Joaquín, lo identificó, lo señaló con el dedo, como diciéndole "a ti te voy a agarrar". Los soldados avanzaron a paso firme. Ante semejante demostración de poder, tanto Joaquín como los Beltrán Leyva estaban en clara desventaja, y decidieron huir, como en los tiempos de antaño, haciendo de la necesidad una tregua momentánea.

Se ayudaron a escapar trepando paredes, corriendo por las calles hasta que detuvieron una camioneta, encañonaron al conductor e hicieron que se bajara y escaparon en ella a toda velocidad. En la camioneta hablaron de la tregua momentánea, de lo picudos que estaban esos militares y de que casi los agarran por darse de plomazos en la mitad de la calle.

Arturo, el Barbas, el más aguerrido de los Beltrán Leyva, aprovechó para advertirle al Chapo que no se confundiera: su guerra seguía y la próxima vez que se lo encontrara, lo mataría, no sin dejar de señalar que él tenía honor y que no lo iba a matar en ese momento. "Cuando quieras y donde quieras", le respondió el Chapo, bajando del coche en pleno movimiento. "No se te olvide: la guerra continúa", le gritaba Arturo al detener el coche a poca distancia, "y esta vez no te vas a salvar, como en el desierto de Sonora".

El Chapo sabía que las palabras de Arturo eran una sentencia. Por lo que no cesó de pensar que tenía mucho que cobrarle a los Beltrán Leyva. Primero por pretender adueñarse de un negocio y un imperio que él mismo había construido

JOAQUÍN "EL CHAPO" GUZMÁN: EL VARÓN DE LA DROGA

mientras estaba en el bote y segundo, porque, a pesar de que eran parientes, lo habían traicionado tanto en el negocio como con las viejas con las que el Chapo salía.

Los Beltrán Leyva nunca respetaron a nada ni a nadie, eran de armas tomar, siempre metían las narices donde nadie los había invitado; además, por haber asistido esporádicamente a una universidad, creían que estaban por encima de los demás narcos de Sinaloa. Pero los Beltrán Leyva ignoraban que su enemigo era fuerte y poderoso, y traía consigo un arma secreta: su acuerdo con los grandes del gobierno.

Acabar con los Beltrán Leyva era un juego donde ganaría el más inteligente. Las cartas estaban sobre la mesa y ahora que ya no tenían el apoyo de los Carrillo, miembros todos del poderoso cártel de Juárez, la mano la tenía el Chapo. Pero éste no se debía confiar: de los Beltrán Leyva se podía esperar cualquier cosa, como el atentado contra el Chapo en el desierto de Sonora que por poco acaba con su vida. Eso lo recordaba el Chapo muy bien…

X
EL DESIERTO DE SONORA

Ni la sed ni el canicular sol que caía sobre la caliente arena del desierto fueron impedimentos para que Joaquín, el Chapo Guzmán, cargara junto a sus compinches, el Chino Ántrax, el Narices, el Cóndor y el Ratón, los cien bultos de veinticinco kilos de coca cada uno.

El piloto, un colombiano desfachatado, los apuraba. El Chapo no soportaba que nadie lo mandara, así que invitó cordialmente al piloto a que se sentara a hablar. Por su estatura, el Chapo no permitía que nadie le hablara fuerte y menos de pie; eso lo hacía hacer sentir vulnerable. Una vez que el colombiano se acomodó, sacó su pistola, mientras con la otra mano sostenía un refresco que bebía a sorbos con un popote. De chamaco tuvo que amenazar a su papá por lo mismo, así que no más: si le seguía gritando, le descerrajaría los tiros que fuera necesario hasta que se le pasara el calambre en el dedo.

El piloto lo siguió agrediendo con lo de su estatura, eso el Chapo no lo iba a permitir. Cuando le iba disparar, se les vino encima una andanada de balas de padre y señor mío.

El cuerpo grande del piloto le sirvió de escudo al Chapo para repeler los tiros, que venían de un risco que rodeaba el desierto. El Chapo logró ver como caía el Ratón desde su escondite. Movido por la rabia, disparó hacia un objetivo que no veía, pero dio en el blanco: el oponente, después de unos segundos, quedó frío en medio del calor. En eso sintió que tenía a alguien a sus espaldas, amenazándolo.

Era su gran enemigo, el peor de los hermanos Beltrán Leyva: Arturo, el Barbas. Con una sonrisa en la cara le dijo: "Por fin caíste, Chapo, con merca y todo", y luego lo invitó a que se despidiera pues sería su final: moriría como un coyote corriendo por el desierto.

En el avión fantasma de la DEA, Jessica revisó en el GPS la ubicación de la aeronave que iba siguiendo y que supuestamente tenía como destino un rancho del Chapo. El ingeniero de vuelo le confirmó que eran las coordenadas donde harían el traspaso del avión a una de las trocas de Joaquín. Jessica ordenó a los miembros del ejército que la apoyaban por tierra que se acercaran, y les advirtió que lo quería vivo; el éxito de esa operación dependía de que capturaran vivo al Chapo.

En el desierto, el Chapo frente a los hermanos Beltrán Leyva intentaba convencerlos de que su tío, o sea, su mismo padrino de bodas, José Luis Beltrán Sánchez, se encargaría de cobrarles su muerte. Pero ni por ésas se la perdonaban. Lo obligaron a salir corriendo, querían un poco de diversión, no le querían hacer el favor que les pedía el Chapo de matarlo de una buena vez.

Empezaron a dispararle a los pies. Los disparos fueron interrumpidos por una llamada al radio del Chapo, quien los miraba a los ojos y les dijo que debía ser el aviso de la llegada del siguiente avión. Los hermanos Beltrán Leyva se alegraron. No esperaban semejante regalo, y tan buena que estaba saliendo la merca colombiana. Dejaron que el Chapo contestara. Era una voz masculina con tono militar: "La DEA está sobre ustedes".

El Chapo intentó convencer a los hermanos Beltrán Leyva de huir, pero éstos no le creyeron hasta que se cercioraron de que un comando de soldados se acercaba.

Arturo, el Barbas, era de la idea de que mataran al Chapo. Alfredo dudaba. Héctor quería huir. Si mataban al Chapo, los iban a perseguir hasta capturarlos; si lo dejaban vivo, se entretendrían. Antes de escapar, le advirtieron que la próxima vez no se la perdonarían. Lo dejaron para que le respondiera al ejército. Salieron raudos en sus camionetas, mientras que Arturo, el Barbas, lo hacía en la troca cargada de coca.

El Chapo, conocedor del desierto, zorro de la arena, sabía que si salía huyendo lo iban a capturar. Decidió cavar un agujero para ocultarse; se enterró no sin antes hacer dos aberturas para respirar en las que metió los popotes del refresco que se estaba tomando mientras amenazaba al piloto, que yacía muerto en la calcinante arena.

La infantería, en constante comunicación con el avión fantasma, llegó al lugar de los hechos y se encontró con otra masacre, algo común en los desiertos de Sonora. Revisaron el lugar. Con el piloto, eran siete los muertos. Recogieron las vainillas. Doscientas treinta y cinco, y ni señas de que el Chapo estuviera entre los muertos. Jessica suspiró contrariada, pero levantó la voz para exigir una respuesta. Las labores de inteligencia y seguimiento indicaban que el Chapo estaba ahí. Después de revisar los cuerpos uno por uno, reconfirmaron la noticia: el Chapo no estaba entre ellos. Y si el Chapo no estaba entre los muertos, la pregunta obligada era: ¿dónde estaba?

XI
HIJO DE TIGRE...

Lo primero que hizo Joaquín después del susto pasado en el desierto de Sonora fue ir a ver a sus tres hijos mayores que había tenido en una relación tortuosa con Alejandrina, su primera esposa. Para su sorpresa, éstos se habían vuelto mafiosos. Era un dolor que cargaba en silencio, pues nunca había querido que siguieran sus mismos pasos. Su hijo mayor, César, era altanero y quería hacer lo que le viniera en gana. El otro, Jesús Alfredo, era el más tranquilo de los tres. Iván Archivaldo, conocido como el Chapito en el mundo de la mafia, por andar en el jale como su padre, era quien reiteradamente le demostraba su admiración por ser el bandido que era.

Pero lo que más le afectaba era el hecho de que Griseldita, su hija del segundo matrimonio, la niña de sus ojos, se había vuelto una "nini": *ni* estudiaba *ni* trabajaba. La niña pensaba que, por haber nacido en cuna de oro, todo lo merecía. Se había vuelto caprichosa y rebelde, y muchos aseguraban que consumía drogas, que era una buena para nada. Sus allegados pensaban todo lo contrario: que era una niña buena que intentaba hacer las cosas al derecho para salir adelante.

Lo cierto es que en algún momento, la hija del máximo traficante de drogas del mundo entero se vio atrapada en las garras de la droga, rumbo a la perdición. El Chapo quería recuperarla, pero su hija no quería ayuda. Igual que su hermano, el Chapito, sintiéndose en algún momento superior al padre, lo confrontó y le dijo que ellos, al margen de su vida, habían conseguido bastante lana, y que ni él ni su madre ni sus hermanos necesitaban de sus limosnas.

Esas palabras eran un golpe certero al corazón del Chapo, quien, llevándose las manos a la cabeza, se preguntaba:

¿qué hice? La respuesta era simple: tomó la decisión equivocada. Estaba frente a una de las más grandes desilusiones de su vida, pues se había metido en el mundo del narcotráfico para que su familia no pasara dificultades, y ahora resultaba que sus hijos estaban más metidos que él.

Con su otra exesposa, Griselda, las cosas tampoco marchaban bien. Su situación familiar era crítica. Cada vez que se veían, que eran pocas veces, peleaban con mayor ruido, no se entendían ni se toleraban. Una noche hubo una fuerte discusión en la casa cuando Joaquín júnior, el hijo mayor, anunció que se iba para no regresar, que no resistía ver a sus padres en semejantes agarrones.

El otro hijo, Ovidio, quería seguir los pasos de su hermano mayor. El Chapo los tuvo que detener. No les iba a permitir que hicieran lo que les viniera en gana. Los amarró a una pata de la cama, para impedirles que salieran de ahí, pero los dos buscaron la manera de soltarse hasta que finalmente lo lograron.

Joaquín se fue a trabajar por su cuenta, como narco. Ovidio fue tras él, pero el padre, de tres cachetadas, que por poco su hijo le regresa, se le impuso y lo mantuvo encerrado contra su voluntad. Ovidio era rebelde, con carácter, igualito a él. Le dijo que no se metiera en su vida, que ya estaba lo bastante grandecito como para hacer lo que se le viniera en gana. El Chapo hizo hasta lo imposible para evitarlo, hasta que la situación llegó a un punto culminante: Ovidio le cantó todas sus verdades y lo mandó al diablo. Eso desarmó por completo al Chapo. Su propio hijo lo había despreciado, cuando el Chapo siempre había sido, según su forma de ver, un buen padre: les había dado lujos y excesos, como el mejor del mundo.

En la intimidad de la alcoba, Emma trató de consolarlo haciéndole comprender que los hijos tomaban el camino que se les enseñaba. Si hubiera querido que sus hijos fueran otra cosa, simplemente él debería haber sido otra cosa. Era una ironía que fuera admirado por muchos, aunque la realidad era que su familia se estaba destruyendo.

El Chapo sabía que los devaneos no eran convenientes a la hora de tomar decisiones. Le hubiera gustado confesarle a su bella esposa que una parte de él estaba cansada de andar en el filo de la navaja, pero había otra parte que, sin entenderla, lo llamaba a ser narco. Había mucha gente que dependía de él, lo que se le convertía en una responsabilidad que no podía dejar de la noche a la mañana.

Por ahora, lo importante era diseñar una estrategia para enfrentar a los Beltrán Leyva, que silenciosamente estaban dando grandes pasos para acabar con el Chapo, el cártel de Sinaloa y con cualquiera que se les atravesara en su camino para quedarse como amos y señores de la Sierra Norte de México, como aparentemente estaba sucediendo en esta tensa calma, premonición de una nueva guerra.

XII
SE PREPARA LA GUERRA

El Chapo, frente al dilema que significaba su decisión de colaborar con el gobierno y también seguir en el negocio, para no despertar sospechas entre las organizaciones aliadas, ofreció un delicioso asado en el jardín interior de una de sus casas en Culiacán, buscando aclarar el panorama frente a aliados y enemigos.

Los invitados eran dos clientes que venían directamente de la ciudad de Chicago, quienes observaban los peces aguja abiertos sobre la parrilla de un asador, mientras el Chapo regaba sobre la carne humeante una lata de cerveza.

Mister Strauss y *mister* White se burlaban de la forma peculiar que tenían los mexicanos de dar sazón a la carne. El Chapo tuvo la respuesta precisa: "Aquí no se come ni comida enlatada ni comida rápida, la hacemos con amor y con mucho sabor, y qué mejor que con una cerveza bien helada; así matamos dos pájaros de un solo tiro: se come a la vez que se toma".

Después de las risotadas, los gringos no pudieron dejar de reconocer que la fórmula era un éxito. Y el guacamole no se quedaba atrás, cuya receta procedía de la abuela de Emma, quien advirtió que no la vendía ni la compartía ni nada.

Mister Strauss le preguntó, quitado de la pena, si tenía alguna hermana, lo cual hizo que *mister* White se animara a murmurar "o al menos una prima". Era el mejor pescado con guacamole que había probado y si así cocinaba ella, cómo sería la familia. Los comentarios galantes de los invitados hicieron que Emma se sonrojara.

El Chapo sintió una ráfaga de celos e interrumpió con su característico: "¿Qué paso? ¿Qué pasó?". Emma, conociéndolo, ripostó: "La que es linda, es linda, y lo que se tiene que decir, se tiene que decir. ¿A poco no?".

Esa afirmación puso en alerta al Chapo, pero no era momento de arreglar cuestiones domésticas, así que pidió a sus dos clientes que pasaran a su oficina, donde los esperaban el Chino Ántrax y el Narices. En la oficina, los hombres de confianza del Chapo observaban atónitos lo que los clientes gringos habían puesto sobre el escritorio: dos kilos de cocaína como muestra del cargamento que acababan de recibir, cuya calidad no tenía nada que ver con la que ellos enviaban.

Mientras el Chapo observaba por la ventana del estudio cómo su amada esposa, alegre y vivaz, seguía asando los peces aguja, le dijo a sus clientes que su gente y su empresa no manejaban material de tan mala calidad.

"Eso es mentira", refutó *mister* Strauss. Esta afirmación no le hizo ninguna gracia al Chino Ántrax, quien sacó su pistola enfurecido y le apuntó al gringo a la cabeza. El Chapo le hizo señas al Chino para que bajara la pistola: "Espérate, Chinito. *Mister* Strauss pagó por una mercancía, nunca le hemos quedado mal y hoy no va a ser la excepción". Luego le ordenó a su hombre que hablara con su compadre, el Azul, para que les mandaran el doble de peso y material de primer nivel.

Mister Strauss, sabiendo que era una manera de coacción, se negó a que les dieran más peso, no tenían por qué hacerlo. El Chapo, mostrando su verdadero carácter, le respondió: "A lo mejor no tengo, pero quiero hacerlo", y concluyó la conversación con lo que quería saber: "¿Con quién consiguieron esa merca? Porque ese material no es nuestro". Las miradas de los gringos se cruzaron, comprendieron el motivo del asado, la cerveza en la carne, los "dos pájaros de un solo tiro" y la aparente buena voluntad del Chapo.

La respuesta de los gringos los llevó a la frontera con Chihuahua, a un paraje semidesértico, al interior de una construcción sin terminar en la cual dos empleados de los Beltrán Leyva salieron de un narcotúnel con cinco kilos de cocaína para ponerlos sobre una mesa.

Al frente de los dos hombres estaba el Chino Ántrax que sin pedir permiso abrió uno de los paquetes con una navaja suiza, lo que haría que los dos hombres sacaran sus pistolas.

El Chino dejó de abrir el paquete para mostrarles a los dos nerviosos hombres la navaja. "¿Qué pasa, compas? No me digan que le tienen miedo a esto que es con lo que me saco el pollo de las muelas". Uno de los hombres, que lucía un gran bigote que le tapaba una cicatriz en el labio que hacía que sus palabras salieran acompañadas por un silbido molesto para los oídos del Chino, le advirtió que siempre abría los paquetes, lo cual fue respaldado por el otro hombre, quien afirmó que ésa era "medicina" del mero patrón.

El Chino Ántrax, como si no hubiera escuchado, continuó abriendo el paquete, obligando al hombre del bigote a reaccionar: "¡Te dije que no lo abrieras, cabrón!". El Chino ripostó: "A mí no me andes gritando. Si quieres te pago todo pero a precio real, que esta harina no es del Chapo, no me quieran ver la cara de pendejo". El otro hombre sacó su pistola para amenazar al Chino, pero al disparo lo detuvo una voz que parecía venir de ultratumba, aunque llegaba de atrás de una de las columnas. Era la voz del Chapo que decía amenazante: "Quienes se la buscaron fueron ustedes, por andar metiéndose en el jale equivocado".

Después del Chapo salieron de atrás de otras columnas el Narices y el Cóndor, muy armados, y rodearon lentamente a los dos hombres, que lo último que esperaban era una emboscada.

El Chapo se acercó hasta la droga, con el dedo recogió un poco, la probó y posteriormente esperó unos segundos haciendo que el lugar se llenara de una inusitada tensión, que el mismo Chapo rompió advirtiéndole a los dos hombres: "Ustedes escogen: ¿averiguo y los mato?, ¿o… los mato y averiguo?".

XIII
DECISIÓN Y ACCIÓN

Varias camionetas Hummer se desplazaban velozmente por una planicie duranguense dejando una polvareda a su paso. Se dirigían al rancho del Azul y transportaban al Chapo, al Chino Ántrax, al Narices, al Cóndor y a Edgar, la joven promesa del negocio, hijo del Chapo.

Ya en la casa del Azul, éste, el Mayo Zambada y Edgar veían un video en la tableta de este último donde aparecía un hombre de bigote con muestras visibles de haber sido brutalmente golpeado, confirmando que hacía un mes se habían tomado la mayoría de las rutas de Chihuahua y Coahuila. Con la respiración entrecortada, el hombre seguía diciendo que apenas era el principio. Los Beltrán Leyva tenían planeado dominar Durango en tres meses y la plaza de Sinaloa en seis.

Edgar guardó la tableta y el Chapo les comentó que los Beltrán Leyva tenían amenazados a sus subordinados. Les pagaban mal y los hacían distribuir material de baja calidad, asegurándoles que era de ellos.

El Azul, el más sereno de todos, quiso saber qué posibilidades tenían de lograrlo. Zambada propuso revisar bien el asunto; no sabían exactamente quiénes estaban de su lado y quiénes estaban del lado de ellos. Una acción como la que habían tomado no se hacía sin pensarlo, lo que le hacía suponer que tenían respaldo.

Los sorprendió la intervención del joven Edgar, quien propuso mandar a pedir un gran embarque de armas. Con la gente organizada y armada, estaba seguro de que acabarían con los Beltrán Leyva. El Mayo Zambada no dejó de valorar la propuesta; el peligro era que un trasiego de armas en ese momento los alertaría. "¿Y si hablamos con los Beltrán Leyva para hacer una tregua?", preguntó el Azul.

Esa posibilidad en nada convenía a los planes del Chapo. Necesitaba la ayuda del Azul y del Mayo Zambada para cumplir con el trato de entregar vivos o muertos a los Beltrán Leyva. Se paró frente a ellos y les preguntó, mirándolos de frente: "Si ya tenemos a esos alacranes en la espalda, ¿queremos que se nos trepen al cuello?". El Chapo obtuvo la respuesta que buscaba: "Entonces no hay de otra: vamos a la guerra", dijo el Azul.

Después de tensos segundos de silencio que parecieron horas, el Chapo aceptó la propuesta del Azul, haciendo una pequeña aclaración: "En la guerra, como en el amor, todo se vale".

XIV
LOS CELULARES

Para ejecutar la decisión tomada por los grandes capos en esa reunión, Edgar y el Chino fueron a Ojinaga a comprar todos los celulares que hubiera en ese pueblo fronterizo. Se llevaron incluso los de muestra. Con la ayuda de su hijo y de sus hombres, el mismo Chapo los repartió entre los pobladores de un ejido cercano a la frontera tras advertirles que informaran lo más rápido posible a la policía o al ejército acerca de cualquier cosa rara o si sospechaban que alguien trabajaba para los Beltrán Leyva.

El Chapo hizo lo mismo en varias ciudades fronterizas. Aclaraba que los Beltrán Leyva querían un baño de sangre de la gente buena y trabajadora pero que el cártel de Sinaloa no lo iba a permitir. Si le ayudaban a darle protección, a cambio prometía ayudarlos; solo necesitaban hablar con su hijo Edgar y decir qué necesitaba la comunidad. "¿Más alumbrado? ¿Más escuelas? ¿O que organicen un baile con las bandas más perronas? Para eso estamos aquí. Échenme la mano y yo les rascaré la espalda", concluyó el Chapo.

Esa familiaridad que lograba con su gente dio resultados inmediatos. Las oficinas locales de la policía, así como las líneas de denuncias se congestionaron con llamadas que querían reportar malandros que habían visto, gente rara en las colonias, tipos extraños en los restaurantes. Era una actitud de la gente común que llamaba la atención de las autoridades, en particular de Jessica, que se reunía con su equipo para entender qué pasaba en el norte de México.

Las estadísticas comprobaban que la cantidad de arrestos, denuncias y detenciones habían subido un doscientos por ciento. Algunos de los colaboradores de Jessica consideraron que el cambio se debía al buen desempeño de la institución, pero a Jessica no le convencía: creía que era una consecuencia de la lucha entre cárteles, una guerra entre los Beltrán Leyva contra el cártel de Sinaloa y, de paso, contra el Estado. Llegó a esa conclusión por intuición; conocía muy bien al Chapo y sabía que siempre había preferido utilizar la cabeza con acciones inteligentes, que la fuerza.

XV
EL DESEO OCULTO Y LAS REACCIONES

Las ingeniosas medidas tomadas por el Chapo para controlar la región de Nuevo Laredo obligaron a los Beltrán Leyva a violar una regla de seguridad básica: reunirse todos en el mismo lugar. Eligieron una de sus más lujosas residencias en Los Mochis, Sinaloa, que contaba con una sola puerta de acceso; en su interior era similar a un club con piscinas, juegos de diversión, cancha de futbol, habitaciones completas, armas, arte, vehículos y una decoración estrafalaria que, más que embellecerla, la hacía ver como un almacén de artículos *kitsch*. Desde la entrada se podía admirar el zoológico personal de los capos. Un león, dos tigres y dos panteras acompañaban sus conversaciones. Pasando por la piscina de temperatura controlada, se llegaba al salón donde tenían su extensa colección de armas personalizadas: algunas mostraban su fervor religioso; otras eran de oro puro, regalos de sus socios; la mayoría nunca habían sido disparadas, solo eran de exhibición.

Arturo, el Barbas, el más violento de los cuatro hermanos, seguía con la idea de buscar al Chapo y matarlo a como diera lugar. Eso ya lo habían intentado varias veces, le recordó Héctor. El Barbas, acariciando su barba, que crecía como un candado alrededor de sus comisuras, planteaba golpearlo de otra manera. Querían vengar la captura de su hermano porque, según ellos, el Mochomo había caído en manos de las autoridades porque el Chapo lo había delatado.

Los Beltrán Leyva, que al comienzo habían sido socios del Chapo, e incluso le enseñaron algunos secretos del negocio cuando era un simple sicario, querían golpearlo por el lado afectivo: "Darle por donde más le duela a ese cabrón", repetían los hermanos mientras seguían divirtiéndose acompañados de lindas mujeres.

Dos de los hermanos Beltrán Leyva, Carlos y Héctor, se inclinaban por la idea de asesinar a Emma, la esposa del Chapo. El Barbas, en cambio, creía que la muerte de su mujer no era un golpe tan fuerte y devastador para el Chapo; había tenido muchas y, aunque las quisiera, podía reemplazarlas fácilmente. El Barbas opinaba que la víctima tenía que ser alguien que fuera insustituible para el Chapo.

XVI
CORONEL

Simultáneamente a la reunión de los Beltrán Leyva en Los Mochis, se celebraba otra reunión no muy lejos de ahí, en una de las residencias del Chapo en Culiacán. La decoración y lo que albergaba esta casa hacían que se pareciera a las de sus enemigos debido a los lujos y las excentricidades de sus hijos: autos deportivos, leones, fajos de dólares, camionetas de lujo, fusiles AK-47 y pistolas tipo escuadra forradas en oro, imágenes de la Santa Muerte y de la Virgen de Guadalupe.

Uno de los asistentes a la junta mafiosa en la casa del Chapo era su socio Nacho Coronel, principal líder de la pequeña organización que dominaba el estado de Durango. Coronel llegó acompañado por Genaro, su hombre de confianza, y por su esposa, a quien exhibía orgullosamente frente a sus amigos como un trofeo. Así la presentó Coronel.

Su esposa era la exuberante Piedad, quien vestía de tal manera que atraía las miradas de todos los hombres a su alrededor. Su estatura hacía enmudecer incluso al más indiferente y le daba un aire de señora de sociedad que lucía joyas de forma discreta, una bella y elegante mujer que desentonaba en medio del mal gusto de los demás invitados.

El Chapo observó rápidamente a la mujer. Su presencia, su porte distinguido, su perfume lo estimulaban de forma similar a como lo hacían la sensación de peligro, el dar una orden o negociar un cargamento. El Chapo no dejó ver su interés y se presentó como el hombre más humilde, dejando que fueran los demás los que trataran de robarse la atención de la bella dama, entre ellos el Mayo Zambada y el Azul.

Después de las presentaciones y el trago de bienvenida, entraron en materia. Coronel venía a ponerse a su disposición.

Se había enterado de que los Beltrán Leyva se querían quedar con una parte importante de la frontera, por el lado de Nuevo Laredo, una ruta que trabajaba Coronel para hacer llegar su mercancía a Texas que, entre otras cosas, le estaba dando muy buenos dividendos.

El Chapo le hizo un resumen a Coronel de las acciones que habían tomado contra los Beltrán Leyva, quienes en ese momento estaban heridos de muerte a causa de esa ofensiva. Necesitaba su apoyo para darles el golpe final: debían reunir una buena cantidad de dinero. Coronel prefirió pasar el trago. La esposa de éste le pidió al Chapo que le indicara algún lugar en la casa donde ella pudiera retirarse para no estar presente en las importantes conversaciones que se estaban llevando acabo.

Mientras tanto, en casa de los Beltrán Leyva ya todos estaban de acuerdo con la propuesta del Barbas, quien los animaba a que tuvieran confianza. Con ese golpe, afirmó, el Chapo iba a tener que comer del polvo del dolor y cuando bajara la guardia, el camino para acabar con él se allanaría.

Piedad se dirigió a otra sala de la casa en compañía del Chapo y aprovechó para preguntarle si no sentía miedo de enfrentar a esa gente tan peligrosa, y agregó que, aunque no sabía mucho del negocio, sería una pena que a un hombre tan simpático como él le pasara algo. El Chapo lo tomó como un cumplido y le respondió al oído que por una mujer como ella él se enfrentaría al ejército más grande del mundo. Piedad le sonrió y le advirtió que tuviera cuidado, que Coronel era un hombre muy celoso. Después tuvo lugar entre ellos un coqueteo silencioso; sus mutuas miradas fogosas no pasaron desapercibidas para Emma, quien no armó un escándalo, pero sí le reclamó a su marido en la intimidad de la alcoba.

El Chapo, que no acostumbraba negarle a su esposa cuando una mujer le gustaba, esta vez lo hizo con un argumento convincente: era una mujer que estaba con Coronel por el dinero. Emma le advirtió que, por eso mismo, tuviera cuidado, que las mujeres como Piedad sabían manejar lo que la mayoría de los hombres deseaban y no reconocían, que ella podría ser su perdición.

XVII
LA INFILTRACIÓN

Jessica se negaba rotundamente a aceptar el argumento que el coronel Mendoza le exponía, luego de invitarla a su oficina para conversar en privado. El argumento se sustentaba en la debilidad del Chapo: las mujeres. Jessica, enfurecida, pretendió darle fin a la reunión. No quería entrar en ese tipo de conversaciones. El coronel Mendoza le sugirió fríamente que lo pensara bien porque eso podría causar la caída del Chapo.

Jessica sabía muy bien el pasado de Joaquín. Lo había conocido de chamaco, habían compartido momentos alegres y también momentos tristes como cuando murió el papá de Jessica a mano de unos traficantes de goma, y ella lo acusó de ser un colaborador de las autoridades. Frente al cuerpo inerte de su padre, Jessica juró que vengaría su muerte siendo la mejor policía del mundo.

Jessica objetó de manera enérgica el argumento del coronel Mendoza, pero éste ya había tomado cartas en el asunto y contrató a una persona que logró obtener tan buena información que lo tenía realmente sorprendido.

En el fondo, la reacción de Jessica era motivada por celos profesionales pues no quería que ninguna mujer fuera a atrapar al Chapo, quería estar en ese lugar, en el lugar que estuvo cuando fueron jóvenes, cuando se fue para los Estados Unidos y el Chapo le prometió que un día la visitaría. Fue así que de repente se le apareció en Nueva York. Lo suyo con el Chapo venía desde niños: ellos estaban unidos no por una necesidad, sino por el deseo natural de compartir lo que cada uno era.

Cuando Jessica tomó la decisión de estudiar en la Academia Militar, en los Estados Unidos, jamás pensó que su limpia carrera la llevaría de nuevo a la persona que había conocido

JOAQUÍN "EL CHAPO" GUZMÁN: EL VARÓN DE LA DROGA

en la infancia y mucho menos pensó que llegaría a vivir una gran ironía: enfrentarse a un buen amigo, que era como enfrentarse a sus bellos recuerdos, aunque ella estaba del lado de la ley, y él, del lado de los bandidos.

Había algo que Jessica tenía claro: su lealtad a la institución y sus principios. El recuerdo pesaba pero más pesaba su misión de capturar a los delincuentes que, según su filosofía, además de asesinar a socios, trabajadores, soplones y demás, asesinaban a una sociedad ávida de vivir sensaciones más allá de sus aburridas rutinas.

Estar segura de saber lo que quería le permitió continuar la reunión con el coronel Mendoza, quien le confesó que la orden de infiltrar al Chapo venía directamente de sus superiores. Nada raro para Jessica, pero cuando el coronel le confirmó que infiltrarlo era lo único que podían hacer, Jessica se llenó de dudas. No entendía la razón; quizá un acuerdo por debajo de la mesa, pensó.

Jessica no iba a descansar hasta averiguar, así lo tuviera que hacer por fuera de la institución. Ella no era una mujer que diera su brazo a torcer y, así el coronel le hablara con sinceridad, para ella había algo más que la historia que le contaba.

Sus elucubraciones fueron interrumpidas por las palabras del coronel Mendoza, quien le comentó que había recibido información de que los Beltrán Leyva estaban reclutando sicarios. La orden recibida era averiguar y pasar un informe, pues sospechaban que las autoridades recibirían un golpe con algo que en su época le dio resultado al capo colombiano Pablo Escobar: el plan pistola.

XVIII
EL SECUESTRO

Entretanto, los Beltrán Leyva habían venido creciendo en sus negocios. Trabajaban intensamente en el envío de drogas, en las cobranzas, en los planes de expansión. Eran incansables, organizados y carecían de escrúpulos: a quien se atravesara en su camino lo eliminaban sin pensarlo dos veces. Pero a pesar de que les estaba yendo bien, les seguía haciendo falta el control de Nuevo Laredo, y para lograrlo sabían que tenían que quitar del medio al Chapo y a Coronel.

El Chapo, por su parte, visitaba frecuentemente a Coronel, sin que éste sospechara de sus segundas intenciones. Piedad se le insinuaba al Chapo con miradas furtivas, roces de manos, suspiros inesperados, lo que aumentaba en él el irrefrenable deseo de poseerla, cosa que era imposible en vista del excesivo control que Coronel ejercía sobre ella, hasta el grado de que nunca salía del rancho sin vigilancia.

El Chapo fue informado telefónicamente por el Chino Ántrax de que los Beltrán Leyva habían secuestrado a una tal Jessica. Los Beltrán Leyva, sabiendo que Jessica había sido la mejor amiga del Chapo en la infancia, se la habían llevado con la esperanza de acabar con él si intentaba rescatarla. Los Beltrán Leyva ignoraban que Jessica era agente de la DEA asignada a las fuerzas militares mexicanas.

Cuando la metieron en la cajuela del coche en el que la iban a trasladar, Jessica logró tragarse las credenciales que la identificaban como tal. Los Beltrán Leyva la golpearon. Estos individuos eran enfermos, sádicos, sobre todo Arturo, el mayor, quien de paso se sacó su frustración porque Jessica, cuando niña, le había hecho un desplante.

El Chapo, desesperado, llamó al Mayo Zambada en busca de ayuda. El socio le dijo que lo lamentaba, que eso no era asunto suyo. No iba a pelear por una de sus mujeres; pensando que era una de tantas, le sugirió que hiciera lo que siempre había hecho: buscarse otra. El Chapo esperaba el respaldo de su socio, pero descubrió que para algunas cosas los socios no son socios. Estaba solo. El Chapo pensaba que Jessica no merecía morir; o por lo menos, no a manos de sus enemigos. Se reunió con el Azul. Le pidió consejo para manejar la situación. Éste le aconsejó que fuera a ver a los Beltrán Leyva tan pronto se lo permitiera el tamaño de sus huevos. El Chapo se le quedó viendo fijamente y le dijo que, si de eso dependía, lo iba a hacer a su manera.

Horas después el Chapo, el Chino Ántrax y el Narices entraron clandestinamente a un rancho. Iban armados hasta los dientes. Se metieron a la casa neutralizando a los hombres de seguridad. Ya en una de las recámaras, sacaron una bolsa negra para meter cuerpos. Inmediatamente después, el Chapo llamó a Arturo, el Barbas.

Tenía en su poder a su esposa. Le dijo que se fuera despidiendo de ella si algo le había pasado a Jessica. Le propuso un trueque: Jessica por su esposa. "Ojo por ojo, diente por diente. Usted decide", y le colgó. A Arturo, que pensaba matar al Chapo cuando fuera por Jessica, no le quedó más remedio que aceptar.

El Chapo se vistió con su mejor indumentaria —sus botas, su sombrero y un cinto piteado—, se subió a su camioneta y partió a reunirse con sus enemigos.

La situación era tensa. Se sacaron las armas, se apuntaron. Joaquín esperaba que Jessica estuviera bien, o de lo contrario la mujer del Barbas pagaría los platos rotos y habría más guerra en la que morirían todos. Esto ya era cuestión de honor. Los Beltrán Leyva sabían que el Chapo hablaba en serio. Arturo, frío y calculador, y el Chapo, neutro, se miraron de frente. Finalmente se hizo la entrega.

Arturo le exigió al Chapo que desapareciera de México, porque lo iban a buscar hasta debajo de las piedras para matarlo a él y a toda su familia. El Chapo aceptó su petición a cambio de que nunca más se metieran con su familia y sus seres queridos.

"Esto es entre nosotros, sean machos de verdad, no toquen a las mujeres ni a los niños", les dijo el Chapo. "Pero si lo acabas de hacer, cabrón", le respondió Arturo. "Lo hice por culpa tuya y de tus hermanos, pero no vuelve a pasar, si hacemos ese trato", concluyó el Chapo.

Luego de que ambos bandos se comprometieron a no involucrar a las familias —promesa que, por supuesto, no cumplirían—, Alfredo le entregó a Jessica.

Jessica, insistente, le hizo nuevamente la oferta al Chapo de que se entregara a las autoridades de los Estados Unidos, que él había rechazado varias veces en el pasado. Según ella, estaban a punto de entablar en su contra una acusación mucho más grave que cualquiera que pudiera tener hasta ese momento. Joaquín tenía otros planes. Le dijo que lo sentía mucho pero que él no iría a una cárcel, y menos en el norte.

Jessica le preguntó si tenía un acuerdo con el gobierno. El Chapo la miró y, como cuando eran niños, con el dedo índice le señaló que no girándolo sobre la nariz de la mujer, quien cayó rendida ante tanta ternura que había en sus recuerdos. El Chapo, delicadamente, le dijo que se tenía que ir, que no quería que pasara más riesgos.

Jessica le confesó que nunca había tenido un amigo como él, que nunca lo olvidaría y que guardaría la esperanza de que algún día fuera diferente. El Chapo la sacó rápidamente de su ensoñación recordándole que estaban en lados opuestos. No le podía prometer nada que no fuera a cumplir. El objetivo de ella era capturarlo, y el de él, no dejarse. Él bromeó que, tal vez, ésa podría ser la amistad perfecta.

El Chapo, antes de arrepentirse por haberla rescatado, como todo buen caballero, hizo que subiera a su camioneta y la llevó hasta la puerta de la embajada de los Estados Unidos, donde le pidió al oficial de seguridad que le abriera la puerta a la señorita que era ciudadana americana. "¿Qué espera? Abra ya, no tengo todo el día", le increpó al oficial, quien no sospechaba que estaba frente al criminal más buscado por las autoridades americanas.

En cuanto ella entró, él se marchó pensando que seguiría en el negocio y se enfrentaría a sus enemigos, ahora con más fuerza que nunca. Decidió hacer algo que tenía pendiente, y que estaba seguro le traería paz a su agitado corazón pero sobre todo a su vida.

XIX
AMOR: ESCLAVITUD O LIBERTAD

Comprando guardias de seguridad, el Chapo y el Chino Ántrax lograron infiltrarse en la cárcel de Puente Grande. Buscaron desesperadamente a la doctora Camila pero, como siempre sucedía con las mujeres importantes en su vida, una vez más llegó tarde. Los custodios le informaron que la doctora estaba presa, acusada de complicidad en su fuga. Un duro golpe.

Pero el Chapo no tenía tiempo para llorar o lamentarse. Debía salir de ahí lo antes posible. Ya habían dado la voz de alarma y se inició un operativo de búsqueda dentro del penal para capturarlo. Algunos presos les ayudaron a evadir el cerco, se ocultaron aquí y allá y poco a poco el Chapo y el Chino Ántrax fueron avanzando por la ruta establecida. Afuera los esperaba el Narices con una camioneta lista para salir volando de ahí.

Cuando estaban a punto de lograr huir por un boquete, tres guardias lograron cercar al Chapo. Lo tenían arrinconado apuntándole con sus armas, mientras él les gritaba que no estaba dispuesto a volver a prisión. Primero muerto que encerrado, les gritó y les exigió que bajaran sus armas, porque si no, les iba a partir la madre, y si no lo hacía en esta vida lo haría en la otra, pero de que se las partía, se las partía. Ante la negativa de bajar sus fierros, el Chapo atacó a un guardia y lo neutralizó, mientras el otro recibió un plomazo del Chino Ántrax, quien no se percató que el tercer guardia se le acercaba por la espalda apuntándole a la cabeza. Cuando la iba a disparar, el Chapo apareció por detrás y lo mató, y así lograron escapar.

Tras la experiencia, el Chapo era una mata de angustias. Saber, y más que saber, reconocer que Camila llevaba algún tiempo presa por su culpa le produjo una sensación de tristeza. Debía hacer algo por ella pero no sabía cómo y para colmo no podía evitar sentirse culpable por haber jugado, como de costumbre, con una mujer. Por más que intentaba disipar sus culpas con gestos de bondad, no lo lograba y muy a su pesar sabía que estaba cavando su propia tumba. Le gustara o no, lo quisiera o no, las mujeres, además de ser su debilidad, poco a poco se estaban convirtiendo en su talón de Aquiles.

XX
PIEDAD

El Chapo, arriesgando su vida, decidió visitar a Piedad. Con ella podía ser como es: vulgar; le decía palabras de grueso calibre al oído cuando Coronel no estaba en los alrededores. Joaquín no le era indiferente a Piedad, le agradaba, pero no estaba dispuesta a poner en riesgo su vida de reina en ese rancho, y menos por alguien que estaba casado. La mujer siempre terminaba poniéndolo en su sitio: "Respétame, no seas así, eres un igualado". Pero Joaquín era insistente, no aceptaba un no como respuesta.

Una noche, luego de completar una entrega y aprovechando la ausencia de Coronel, le propuso ir a la cama. De hecho le propuso hacerlo en la cama de Coronel. Pero ella no dio su brazo a torcer: por nada del mundo se acostaría con semejante personaje, aunque por dentro se muriera de ganas. El Chapo insistió, pero Piedad siempre lo dejaba con ganas, incluso lograba alebrestarlo más con afirmaciones como que a él le faltaba lo que a Coronel le sobraba: huevos. Una trampa muy bien puesta para que el Chapo, herido en su machismo, le contara cosas que ella quería saber: por dónde sacaba la merca, quiénes les bajaban el billete, cómo lo estaba invirtiendo. El Chapo le revelaría que tenía que manejar un bajo perfil, pues de eso no se podían enterar las autoridades.

Piedad, quien en verdad se llama Fernanda, era informante del coronel Mendoza. Le contaba los pormenores de sus conversaciones y le aseguró que el Chapo había acumulado más poder del que tenía antes de que estuviera en la cárcel. Era claro para ella que el Chapo era un tipo muy inteligente y sabía que en la siguiente cita con él tendría que darle lo que tanto quería.

En realidad, Piedad, como muchas otras, creía que con su presencia y su dureza obtendría lo que deseara del Chapo. Pero esa estratagema no funcionaba por algo muy sencillo: con las mujeres, él se comportaba como un hombre sencillo del campo, enamorado de su sierra, de las flores, del ganado, lo que les encantaba y las conquistaba, como estaba sucediendo con Fernanda, que se había infiltrado con el nombre de Piedad.

XXI
LA TRAMPA

Coronel, al igual que el Chapo, no tenía un pelo de tarugo. Las miradas, las sonrisas y las atenciones entre el Chapo y Piedad le molestaban sobremanera. Para arrancar cualquier duda de su mente, le pidió a uno de sus tantos chalanes que le informara si había visto algo raro que pasara entre el Chapo y Piedad. El chalán soltó su afilada lengua: "Ya tengo rato viéndolos juntitos. Con su perdón, jefe, pero pa' mí que le están poniendo los cuernos". Coronel, aunque tenía ganas de cortar al Chapo en pedacitos, no quería otra guerra, así que decidió tenderle una trampa.

Coronel le pidió al Chapo que realizara una misión, aduciendo que no confiaba en nadie más. Necesitaba que fuera en nombre de su organización a Colombia, para que le ayudara a Genaro a negociar con unos nuevos socios que querían mandar toneladas de coca por México a los Estados Unidos.

El Chapo, sin poder disimular la satisfacción que eso le producía, soltó una leve sonrisa, sintiéndose como el más chingón de todos. Coronel siguió subiéndole el ego: si llegaban a un buen acuerdo, no solamente el cártel de Sinaloa saldría ganando, sino que el Chapo quedaría bien parado, con un buen varo si lograba el objetivo. A Joaquín le brillaban los ojos. "El negocio aquí se trata de ser los más chingones de todos, invertir en buen material, para poder manejar los precios en el mercado como se nos venga en gana".

El Chapo, con ganas de comerse el mundo, aceptó y sin pensarlo dos veces viajó a Colombia con Genaro, el hombre de confianza de Coronel. Genaro era el encargado de la negociación, pero el Chapo, viendo que las cosas no iban para ningún lado, intervino, le robó la escena, hacía propuestas y tomaba decisiones. La negociación ocurría en una cancha de futbol en la mansión del Loco Barrera, el socio colombiano. Genaro, que estaba que le metía unos balazos al Chapo, le dijo: "Ya estuvo bien, cabrón, yo voy a seguir con la negociación". El Chapo siguió en lo que estaba; no se iba a dejar controlar por ningún aparecido en el jale; ese negocio se haría a su manera; total, la mafia le corría al Chapo por el ADN. Se sentía como pez en el agua, los casi nuevos socios le escuchaban con atención los planes de hacer crecer el negocio y llenar de polvo blanco toda la Unión Americana.

El Loco Barrera salió de la cancha por un momento para atender una llamada. Entretanto, Genaro le recordó a Joaquín que quien daba ahí las instrucciones era él, según las órdenes precisas de Coronel. El Chapo, sorprendido, se hizo a un lado y reflexionó. Sentía que si Coronel le había dado las riendas del asunto a Genaro, era porque no confiaba en él, y si no confiaba en él, ¿por qué le había pedido que lo acompañara a esa negociación? Las conclusiones a las que llegaba de cada momento de la situación lo pusieron alerta.

Cuando reapareció el Loco Barrera, pidió hablar a solas con Genaro. Dejaron solo al Chapo, lo cual confirmaba sus sospechas: esa gente se traía algo raro. Al sentir que había caído en una trampa, miró a su alrededor: estaba en la selva, desarmado, rodeado por muchos hombres armados; se sentía enjaulado. Pensaba que tenía que analizar cuáles podrían ser las rutas de escape, por si intentaban matarlo, pero también pensaba que si lo quisieran matar, sus socios el Mayo Zambada y el Azul, acabarían con Coronel; sería muy evidente para ellos que le habían tendido una trampa al Chapo.

Uno de los hombres del Loco Barrera, armado hasta los dientes, obligó al Chapo a que fuera con él. Mientras avanzaba, el Chapo miró al hombre que lo empujaba; ni siquiera si lograba arrebatarle la M-16 iba a evitar que se le vinieran encima. La única salida era escapar hacía la selva y poner su vida en manos del santo Malverde.

Cuando estaba a punto de salir corriendo, Chapo vio con horror y sorpresa cómo dos hombres lanzaban desde una enorme grúa a Genaro, que cayó a sus pies, irremediablemente muerto. El Loco Barrera le reveló que uno de sus hombres, quien conociera a Genaro años atrás, lo había identificado como soplón. "Ahora, ¿cómo sé que tú no eres otro soplón?", le preguntó el mafioso colombiano.

El Chapo asustado pero siempre echado para adelante, le dijo que él sí era un hombre de palabra y que no sabía que Genaro fuera un soplón. Lo único que quería era que ganaran todos. El Loco le escuchó su propuesta de comprar la mercancía en Colombia, y ellos se encargarían de transportarla a un menor precio. La propuesta no le gustó a su interlocutor, quien sabía que la ganancia del negocio estaba en el transporte.

Ya de regreso en México, el Chapo habló cara a cara con Coronel. Éste lo miraba con desconcierto, pues no esperaba verlo vivo ni esperaba que Genaro resultara muerto. El Loco Barrera lo mató porque tenía la certeza de que ese bato era un soplón. Y así se lo dijo el Chapo a Coronel: no esperaba que un hombre como él fuera a arriesgar el pacto que habían hecho para no dejar quitarse Nuevo Laredo por la ambición de ganarse unos dólares. Coronel, sin titubear y con altivez, le respondió que no era por el dinero que lo había enviado a hacer parte de esa negociación: lo había hecho por Piedad, su esposa. La revelación debilitó al Chapo, comprendiendo el orden de las cosas: seguramente Coronel se había enterado de sus coqueteos, besos y algunas caricias a las que había llegado con Piedad, con quien tendría, se supone, una cita más tarde para consumar ese deseo irrefrenable que su simple presencia le despertaba.

Una retahíla de preguntas cruzaban por su mente: ¿Cómo supo Coronel de algo que solo sabían Piedad y él? ¿Era una trampa orquestada por ambos y Piedad estaba jugando a seducirlo para luego tener la justificación perfecta para matarlo? ¿Era lo que iba a suceder en el momento siguiente?

Para evitar ese posible desenlace se le ocurrió decirle a Coronel, con total seguridad, que él nunca arriesgaba su negocio por una mujer. Le pidió que lo pensara, pues el precio que había logrado con el Loco Barrera y las facilidades los posicionarían como la organización más poderosa del mundo.

Coronel tuvo en cuenta el comentario del Chapo para reafirmar lo que estaba pensando y así se lo expresó: "Coincido contigo, por una vieja no lo haría, pero sí arriesgaría todo porque no me vieran la cara de tarugo".

"Mujeres, muchas; dignidad, una sola" y eso era lo que él estaba dispuesto a defender. En un abrir y cerrar de ojos los dos hombres ya estaban apuntándose con sus armas. Era cuestión de quién disparaba primero pero tres hombres salieron detrás de las cortinas que hacían que la oficina fuera más reservada. El Chapo entendió que no había alternativa: los miró a todos, mientras comprendía que la trampa no había sido en Colombia, que había caído en la trampa en ese momento. Seguramente, el mismo Coronel llamó al Loco Barrera para decirle que Genaro era un soplón.

"Muy inteligente su deducción", le dijo Coronel, acercándole una fotografía en la que aparecía Piedad enviándole un beso al que le tomaba la foto: "A mí no me haces güey, llevo más años que tú en el negocio, no me gusta para nada la forma en la que trabajas y mucho menos tus métodos para bajarle las viejas a tus socios", le reclamó Coronel afirmando que era la peor mierda que se le pudo haber cruzado en el camino, últimas palabras de Coronel antes de apretar el gatillo de la Pietro Beretta.

El Chapo le exigió que le dijera antes de irse de este mundo cómo lo supo, le preguntó si había sido ella quien le contó. Él respondió que, lastimosamente —porque esperaba que lo hubiera hecho—, ella no dijo nada, sino sus nuevos socios. "¿Nuevos socios?", preguntó el Chapo, "¿cuáles nuevos socios?". Coronel le respondió: "¿Has escuchado la máxima 'si no puedes contra tus enemigos, úneteles'?". Al Chapo le quedó claro que los nuevos socios de Coronel eran los Beltrán Leyva, y que los tres tipos que habían salido como fantasmas de entre las cortinas eran tres de sus hombres, que estaban ahí para matarlo. Un gran plan. Una gran trampa.

Piedad, sobre quien el Chapo se sentía aliviado de que no lo hubiera traicionado, apareció repentinamente como una fiera rabiosa, disparándoles a los tres hombres que se disponían a matar al Chapo. Éste aprovechó la confusión para saltar detrás del escritorio y desde allí, con su pistola, ayudar a Piedad a dar buena cuenta de los tres matones, quienes no alcanzaron a disparar una sola bala. Solo estaban en la habitación Piedad, Coronel y el Chapo, cada uno con un arma en la mano, dispuestos a matarse.

Antes de que el plomo se deslizara por el delgado cañón de las pistolas, Piedad huyó de la oficina y le pidió al Chapo que salvara su vida, que arreglara lo que tenía pendiente con las personas que había ilusionado, que ella tenía que sobrevivir. Coronel le gritó: "¡¿Quién eres, mujer?!". Ella se detuvo para mirarlo de arriba abajo para decirle, en forma despectiva, que era una mujer convencida de que un hombre no es hombre por lo que dice sino por lo que hace. Salió de la escena dejando a Coronel en franco duelo con el Chapo, quien se escondió para no recibir la andanada de balas que disparaba Coronel con muy poca efectividad, lo que le permitió huir del lugar.

Llevaba tres días la cacería de Nacho Coronel por parte del ejército mexicano cuando los mandos militares recibieron información de su posible paradero. Los datos —que llegaban de forma anónima— revelaban que el jefe del negocio en Durango y socio del Chapo Guzmán estaba a punto de caer. Y no se equivocaron las autoridades al afirmar que lo tenían cercado. Esa misma tarde las fuerzas de élite del ejército lo sitiaron en Zapopan, Jalisco, donde quedó tendido su cuerpo, ultimado al intentar oponerse a su arresto.

Durante la operación militar Nacho Coronel intentó evadir la acción abriendo fuego con su fusca adornada con cacha en oro e incrustaciones de diamantes, pero en el inter-cambio de disparos salió perdiendo.

En la residencia que le sirvió de refugio pasó sus últi-mos días hasta que encontró la muerte uno de los narcos más queridos por su lucha contra los Zetas. Atrás quedaba su his-toria y la de su cártel de traición, celos e ingenuidad.

Varios días estuvo el Chapo en las calles buscando a Piedad, quien había desaparecido bajo un torrencial aguacero. La morra se desvaneció en la bruma como lo hacía su vida, sin entender si lo que hizo para salvar la vida de los dos era parte de una fantasía o de una realidad.

Realidad era que los Beltrán Leyva, una vez enterados del fracaso de su plan, maldecían la suerte del Chapo, que se volvía leyenda, obligándolos a seguir al pie del cañón dis-puestos a acabar con el Chapo o a morir en el intento, si era necesario.

XXII
LAS CITAS

Tras lo sucedido, el Chapo se refugió en una de sus casas de seguridad en busca de tranquilidad. Se tumbó en un enorme sillón y se sirvió un trago de su *whisky* favorito. Luego de darle fondo al trago, reflexionó sobre lo sucedido con Coronel y sobre Piedad. Quién era esa mujer, por qué había aparecido de la nada disparando como si fuera una profesional; no la conoció lo suficiente para saber quién era y por qué le despertaba su parte animal. Se sirvió otro trago y se volvió a preguntar quién era esa mujer que le había salvado la vida, porque eso fue lo que hizo Piedad: salvarle la vida.

El Chapo, después de un quinto trago que logró estabilizarlo, cayó en cuenta de que los Beltrán Leyva tenían más que poder; a pesar de que había logrado asestarle el primer golpe a uno de sus hermanos, con la ayuda de sus contactos al interior del gobierno, los sintió avanzando a pasos agigantados. Era extraño en los Beltrán Leyva, ya que se habían caracterizado por ser más emocionales que mentales. Como sabía que no hay enemigo grande ni pequeño, se le hizo evidente que tenía que tomar una decisión.

Al día siguiente se reunió con un alto funcionario del gobierno, a quien le pidió que arreglara una visita a la prisión donde tenían presa a la doctora Camila. El funcionario le recordó que su petición no tenía nada que ver con el pacto. El Chapo, desesperado, le pidió que la liberaran, ya que era alguien inocente, víctima de una maniobra suya. El funcionario se disculpó pero explicó que era parte del sistema de justicia, que necesitaba seguir funcionando; le dijo que en su pacto no había una cláusula que dijera que se podía cambiar el sistema judicial a su antojo. Y fue más allá. Le recriminó que ya había transcurrido mucho tiempo desde la entrega de uno de los Beltrán Leyva y que ya era hora de entregar otro pez grande.

El Chapo le tenía la respuesta con hechos concretos. Le dijo que para pez grande podían ir a Zapopan, donde encontrarían el cuerpo de un narco importante que dominaba Durango. El funcionario quiso saber de quién se trataba. Antes de responderle, el Chapo quiso saber si el gobierno tenía un acuerdo con los Beltrán Leyva, si habían hecho un trato con él para enfrentarlos y que se mataran entre ellos, poniéndole fin al problema. A fin de cuentas para el gobierno sería el mejor arreglo.

El funcionario, amablemente, se tomó su tiempo para aclararle que la política del gobierno, aunque tenía muchas cosas en común con la forma de pensar de los mafiosos —sobre todo en la máxima "el fin justifica los medios"—, se diferenciaban en algo muy importante: antes que buscar la antipatía de un pueblo, los políticos buscan su simpatía, y así obtener votos. En ese momento, al gobierno solo le interesaba dar grandes golpes para tener a la opinión pública a su favor. "Si se matan entre ustedes, parecerá que no tenemos control de la situación. Eso no ayuda a obtener simpatía", concluyó.

Al salir de la cita, Joaquín se sintió miserable. Nunca estuvo peor. Dimensionó las ventajas para sí del acuerdo con el gobierno, pero eso no lograba cubrir el vacío que había dejado la doctora, otra víctima como tantas de su engaño. Si algo le preocupaba era tener a todas sus mujeres contentas; una obsesión desde pequeño, cuando veía cómo su padre le pegaba a su mamá y él, por su niñez, por el miedo o lo que fuera, no la podía defender.

El Chapo tenía ahora una nueva obsesión: sacar a la doctora de la cárcel, así tuviera que comprar a medio mundo o, en último caso, entrando por ella a plomazos. Saber que por culpa de él estaba presa, le quemaba el ego. Pagó mordidas aquí y allá. Juntó toda la información posible para poder concretar su plan. Hizo inteligencia a las rutas de los vehículos policiales. Llevó un registro de la hora en que salían a los juzgados, las rutas y hasta el día en que la doctora se tenía que presentar ante el juez.

Con toda la información procesada, el Chino Ántrax, el Narices y los cientos de secuaces que le entran al jale con el Chapo, lograron interceptar el vehículo de la policía en una de las solitarias calles de la ruta que utilizaban. La operación resultó más fácil de lo que pensaban. Después de inmovilizar a los dos guardias, al conductor y a dos agentes, lograron rescatar a la doctora, a la que llevaron a una de sus casas de seguridad en medio del desierto.

El Chapo por fin tenía de nuevo a la doctora ante sus ojos. Pero ella, confundida ante lo sucedido y enfurecida al darse cuenta de quién era el que posaba frente a sus ojos, le reclamó: no era ningún delincuente como él y no pensaba convertirse en cómplice y fugitiva.

El Chapo quedó sorprendido ante la reacción de Camila. Hasta el último momento intentó convencerla de que se fuera con él, pero cuando sonaron las sirenas de la policía, la doctora le mostró el dispositivo que le habían puesto en uno de los tobillos para tenerla monitorizada.

El Chapo no pudo esperar más. Luego de quitarle el dispositivo a la fuerza, la subió a la cajuela del coche y la llevó a un lugar solitario. Cuando la bajó, la doctora lo abofeteó y se alejó de él con la intención de entregarse en una estación de policía.

El Chapo dejó que la doctora sacara toda la ira que tenía por sentirse víctima de sus engaños. Lo que más le dolía no era que la hubieran apresado sino que le hubiera jurado que, a pesar de ser el delincuente al que todos temían, por ella era capaz de hacer cualquier cosa, menos engañarla.

El Chapo intentó suavizar la situación con cariños y explicaciones que no venían al caso. Camila le propinó otra bofetada, que el Chapo recibió estoicamente. Aunque se moría de la rabia, nunca nadie se había atrevido a tocarle un pelo, mucho menos la cara. Con la doctora era diferente, si quería lo podía matar a golpes pero eso no le iba a calmar el dolor que tenía. Lo único que le podía calmar su enojo era el perdón y eso le daba más rabia a Camila, quien, frustrada por la impotencia, estalló en llanto.

El Chapo, conocedor de las reacciones femeninas, sabía que la única manera de establecer una buena comunicación con Camila era colocarla en una situación en que estuviera vulnerable. Así, se le acercó y le juró que los sentimientos que albergaba en su corazón eran reales, que nunca había fingido lo que sentía por ella. Aunque había intentado olvidarla y se había refugiado en cientos de brazos, ella seguía siendo una verdad en él. Las cosas no habían salido según lo planeado y quería remediar la situación. Ésta era la segunda vez que se arriesgaba para poder hablar con ella y pedirle disculpas. Si consideraba que no las merecía, le daba la libertad de irse. Solo pretendía conseguir su perdón.

La doctora, ante semejante andanada de sinceridad, se echó a llorar y le preguntó si era verdad todo lo que decía. El Chapo juró: "Es verdad. ¿Cuál otra podría ser mi intención?". Las palabras fueron debilitando las defensas de Camila que en el fondo se había doblegado ante una realidad que parecía sacada de un cuento de hadas y se fue con él, al menos por esa noche.

Después de que hicieron el amor, la doctora le preguntó, tras dar una calada a su cigarrillo, si no había pensado entregarse a las autoridades y arreglar sus asuntos. Ella lo veía como un excelente padre y, a su manera, un buen esposo. Con capacidades innatas para hacer cualquier negocio con la seguridad de que le iría bien. El Chapo le agradeció que lo viera de esa manera, tal vez ese camino era el camino que él torció aquella soleada mañana cuando su primo vino al maizal de su casa a preguntarle si quería ganar una lana extra haciendo un jale.

Algo a lo que el Chapo no se pudo negar. En La Tuna y alrededores, lo normal era que la gente negociara con amapola y marihuana. Era la fuente de ingreso, lo que les permitía no hundirse en la pobreza y el abandono al que los sometía el gobierno, que veía a los campesinos como un estorbo para un presupuesto que desaparecía ante la voracidad de los políticos.

No intentaba justificarse frente a Camila, pero la realidad es la realidad. Le aseguró que descreía del adagio que reza que cada quien escoge su destino. En el campo, sumido en el abandono, no hay muchos destinos por elegir. Si miras para un lado, encuentras pobreza, desnutrición y hambre; y para el otro, solo riqueza. ¿Uno escoge? No. Uno decide. Y eso fue lo que él hizo: tomar una decisión que sabía no era su destino, pero sí la vida que, para bien o para mal, tenía que vivir.

Entre besos y caricias, se despidieron. La doctora, aunque sentía algo por él, no aceptó la propuesta de quedarse a su lado. Ya la había engañado muchas veces y sabía que ése era otro de sus engaños. Sus mujeres en la región se contaban por miles, a las que compraba con lujos y regalos, y ella no era ni sería una más en su vida. A propósito, era ella quien había escogido pasar esa noche a su lado, no él.

Hacer lo que el Chapo quería sería cambiar su destino y ella prefería serle franca: no era su estilo y, ante los problemas, era mejor dar la cara para solucionarlos o agravarlos. Así de simple era su forma de ver la vida.

Luego de interminables abrazos, cada quien tomó su camino. Las despedidas son tristes cuando hay sentimientos de por medio. La doctora se dirigió a una estación de la policía ministerial, mientras que el Chapo fue a buscar a sus socios para hablar de las nuevas estrategias que debían adoptar para acabar de una vez con los Beltrán Leyva.

XXIII
AFILANDO LA DAGA

Los Beltrán Leyva se estaban volviendo poderosos en el área de Sonora y Chihuahua. Desde allí inundaban a los Estados Unidos de droga y eran la ley en el mundo narco en la zona de Los Ángeles y en toda la costa oeste del país. Controlaban el negocio en grande. En las calles de la Unión Americana sus nombres ya eran leyenda y en las pandillas, del centro al norte de Estados Unidos, eran la ley.

En una de sus mansiones se planeaba lo que según ellos sería la estocada final para el Chapo, de quien no se habían olvidado. Arturo, el Barbas, Carlos y Héctor, el menor, tenían enfrente a un aspirante de sicario. El joven, que no tenía más de dieciséis años, portaba entre sus manos una escuadra cuarenta y cinco con cañón recortado. Alfredo quería saber con seguridad si el joven sabía cómo usar el arma. Le pidió que le pasara la aleta, y sin perder tiempo el joven aspirante empezó a desarmar la pistola. Sus dedos se movían con velocidad. Fue quitando las piezas hasta que se le cayeron al piso de los nervios. Levantó su cabeza lentamente esperando que los hermanos Beltrán Leyva se fueran en su contra, pero recibió de parte de Alfredo un comentario esperanzador: "No te preocupes, espéranos afuera, recibiendo una nueva pistola".

Una vez que salió el aspirante a sicario, Héctor, el menor, los sermoneó. Habían acordado no meter chamacos menores de edad en la organización y ese morro no debía de llegar ni a los dieciséis. "Dice que tiene dieciocho", comentó Arturo. "Pero yo lo veo como de catorce", argumentó Héctor. Los comentarios de los hermanos molestaron a Arturo, quien ya no sabía dónde buscar gente, recordándoles que a casi todos, de manera extraña, los habían metido al bote ese mes.

Una respuesta clara y contundente a la estrategia que había tenido el Chapo de entregarle celulares a su gente. Muchos de sus hombres habían sido denunciados y cada día era más difícil conseguir gente que tuviera las agallas y la puntería para llevar a cabo el trabajo que los Beltrán Leyva necesitaban.

"Busquen con los que quieren ser policías o con los que quieren ser soldados o los que quieren ser curas, la cuestión es que consigan lo que necesitamos así tengan que ser de quince, catorce o ¡trece!", le gritó Arturo a sus hermanos. "Aquí lo más importante es darle el golpe mortal al Chapo y que se sepa de una vez que la muerte del cártel de Sinaloa es obra y gracia de los Beltrán Leyva, los nuevos amos y señores de Sinaloa, Durango y toda la Sierra Madre".

XXIV
LA DIVISIÓN

Jessica trataba de discernir el propósito de los Beltrán Leyva mientras, en la soledad de su oficina, observaba en la plateada pantalla de su computador el mapa del norte de México definido con los límites e influencia del cártel de Sinaloa.

Conocía al dedillo sus ramificaciones y principales capos. Con el ratón dividió el organigrama del cártel de Sinaloa en dos partes: una, la influencia del Chapo al que se le veía el rostro en una pequeña foto, y la otra, la de los Beltrán Leyva: "Ellos lo quieren todo". Esa posibilidad prendía sus alarmas: de ser así, la vida del Chapo corría peligro, desde cualquier ángulo que lo viera.

Luego de pensarlo, tomó su bolso y decidió salir. Regresó unos segundos después y apagó las luces dejando que el brillo del monitor hiciera resaltar en la oscuridad la división del Cártel de Sinaloa, y en particular la foto del Chapo.

Al prender las luces de su *loft* decorado con muebles prácticos estilo IKEA, con fotografías en las paredes, la mayoría de Jessica junto a su padre, tomó una de las fotos y la estrechó en su pecho para sentir, como todos los días, el compromiso que tenía con su mentor de vengar su muerte. Para hacerlo, sabía que tenía que capturar o matar al hombre que la tenía obsesionada y que por instantes conocía tan bien que la confundía, a tal punto que muchas veces pensaba que realmente, en su obsesión, se podría haber enamorado del Chapo.

Prendió el estéreo con la esperanza de que la música la alejara de los pensamientos que la atormentaban. Fue a la cocina por un vaso de agua y vio la nota que estaba adherida al refrigerador, lo que aumentó su desazón: "Te estuve esperando para cenar, Rodrigo". Era una daga que se clavaba en su atribulado corazón, la estocada que faltaba para que el día terminara siendo uno de los peores. Había olvidado que su novio se había comprometido a cocinar.

Apesadumbrada y metida bajo las cobijas, dudando en llamarlo o intentar ver el noticiero que denunciaba cómo las bandas de narcos estaban contratando jóvenes adolescentes para perpetrar los más atroces asesinatos, esperaba conciliar el sueño cuando sonó el teléfono. Al otro lado de la línea estaba el coronel Mendoza, quien le confirmó que los estudios de ADN indicaban que se trataba de Nacho Coronel, el presunto socio del Chapo, lo que evidenciaba que el cártel de Sinaloa se estaba fraccionando.

Una noticia que, en vez de alegrarla, le recordó la necesidad de dar con su paradero y cumplirle a la agencia federal que representaba y que llevaba media vida buscándolo. Su premonición de que la vida del Chapo cada día estaba más en peligro empezaba a tomar forma, y eso la llenaba de tristeza porque, a fin de cuentas, lo prefería en la clandestinidad que muerto.

Aún trataba de que el sueño la llevara a un mundo más amable cuando volvió a sonar el teléfono. Era el Chapo. Como si fuera su motor de vida, Jessica cambió. Su voz y su mirada eran otras. El Chapo no habló mucho, solo le dijo que fuera esa noche con su gente a El Edén.

XXV
LA CAPTURA

La colonia Zona Norte de Culiacán, la zona roja de la ciudad, es uno de los mayores distritos de la ciudad y es conocido por sus burdeles. Allí se encontraba El Edén, una imponente edificación de color rojo que, a imitación del Radio City Music Hall de Nueva York, se anunciaba como el mayor centro de entretenimiento. Llamaba la atención con sus resplandecientes neones que en una intermitencia de colores invitaba a conocer su interior, como si en verdad fuera el edén con muchas manzanas que morder.

Después de pasar una pequeña sala donde los asistentes dejaban sus pesadas gabardinas, chamarras y armas, se abrían dos puertas que eran la entrada al supuesto paraíso, cuyo contorno estaba adornado con doradas esculturas de bellas mujeres desnudas, dándole un aire de imponencia a uno de los clubes más exclusivos para hombres.

Seis barras, cada una con *table dance,* hacían del lugar una especie de laberinto que llevaba siempre al mismo punto: el placer. Las esculturas doradas y las pinturas resaltando el cuerpo de mujeres amadas confirmaban su estilo grecorromano. La música a buen volumen era la acompañante perfecta para que mujeres casi desnudas caminaran de lado a lado atendiendo a sus clientes, mientras otras en las barras acariciaban el dinero que fluía como en un río de pasiones. El sudor, el olor a sexo y placer eran el elixir perfecto para lo que estaba dispuesto el lugar, que reflejaba el infierno que cada uno de los asistentes llevaba dentro.

Al fondo, estratégicamente ubicadas, desde donde se tenía una vista panorámica del lugar, cuatro salitas bordeaban un balcón que, como en los estadios de fútbol, tenían sus propios dueños: los Beltrán Leyva. En una de las salas, Alfredo celebraba con dos de las más bellas damas del lugar: una güera que no pasaba de los veinte años, algo llenita, acompañada de una morena de unos veintidós, quien parecía que tuviera algo escondido en sus manos. La güera, mientras le hacía piojito a Alfredo, le preguntó si usaba acondicionador. El hombre respondió con una altanería: "¡¿Qué pasó?! Un hombre como yo no usa esas mariconadas". La güera, para reparar su error, se puso cachonda para calmar a Alfredo, quien le reconoció que sí, que usaba uno pero que no era para jotos.

La güera invitó a Alfredo a que le demostrara que no era así y él, que iba para adelante, intentó acercarse a la morena para demostrarles lo macho que era, descubriendo en la oscuridad de la sala que la morena intentaba escribir algo en su celular. A Alfredo, diestro en el manejo de ese tipo de mujeres, le llamó la atención el hecho que la morena estuviera trabajando y platicando con el novio al mismo tiempo. Eso le gustaba, que fueran así: pervertidas. Le quitó el celular para ver lo que le escribía al cachón, y luego de comprobar que el mensaje decía que era la única mujer que amaba, con una sonrisa de oreja a oreja, se las llevó para su casa, junto a otras mujeres del lugar.

Ya entrados en tragos y al calor de la fiesta con las mujeres, ni Alfredo ni su escolta se percataron de que un comando policial se acercaba a su guarida.

Alfredo, al escuchar un ruido que venía del exterior de la vivienda, pensó por unos segundos y, como si un rayo le iluminara el peligro que se avecinaba, empujó a las dos mujeres al tiempo que se escuchaba la voz de los integrantes de un comando del ejército a sus espaldas, que en nombre de la Procuraduría le pedían que saliera con las manos en alto.

Alfredo volteó rápidamente, examinó sus opciones corriendo hasta la ventana más cercana que daba de frente al lugar donde las otras mujeres intentaban complacer a los sudorosos invitados, que hasta el momento no se habían percatado de lo que sucedía en una de las salas de la casa. Pero, cuando por el vidrio resquebrajado en mil pedazos salió el cuerpo de Alfredo, el placer que en ese momento los dominaba se convirtió en pánico.

Alfredo cayó al piso frente a una mujer que terminaba su número. Ésta reaccionó cerrando las piernas y gritó asustada al ver cómo varios hombres del ejército mexicano amenazaban a Alfredo con sus armas de largo alcance al tiempo que le gritaban: "¡No te muevas o te quebramos!".

Por el vidrio roto de la sala, Jessica, al comprobar que su operativo había tenido un final feliz, ayudó a levantar a las dos mujeres —a la güera y a la morena— y las felicitó por el buen trabajo realizado.

Alfredo y sus hombres fueron trasladados en un avión de la fuerza aérea a la ciudad de México, a la Procuraduría General de la República. Esta institución convocó a la prensa para presentar al reo. En la sala de prensa, custodiada por varios efectivos federales, colocaron varias pistolas de diferentes calibres, rifles de alto poder, paquetes de dólares y droga. Beltrán Leyva entró a la sala custodiado por los federales, quienes lo acompañaron hasta donde estaba la mesa con los elementos incautados. Se expuso su rostro para que los fotógrafos, camarógrafos, reporteros y periodistas que se encontraban allí lo registraran. Estalló una lluvia de *flashes* y luces de video para captar el momento triunfal: la caída del segundo de los hermanos Beltrán Leyva, lo que presagiaba para algunos periodistas que tomaban nota, además de un hecho histórico, el principio del fin de una de las organizaciones más poderosas del narcotráfico mundial.

La ira que sintió Alfredo era la misma que sintieron sus otros dos hermanos, quienes apretaban los dientes mientras veían por televisión la noticia, seguros de que había sido un golpe del Chapo Guzmán, para quien preparaban la más cruel de las venganzas.

XXVI
DECISIÓN EN FAMILIA

En una de sus casas preferidas en la sierra, el Chapo encontraría el sosiego y la tranquilidad que necesitaba para dedicar tiempo a su familia. Decidió pasar unos días alejado del ruido de la ciudad, de los socios y de la adrenalina del negocio en compañía de Emma y de algunos de sus hijos, entre ellos Edgar, el preferido. El Chapo es un hombre sencillo, de rancho; un hombre hogareño que ama el campo. Su perfume preferido es el olor a eucalipto, el rocío de la mañana, el mejor relajante, y su mayor éxtasis consiste en cepillar a sus adorados purasangres.

A su familia le enseñaba cómo cuidar de sus caballos. Todos los días se levantaba temprano junto a su esposa e hijo para indicarles cómo se debía tratar a los equinos. Mientras Edgar cepillaba el negro azabache, que sería de su propiedad el día que se graduara de la escuela, el Chapo y Emma cepillaban a Danilo, un ejemplar color cobre, que en reposo era noble pero en competencia era el más brioso.

El Chapo estaba acostumbrado desde niño a cuidar de los animales domésticos, que ahora para él eran un lujo, pero que en su infancia representaban su fuente de ingresos, como era el caso para la mayoría de la gente del campo.

Se sentía un hombre realizado cuando le podía mostrar a su familia cómo cuidarlos. Les repetía que el cepillado se debía hacer en círculos, que, aunque no lo creyeran, el caballo es un animal muy sensible: si se ve agüitado es que uno anda mal, anda nervioso o indispuesto y eso lo percibe el animal. Si un caballo está inquieto, arisco, les advirtió con claridad y paciencia, se tranquilizará cuando ustedes estén serenos. La serenidad es una señal que el animal entenderá con respeto y confianza, concluyendo con total convencimiento que el caballo conoce por la brida del que lo guía.

Emma y Edgar, encantados con el profesor, seguían las instrucciones del Chapo, quien les llevaba la mano para mostrarles la forma correcta de cepillar el caballo hasta que éste finalmente cediera. Cuando por fin, después de mucha instrucción, lograron que los animales se tranquilizaran, la serenidad del lugar se alteró por el sonido de un celular. Edgar y Emma miraron al Chapo, quien se disculpó, ya que el ruido había asustado a los caballos.

El Chapo se retiró unos metros para recibir la llamada. Era una buena noticia. A continuación les mostró a su esposa y a su hijo la pantalla del celular en la que se veía el anuncio del arraigo y captura de Alfredo Beltrán.

Edgar fue el que más se alegró. Sabía que era una victoria de su héroe, que también era su padre. Lo felicitó. Emma, en cambio, expresó su contrariedad por alegrarse de la desgracia ajena. Para ella traía más desgracia a la vida de quienes lo hacían. El Chapo lo justificó como algo que se merecían, catalogando a los Beltrán Leyva como unos individuos sin cerebro y sin corazón. Incluso intentó hacer una broma: con la camisa rayada hasta se va a ver más cochino el suato. Eso molestó más aún a Emma, que insistió en que nadie se debe burlar del dolor ajeno.

El Chapo intentó calmar a su esposa, pero ésta pensó que esa actitud fría e insensible contra sus enemigos cualquier día la podría tener con ella. El Chapo, convencido de que una cosa eran los negocios y otra la familia, levantó la voz para decirle que si estaba en el "bisne" era precisamente porque tenía una gran familia, y eso ni ella, ni nadie se lo iban a quitar. Le pidió que no confundiera las cosas. En el negocio había leyes y una de esas leyes era que entre ellos se valía todo, pero con la familia, nada. Así que le pidió que no tuviera miedo y le prometió que a su lado ella siempre iba estar bien.

La confrontación subió de temperatura cuando Emma confesó su miedo. "¿Miedo de quién, de los Beltrán Leyva?", preguntó el Chapo. "Miedo de ti", le respondió Emma. "¿Miedo de mí? ¿Cómo crees? Yo no te puedo dar miedo", siguió diciendo él. Se produjo un profundo silencio. Al final Emma anunció que se iría a la casa de sus papás. No quería estar en medio de una guerra que no había iniciado. Siempre lo apoyó en lo que el Chapo había necesitado, pero todo tiene un límite, como su vida, y no quería arriesgarse ni una pizca.

El Chapo, que añoraba la vida en familia, entendió que una decisión como la que acababa de tomar Emma significaría acabar en cierta medida con el hogar, aunque su concepto de hogar era muy precario, pues, por su condición de fugitivo, dormía en un lugar distinto y con una mujer diferente cada noche. Solo atinó a preguntarle a su hijo qué opinaba, como una forma de huir de la confrontación.

Edgar, a pesar de su juventud, era de los que creía que una mujer debe estar al lado de su hombre hasta el final. Emma le halló razón, pero aclaró que si el hombre la quería llevar a un abismo con familia y todo, la mujer tenía derecho a reaccionar, y más aún cuando no era escuchada. El Chapo entendió. Sabía que su esposa tenía razón, por eso siempre había advertido a sus enemigos que no se metieran con la familia, pero no podía garantizar que acataran tal advertencia.

El Chapo accedió a que su esposa regresara a casa de sus padres con una condición: que se llevara al Narices y a otros de sus hombres para que los cuidaran. Emma se negó tajantemente. Para ella eso sería llamar a la desgracia. Si se iban a meter con ella, seguro que lo hacían con guaruras o sin guaruras.

Aunque el Chapo no estaba de acuerdo, aceptó sus condiciones, pero había decidido que le pondría vigilancia sin que ella se diera cuenta. Pero Emma, que lo conocía mejor que nadie, le advirtió que no le fuera a poner vigilancia en secreto. El Chapo estaba molesto. Su hijo lo abrazó para decirle que, si Emma no lo acompañaba, él lo acompañaría hasta el final. El Chapo no pudo contener las lágrimas, algo que no era frecuente en él.

XXVII
EL RECADO

Jessica le encendió un cigarrillo a Alfredo Beltrán Leyva; estaban en la sala de interrogatorios de la Procuraduría General de la República. El reo dio una calada con ansiedad mientras observaba a los agentes encargados de la seguridad del lugar que estaban al lado de la bella mujer. Luego de soltar una bocanada de humo, dijo: "Nadie valora un cigarro con filtro hasta que está preso". "Qué bueno que lo reconoces", le contestó Jessica, y agregó satisfecha que eso lo podía hacer y decir ahí, pero quién sabe si diría lo mismo en un penal de máxima seguridad.

Alfredo la miró fijamente y recordó los viejos tiempos, cuando ella, el Chapo, Amado, los Fonseca y todos los mafiosos de Sinaloa eran una sola familia que jugaban en el patio de la escuela a policías y ladrones. Ese pasado que Jessica compartía con los capos sinaloenses era precisamente la principal arma de la policía federal mexicana y del ejército contra ellos.

Para Jessica era buen recuerdo. En esa época, aunque los Beltrán Leyva eran sucios en el juego, tenían principios, tenían algo de moral, algo de lo que carecían en el presente. Pero Jessica no quería recordar, quería saber si él iba a colaborar con la DEA y la policía mexicana antes de enviarlo al juez.

Alfredo dio otra calada y agregó que no tenía nada más que decir, que ya lo había contado todo, pero que tenía una pregunta: "¿Cuánto les pagó el Chapo?". Al no obtener respuesta alguna de Jessica, él siguió: "¿Cuánto? ¿Dos millones? ¿Tres? ¿Diez? ¿Ando bajo o ando alto?".

Jessica lo miraba sin soltar palabra, lo que desesperaba a Alfredo: "¿No me vas a decir porque te da vergüenza?". "No te voy a decir nada, porque nadie nos dio un centavo. Pero me parece muy buena tu aproximación, eso me da indicios de cuánto pagan ustedes por un soborno", le respondió Jessica. "No me vengas con esos cuentos, que si no fuera porque hay soplones y lana de por medio, a nadie capturarían en este país", afirmó Alfredo, y se atrevió a pedirle un favor a Jessica: que le diera un recado al Chapo. En realidad intentaba ganar su atención, obtener algo. Sabiendo que en el lugar había micrófonos, habló como si lo estuvieran grabando: "Chapo, qué tarugo eres si piensas que las cosas se van a quedar así. Nosotros tenemos una nueva forma de pensar y eso lo sabrás muy pronto, cabrón".

Jessica, viendo que Alfredo sacaba parte de su frustración amenazando al Chapo, le preguntó cómo podría hacerle llegar tal mensaje: "Yo solamente di el recado, lo demás es tu bronca", le dijo, "tú verás cómo le haces, a lo mejor como lo hizo el Chapo cuando asesinaron a tu padre".

La afirmación de Alfredo acerca de la relación del Chapo con la muerte de su padre alteró a Jessica. Ésta abrió los ojos desmesuradamente y preguntó al reo, subiendo la voz: "¿Cómo que lo asesinaron?". "Pensé que lo sabías", respondió Alfredo tranquilamente, seguro de haber dado en el blanco. "Recibimos esa información tiempo después. Lo de tu papá no fue resultado de un enfrentamiento, a él lo asesinaron obedeciendo a un plan, y eso quiere decir que alguien dio la orden. Y de una vez te digo que no lo sé, pero pudo ser gente de los Fonseca, de los Gallardo o del mismo Chapo, ¿por qué no? Ya desde entonces se creía un capo, el muy hijo de su chingada madre".

Jessica entendió que el Alfredo que tenía enfrente no se parecía en nada al que había conocido en su niñez. Este hombre disfrutaba creando dudas acerca del asesinato de su padre. Para ella y para todos, su padre había muerto víctima del fuego cruzado entre gomeros y el ejército. Sus pensamientos —que se enlazaban uno tras otro a gran velocidad— fueron interrumpidos por otra pregunta de Alfredo, que para Jessica sería una de las mayores revelaciones: "Si la mochada a policías y soldados está en diez millones, ¿en cuánto me dejas una cajetilla con filtro?".

Jessica, sin perder la compostura, lo miró nuevamente. Sabía que una característica de estos narcos era sacar provecho de todo como si la vida fuera un negocio. Sacó la cajetilla y se la dejó encima de la mesa advirtiéndole, antes de salir, que, por esta vez, la casa invitaba.

Una vez que Jessica salió, Alfredo intentó tomar la cajetilla, pero uno de los agentes se lo impidió. Ese acto no tenía más objetivo que hacerle sentir la humillación que momentos antes él había intentado hacerle sentir a una oficial tan buena como Jessica.

XXVIII
LA MALA NOTICIA

El Chapo estaba feliz con su hijo en el rancho de la sierra, pero extrañaba a Emma, quien ya se había marchado a vivir con sus padres a San Antonio. Mientras cabalgaba en su caballo Danilo, pensaba en cómo convencerla para que regresara. Por esos días recibió la visita de su exmujer Griselda, quien llevaba una mala noticia: Joaquín júnior había desaparecido.

El Chapo pensó inmediatamente que los Beltrán Leyva eran los responsables y llamó al Chino Ántrax para que averiguara. Cuando recibió respuesta, le recriminó acremente a su exesposa. Si no tenía otra responsabilidad que cuidar a sus hijos, le dijo, por qué no lo hacía. Griselda no entendía de qué hablaba el Chapo; ella consideraba que los había cuidado de la mejor forma posible, lo que no había hecho era controlar su vida porque eso era responsabilidad del papá.

Un viejo desacuerdo que siempre había causado fricciones entre ellos hasta que terminaron separados. Griselda siempre quiso que el Chapo no solo cargara con los hijos, sino con su vida de desorden y descuido que tapaba con un cuerpo bien torneado —valga decir, bien operado—, un bello cabello y unas pintas que llamaban la atención hasta de un ciego. Griselda era una de las fundadoras de un gremio que luego se llamaría las buchonas, bautizadas así por ser las esposas de los buchones, aquellos hombres que venían de la sierra, donde el agua no contiene yodo, razón por la cual sufrían de bocio.

Griselda fue de las primeras buchonas operadas de los pies a la cabeza y que usaba ropa de marca y perfumes finos. Las buchonas eran asediadas por los nuevos capos, a quienes les encantaba presumir a una mujer bella a su lado que no solamente les prodigara placer, sino que fuera motivo de orgullo y poder.

El Chapo, al comienzo cayó rendido ante sus encantos, pero con el tiempo fue perdiendo interés al salir a la superficie de la relación la verdadera intención de la mujer, quien hacía de su natural cuerpo una escultura para que los demás la aprobaran.

Aunque después del divorcio el Chapo no permitió que le faltara nada a Griselda, ella creía que le hacía falta lo más importante: reconocimiento. Lo buscó en fiestas, salidas, bares, discotecas, lo que hizo que sus hijos crecieran a la buena de Dios, como se había criado ella. Una cadena que solo se puede romper a fuerza de reflexión.

El Chapo, que no es amigo de vivir en el pasado y sí de actuar en el presente, recorrió los bares de la ciudad junto al Chino Ántrax y a otros de sus hombres. Preguntaron a la gente, dieron levantones aquí y allá, hasta que alguien les dijo que lo habían visto con frecuencia en un *table dance* de la zona, con una morra de por ahí.

No lo encontraron en el *table dance*. Lo buscaron por los alrededores. El Chapo, agobiado, preguntó en todas partes hasta que le informaron que lo habían visto entrar a un motel de mala muerte en compañía de una muchacha muy joven y de caderas pronunciadas. Entonces tuvo el peor de los presentimientos: lo imaginó muerto y sangrando por los disparos de la mujer. Al llegar al motel, le mostró una foto al recepcionista, mientras le apuntaba con una pistola, para que le informara en qué habitación se encontraba el chico de la foto.

El Chapo tumbó la puerta de la habitación de una patada. Encontró a júnior como ningún padre quisiera encontrar a un hijo: completamente drogado y desnudo. Lo acompañaba una buchona que era conocida en el mundo de la mafia por sus cirugías. La chica lo miró de arriba abajo —ya sabemos que no es muy alto— con desprecio y soltó una carcajada que delataba que estaba drogada.

El Chapo, muy digno, le dijo era el padre del joven con el que estaba. La buchona sugirió que mejor se lo llevara, quejándose de que era un hombre problemático y falto de afecto. Esa afirmación hizo que el Chapo se detuviera y no le disparara, ya que le achacaba que su hijo estuviera en una situación tan lamentable. No solo tuvo que reprimirse para no disparar; también tuvo que contener las lágrimas. Jamás pensó que fuera a vivir en carne propia las consecuencias del producto que lo había vuelto un hombre rico y poderoso. Guardó la pistola para levantar a su hijo en brazos, como cuando era un niño, cuando en las noches jugaba con él y le contaba cuentos para dormirlo.

Cuando la buchona le ordenó que le pagara lo que su hijo le debía y que cerrara la pinche puerta porque iba a dormir, el Chapo le pasó su hijo al Chino Ántrax, se volvió hacia ella y, sin pensarlo dos veces, le clavó tres tiros por ser una hija de su pinche madre, grosera y altanera al pretender mandarlo a él, el Varón de la Droga, de esa manera.

—El Chapo trasladó a su hijo al rancho y ordenó todo tipo de cuidados para él. El médico que lo atendió le dio una noticia buena y una mala. La buena era que no tenía ninguna enfermedad contagiosa, y la mala, que tanta droga le estaba afectando peligrosamente los riñones y que, además, estaba desnutrido. Tenían que suministrarle medicamentos para contrarrestar las drogas. Recomendó hospitalizarlo. Su pronóstico era reservado y era urgente llevarlo a un lugar donde se le pudiera atender las veinticuatro horas del día.

El Chapo dio la orden de que lo hospitalizaran en un lugar seguro donde sus hombres lo pudieran vigilar. Lo hacía por dos razones: no descartaba, así hubieran acordado no meterse con la familia, que pudiera sufrir un atentado por parte de los Beltrán Leyva. Además, era necesario seguir con los negocios de la manera más normal posible.

Pasado el percance, el Chapo viajó a Colombia para negociar con el Loco Barrera una buena cantidad de mercancía, la cual transportó a México y a los Estados Unidos con ayuda de sus socios. Un buen arreglo que beneficiaba a ambas partes y permitía que el cártel de Sinaloa, y en particular el Chapo, fuera nuevamente el más poderoso. Esto llamaba la atención no solamente del gobierno y las autoridades sino también la de sus enemigos, quienes desde la captura de Alfredo no habían dejado de pensar en un plan para acabar con quien consideraban su peor enemigo.

XXIX
REFUGIO

Jessica, golpeada por la revelación de Alfredo Beltrán Leyva, expuso su dolor ante un sorprendido coronel Mendoza, quien no sabía qué hacer frente a esa disyuntiva. Llena de impotencia y confundida, Jessica quería encontrar respuestas a sus preguntas, así como el coronel quería encontrar una explicación a lo que le pasaba a su abnegada oficial designada.

Jessica le contó la conversación que tuvo en el salón de interrogatorios con Alfredo sobre la muerte de su padre, quien según él no había muerto en un enfrentamiento, sino que había sido ultimado por orden de algún mafioso, entre los que podría haber estado el Chapo.

El coronel intentó calmarla explicando que era una vieja estratagema de los narcos: debilitar con mentiras a los agentes que los van a investigar. La mitad de la fortuna de esos personajes reside en su capacidad de convencimiento, disociación y manipulación con la palabra, le dijo el coronel y le sugirió que no prestara más atención al asunto. Pero Jessica se había quedado con la espina entre pecho y espalda; quería que esas palabras que le decía el coronel, a quien le agradecía su amabilidad por escucharla, le ayudaran a disipar la duda que se le acababa de alojar con lo dicho por Alfredo Beltrán Leyva.

El coronel Mendoza intentó recordar el asunto. Tal vez estaba por graduarse como teniente y supo de ese enfrentamiento en una vía vecina a La Tuna, pero no estaba muy seguro sobre cómo habían sucedido los hechos. Jessica le preguntó si podía hacer algo por ella. Una pregunta difícil para el coronel Mendoza, quien veía en Jessica la hija que no pudo tener.

Jessica quería tener acceso a los archivos del ejército. Si investigaba, podría conseguir pruebas para desestimar lo dicho por Alfredo, para demostrar que sus palabras solo tenían la intención de debilitarla. Le aseguró al coronel que, si lo lograba, no tendría consideración con los Beltrán Leyva.

El coronel sabía que en esos casos lo mejor era resolver la duda, y estuvo de acuerdo. Solo que esos archivos, si es que existían, ya no estaban en Culiacán, sino en el archivo de la capital, y ante tanto trabajo, no le parecía prudente que se ausentara de la ciudad.

Una decisión difícil para Jessica, quien no estaba acostumbrada a un después o un mañana. Su estilo era que, si podía, las cosas se resolvían de inmediato; postergar no era uno de sus hábitos.

Vigilar la ciudad era responsabilidad del coronel Mendoza. Según informaciones de inteligencia, algo grande se estaba gestando en la ciudad, lo cual la obligaba a posponer lo que su corazón le pedía a gritos que atendiera de inmediato.

XXX
LA ESTOCADA

La mañana del 9 de mayo de 2008 el sol golpeaba con toda su fuerza sobre la ciudad de Culiacán. Desde lo alto se podía ver una gran extensión de techos de tejas rojizas, que contrastaba con el colorido de la ropa que se secaba en tendederos improvisados. Un joven se desplazaba sigilosamente por estos tendederos; cuando le llamaba la atención alguna prenda íntima de mujer, se la echaba al bolsillo. El aspirante a sicario corría por los techos vigilando desde lo alto a una camioneta Hummer que se desplazaba por las calles vecinas, y comunicando su trayectoria a alguien por medio de un radiotransmisor.

La camioneta era conducida por Edgar Guzmán. En el asiento del copiloto iba una bella sinaloense de unos veinte años de edad, con un cuerpazo que haría temblar a cualquier hombre. Su primo iba en el asiento de atrás, flanqueado por dos guardaespaldas que observaban con mucha atención el lugar por donde se desplazaban.

Después de hacerle un cariñito a la morra —lo que se hereda no se hurta—, Edgar puso en la radio el nuevo corrido que le acababan de componer, y que hablaba del rey de la sierra que viniendo de abajo era el nuevo mandamás. Le gustaba la letra, pero quería saber la opinión de sus amigos. "Está machín, está chido como tú, mi amor", le dijo su bella acompañante, haciéndole una atrevida caricia. "Estaría más rifado si tuvieras un disco completo como tu papá", opinó su primo. "No digas tarugadas", le respondió Edgar, irritado, al tiempo que ponía a sonar de nuevo la canción.

Al fondo de la calle se toparon con una especie de retén con polines, cascajo y diversos objetos. Dos hombres armados hacían parte del retén. Apenas los vio, Edgar le advirtió a la nena que no se moviera de ahí y a los guaruras que ya sabían lo que tenían que hacer.

Los guardaespaldas prepararon sus armas de alto calibre y se bajaron en un santiamén y se enfrentaron a los hombres armados que custodiaban el retén. Edgar, la sinaloense y el primo observaban la escena desde el interior de la camioneta. Vieron cómo los hombres del retén bajaron sus armas. Edgar, al sentirse victorioso se bajó de la camioneta ignorando que le preparaban una emboscada. Parapetados a ambos lados de la camioneta estaban el aspirante a sicario acompañado por los hermanos Beltrán Leyva y varios de sus sicarios.

Edgar, muy envanecido, sintiéndose respaldado por sus hombres y queriendo dar una demostración a su nena de lo macho que era, le preguntó a los hombres armados si no sabían con quién se estaban metiendo. "Claro que lo sabemos", le respondió una voz a sus espaldas. Se dio la vuelta y lo que vio lo dejó frío: el aspirante a sicario cargaba una metralleta en sus hombros.

Edgar y los hombres que lo acompañaban intentaron reaccionar pero ni siquiera tuvieron tiempo de sacar sus armas. El aspirante a sicario disparó haciéndolo volar por los aires al recibir el primer plomazo. Luego una segunda ráfaga la recibirían los cuerpos de la bella mujer, el primo y los guardaespaldas, quienes murieron en el acto.

El impacto hizo que el corrido compuesto para Edgar empezara a sonar como si fuera su despedida de este mundo. Su muerte fue un fuerte golpe para el Chapo propinado por sus eternos enemigos, los Beltrán Leyva.

XXXI
DOLOR Y CULPA

Destrozado por la dolorosa noticia que acababa de recibir, ríos de lágrimas empezaron a rodar por las mejillas del Chapo. Su hijo adorado, su gran orgullo, acababa de ser asesinado. Joaquín, sosteniendo una foto donde estaba junto a él, maldijo a los Beltrán Leyva hasta el cansancio. Invadido por el odio, tomó la foto, la azotó contra una ventana y quebró el marco y el cristal en mil pedazos, como estaba su corazón. Su único consuelo era echarse la culpa de no haberlo cuidado lo suficiente. Lo acompañaban sus dos compinches fieles, el Chino Ántrax y el Narices, quienes estaban dispuestos a traerle, si les daba la orden, al Barbas y a Héctor Beltrán Leyva, los dos que quedaban en libertad.

El Chapo, sollozando, despeinado, completamente fuera de sí y con pistola en mano, caminaba de lado a lado como león enjaulado, pateando lo que encontraba a su paso. No tenía sosiego: el dolor le carcomía el alma. Avanzando hasta la mesa que hacía de bar, de una botella de Buchanan's se servía un trago tras otro, intentando calmar el dolor, pero más bien solo lograba agudizar su nostalgia. A sus hombres les repetía que Edgar era un buen muchacho. "Gente de ley", decía el Chino.

El Chapo dejó el trago para arreglarse el pelo y pensar cómo vengarse de ese duro golpe que le acababan de asestar los Beltrán Leyva. Tomó el celular para llamar a Griselda y avisarle que esos cabrones de cuarta habían matado a su hijo. Griselda, llevada por la ira y el dolor, acusó al Chapo. Lo culpaba por lo que pasó. "Por querer que mi hijo anduviera en malos pasos, ¡lo mataron!", le gritó con dolor.

El Chapo tuvo que cortar la comunicación con su exmujer para no explotar y cometer una locura. Lo que menos necesitaba era que le echaran la culpa. Su robusto ego le impedía entender que se hubiera equivocado o se hubiera descuidado, cuando se ufanaba de ser alguien que tenía todo bajo control. Es cierto, podía ser el peor de los monstruos, pero si era así, para qué lo buscaban, para qué le pedían cuando necesitaban, algo que no hacía Edgar; por eso era como decía el Chino, "gente de ley", y como lo que era, se merecía lo mejor.

XXXII
ENTIERRO DE GRANDES

El Chapo ordenó al Chino Ántrax y al Narices que fueran al mercado de Culiacán a comprar flores para el funeral de Edgar. Con la ayuda de varios hombres, llenaron cinco camionetas con pacas de rosas rojas. El Chino le preguntó al florista, mientras le mostraba un fajo de billetes, dónde podía conseguir más rosas. El vendedor, impresionado, le contestó que las que se llevaban eran las últimas rosas que tenía en bodega. Le sugirió que fuera a los otros dos mercados de minoristas, pero el Chino ya había estado ahí. "Entonces, sin exagerar, no queda ni una sola rosa en todo Culiacán", concluyó el florista.

Minutos después el silencio de las calles de Culiacán sería interrumpido por el rugir de las camionetas que pasaban raudas llevando en sus cajuelas grandes paquetes de rosas custodiadas como oro por hombres armados con sendos cuernos de chivo. Las camionetas arribaron a un lugar en la sierra donde los esperaba un helicóptero Bell 206 con el motor encendido. El torbellino causado por las aspas en movimiento movía el pasto por donde caminaban los hombres que transportaban las rosas desde las camionetas hasta el helicóptero.

El Chapo los esperaba en el helicóptero. Cuando el piloto pidió que no siguieran cargando el aparato por el sobrepeso, Joaquín le respondió categórico que era él quien decidía cuándo parar. Cuando sus hombres depositaron la última flor, dio la orden de iniciar el vuelo.

La nave sobrevoló la ciudad; los pasajeros eran el Chapo, el Chino Ántrax y el Narices. Los edificios pasaban frente a sus ojos como en un videojuego; se acercaba el momento de dar inicio a lo que el Chapo quería: inundar toda la ciudad de flores. Quería que todos en Culiacán, en México y en el mundo se enteraran de que su hijo era gente de ley. Era la única manera que encontraba el Chapo de redimir el dolor que le causaba la muerte de tan joven promesa. Luchando contra los embates del viento, el Chapo dio inicio al ritual y dejó caer las primeras flores; le siguieron el Chino Ántrax y el Narices.

Llegaron al cementerio Jardines de Humayan, a media hora del centro de Culiacán camino a Mazatlán. El cortejo fúnebre fue seguido por muchas camionetas negras; otros iban en moto; incluso hubo gente a caballo. En una de las camionetas iba Emma; en otra, Griselda, la madre de Edgar, un hermano de Griselda y una tía, quien le pedía se calmara al escuchar sus gritos desgarradores.

Detrás de las camionetas marchaba un conjunto grupero que tocaba el corrido dedicado a Edgar. Su letra y su música hacían que el momento fuera cada vez más doloroso y trágico. El Chapo lanzaba flores desde el helicóptero; para los que estaban abajo era como si desde el cielo se desgranaran las más lindas flores para amortiguar el dolor de quienes sentían la muerte en su alma.

Después de que el sacerdote pidió que cesara la violencia y los corazones albergaran paz, llegó el momento doloroso: ver desaparecer el cuerpo inerte de quien pudo ser el reemplazo del Chapo, o el cuerpo inerte de un joven que murió deslumbrado por un negocio que solamente ofrecía dos salidas, y a Edgar le había tocado en suerte la menos deseable.

Griselda era consolada por Emma, quien le decía que entendía lo que estaba sintiendo. Griselda le dijo que no deseaba que a ella le pasara lo mismo y le recomendó pensara en las consecuencias antes de tener hijos con el Chapo. Arrepentida, reconoció que para ella hubiera sido mejor haber seguido viviendo en aquel humilde rancho de donde la sacó Joaquín.

La dignidad no debe morir nunca; sin dignidad, somos simples cadáveres bien vestidos, le decía Emma a Griselda, que lloraba desconsolada. Edgar era un excelente ser humano, y Emma lo sentía como suyo, aunque no fuera su hijo; le decía a Griselda que debía sentirse orgullosa de él, que era un muchacho de ley.

Griselda quería saber si el Chapo estaba presente en el entierro pero su duda fue rápidamente resuelta cuando vio que dos piquetes del ejército rondaban el cementerio. Desde el Bell 206 que se alejaba, el Chapo los veía a través de unos binoculares, mientras, abrumado por el momento, les decía a sus hombres que el asunto no quedaría así, no, que se dejaba de llamar Joaquín Guzmán Loera si no vengaba la muerte de su hijo y le construía un palacio.

XXXIII
PROFANACIÓN

Los primeros rayos del sol iluminaban el rancho de la sierra, dibujando un arco iris con el rocío que caía silencioso sobre la vegetación. Alguien se desplazaba a marchas forzadas entre el rancho y una de las camionetas Hummer. El Chapo, después de comprobar que no faltaba ninguno de sus hombres, dio la orden de partir.

Las cuatro camionetas avanzaban rápidamente por una carretera vacía y luego entraron a la ciudad de Culiacán y tomaron la avenida que los llevaría al cementerio. Como era aún de madrugada, uno de los hombres abrió a la fuerza la puerta del cementerio y dio la señal para que entraran.

Varios hombres se bajaron de las Hummer y procedieron a cavar en la tierra húmeda que cubría el féretro que contenía el cuerpo inerte de Edgar. El Chapo ordenó que lo abrieran con hacha y martillo. El Narices fue el primero que se inclinó para levantar el cuerpo, pero su padre lo quería cargar.

Se inclinó y, juntando todas sus fuerzas, lo levantó en sus brazos. Descorazonado, miró el rostro de su hijo muerto. Intentó arreglarle el cabello con la mano, como lo hacía cuando era chico. El dolor le dio fuerzas para sostenerlo con un solo brazo, mientras que con el otro lo acariciaba, como cuando era niño. El Chapo no pudo evitar el llanto: se trataba de su hijo que yacía sin vida. Ya no le podía responder a sus caricias. Qué triste es cuando la pelona se nos lleva lo que más queremos. Un corto final para una larga historia.

Tomando aire, lo llevó a su camioneta. Lo subió para luego salir del desolado cementerio donde mueren las vanidades del mundo.

El Chapo y su comitiva llegaron a su rancho, al cementerio, donde lo esperaban Emma, Griselda, familiares y sus socios el Mayo Zambada y el Azul. Después de los saludos, bajaron un nuevo féretro bañado en oro que fue trasladado por hombres del Chapo hasta el panteón familiar en el Rancho de Jesús María, donde reposan los restos de los más cercanos a Joaquín. El mausoleo es grande, espectacular, fastuoso. Los esperaba también un sacerdote, quien dio comienzo a la que para el Chapo sería la verdadera ceremonia.

Las exequias se realizaron según los ritos de la fe católica. Los ruegos del cura no eran congruentes con la cantidad de armas que había en lugar, y menos aún con la contrición que mostraban los hombres que las esgrimían cuando el cura pedía al Padre Bueno que también les concediera la vida en su reino y la paz en su regazo, junto a la madre, la virgen María, los apóstoles, los mártires y todos los santos que celebraban la fiesta en el cielo.

Fue una ceremonia no tan sentida como la primera, pero dejaba tranquilos al Chapo y a sus hombres, quienes querían darle una buena sepultura a quien podría haber sido su patrón. Después de los abrazos propios del momento, cada uno se fue retirando y el Chapo quedó solo frente al mausoleo. Emma se le acercó. El Chapo, cual niño inocente, le preguntó si su hijo ya descansaba tranquilo. Emma asintió con un movimiento de cabeza y le dio un abrazo en señal de solidaridad.

Aunque Emma le repetía que no era su culpa, el Chapo no se conformaba con lo que había pasado. Le pidió que lo dejara un momento a solas con su hijo; quería decirle que su muerte no iba a quedar en vano, que él mismo se iba a encargar de vengarla.

Fue interrumpido por el Chino. Éste acababa de recibir el informe de que un escuadrón del ejército venía hacia el mausoleo, por lo que tenían que ahuecar el ala. El Chapo se despidió de su amado hijo. La vida debía seguir como cada uno la tuviera que enfrentar.

Efectivamente, el escuadrón llegó al mausoleo pero lo encontró desierto. Llegaron tarde, pero sabían que no hacía mucho había estado en ese lugar el Chapo y su gente. Jessica hubiera querido darle el pésame antes de arrestarlo; conocía muy bien a Joaquín y sabía lo entregado que era, a su manera, a sus hijos. Encontraron arreglos florales alrededor de la tumba, botellas de licor, pistolas, bolsas con marihuana y cocaína: parecía la tumba de Jim Morrison.

Mientras se encaminaba de regreso al rancho, el Chapo recibió una llamada que lo dejó atónito. Debía ir a cumplir una cita a como diera lugar y le ordenó al Chino que lo acompañara.

XXXIV
CAMILA

Después de algunos meses en la cárcel, Camila, la doctora a quien el Chapo había engañado para que lo ayudara a escapar, salió absuelta de cargos. El Chapo la recogió en un lugar seguro y la llevó a una casa de seguridad. Allí, a solas, tuvieron una conversación en la que la doctora le recriminó no solamente su ausencia, sino el daño que le había causado con su silencio. El Chapo, así como tenía detalles admirables con algunas personas que lo rodeaban, también realizaba acciones indeseables. Como era amado, también era odiado. Su mal proceder lo disimulaba con obras de caridad o haciendo sentir a los demás culpables de algo que no eran responsables.

El Chapo, que aún cargaba con el dolor de la muerte de Edgar, le contó su desgracia. Camila cambió de actitud y se volvió comprensiva y solidaria. Si lo hubiera sabido, habría sido la primera en darle el pésame. El Chapo quería ser escuchado y Camila, ya con la guardia baja, se dispuso a hacerlo.

El Chapo le confesó que cuando Edgar nació, lo recibió con todo el amor de este mundo porque en ese momento amaba a Griselda como no ha amado a otra mujer. Pero después, por sus obligaciones, o por quién sabe qué, las cosas cambiaron y su niño se convirtió en el refugio de su madre cuando a ésta se le alborotaban los celos y la desconfianza. Esa dinámica se prolongó durante años, y él no había sabido revertirla porque estaba muy ocupado en su carrera hacia el poder. Pero Edgar había entendido sus motivos, a diferencia de lo que sucede con los hijos cuando sienten que su padre se aleja. Era lo que más iba a extrañar de su hijo: que era el único que lo había entendido y, quizá, que no lo había juzgado.

Ser narco no es motivo de orgullo, pero sacar una familia adelante sí lo es. Eso lo entendió muy claramente su hijo, a quien, desafortunadamente, habían asesinado por un descuido suyo. Tendría que haberlo cuidado más, se recriminaba. Pero intentaba paliar su dolor con la posibilidad de venganza: "Ya verán, pagarán por su osadía", decía.

Al escuchar esas palabras, Camila le pidió que no se llenara de rencor. La venganza seca el alma, y si quería recordar a su hijo como era, tenía que tener el alma tranquila, en paz: "Tu vida no puede ser así; nada vas a resolver con eso. Tu vida puede ser de otra manera, Joaquín", le decía, pidiéndole que aprovechara esa circunstancia para cambiarla. "Es la única manera de reparar el daño que le has hecho a mucha gente y que te has hecho a ti mismo", concluyó Camila.

Pero el Chapo no escuchaba. Siempre creía que estaba en lo correcto, como todo dictador. Se volvió sordo a los razonamientos. En su mente solamente había lugar para venganza, muerte, tortura y sufrimiento. Lo mismo que le habían provocado, lo justificaba él. Le pidió a Camila que cambiaran de tema; quería que le contara de su familia, de su rutina, de algo que lo sacara del infierno en el que estaba.

Camila le contó que su familia, al enterarse de quién se sentía enamorada, colapsó. Su papá puso el grito en el cielo. No se podía esperar que un médico eminente reaccionara de otra manera. Toda una vida dedicada al estudio y la investigación para que su hija —la preferida— le saliera con una tontería como ésa. No lo aceptó. No podía concebir que una mujer formada en los valores que rigen a la sociedad pudiera involucrarse sentimentalmente con un narco, causante, según él, del cáncer del mundo moderno.

La historia de Camila logró sacarle una sonrisa al Chapo, quien le agradeció y le pidió cariñosamente que tomara la decisión que su corazón le indicara. "Tu papá puede tener razón pero es más grande la razón que Camila tenga", le dijo. Ella, sin dudarlo sabía cuál era... robarle un beso. Beso que sería el inicio de una noche llena de amor, suspiros y recuerdos.

XXXV
OJO POR OJO

Los besos, caricias y palabras bonitas de Camila la noche anterior fueron el mejor revitalizante que pudo haber recibido el Chapo. Su actitud cambió del cielo a la tierra. De nuevo había recuperado el aplomo que lo caracterizaba cuando tenía que echar pa'lante el negocio.

Se reunió con sus dos hombres de confianza y acordaron echar a andar el plan, que ya tenía dándole vueltas en la cabeza hacía rato, para acabar con los hermanos Beltrán Leyva que quedaban. Al término de la reunión, sus hombres se subieron a sus trocas y se pusieron a la tarea de dar mordidas por todos los ejidos cerca de Culiacán. Incluso a unos policías volteados les entregaron radio comunicadores de alto alcance, con la promesa de que si les daban aviso de los Beltrán Leyva, les esperaba una buena recompensa. Ya todo el mundo estaba avisado, solo esperaban que los Beltrán Leyva dieran un paso en falso para echarlos de cabeza. Muchos lo hacían por respeto al Chapo y otros en espera de la jugosa recompensa.

La estrategia resultó tan buena que, en una fiesta que los hermanos Beltrán Leyva celebraban por las desgracias del Chapo, varias mujeres que se paseaban desnudas complaciendo a eufóricos hombres que continuamente inhalaban la coca dispuesta en la mesa de la sala, fueron las primeras en gritar cuando sonaron las sirenas de la policía; el efecto fue peor que el de la cocaína que habían aspirado: en menos de tres minutos abandonaron el departamento, se dirigieron a la terraza y huyeron en un pequeño helicóptero. Aunque la llegada de la policía podría parecer una casualidad, en realidad obedecía a una llamada de uno de los informantes del Chapo.

Pasando el embale en uno de sus ranchos, de acuerdo con el análisis de lo que estaba sucediendo, los hermanos Beltrán Leyva tomaron la decisión de irse cada uno a diferentes regiones del país mientras bajaba la calentura. Luego se reunirían para planear el siguiente golpe contra el Chapo, quien, estaban seguros, tenía maiceados al gobierno, a los gringos y a algunos de los suyos.

En la noche del 17 de diciembre de 2009, en Cuernavaca, Morelos, se llevó a cabo un gran operativo. El objetivo era atrapar a Arturo Beltrán Leyva, el Barbas. Era un operativo conjunto entre el ejército y la marina mexicanos. Por parte del ejército, en coordinación con sus altos mandos, quien dirigía la operación era Jessica, la oficial preferida para estos golpes.

Jessica se había reunido días atrás con el coronel Mendoza y le había pedido permiso para hablar con uno de sus informantes, quien se suponía que tenía datos de primera mano. El coronel, no muy amigo de esos encuentros sin preparación y sin esquema de seguridad, al principio se negó, pero pudo más la insistencia de Jessica, quien no quiso revelarle a su superior que se trataba de una información relacionada con Arturo Beltrán Leyva, el Barbas.

Para Jessica era una cuestión personal. Su historia con los Beltrán Leyva estaba llena de malos momentos. Cuando ella y su familia pasaban necesidades, los Beltrán Leyva, que ya daban sus primeros pasos como narcotraficantes y se levantaban el cuello presumiendo de ser los ricos del pueblo, se burlaron de ellos.

La cita se concertó en un restaurante chino de no muy buena reputación. Era de esperarse, tratándose de la clase de hombres que son los informantes. En el restaurante se le acercó un hombre que vestía de saco y corbata y le dijo que la persona que le iba a dar la información la estaba esperando en otro lugar; sugiriéndole lo acompañara. Jessica lo dudó, pero pensó: "Ya metido el codo, metida la mano".

Unos minutos después estaba sentada en el reservado del restaurante del Hotel Lucerna, con una botella de champaña y una orquídea —una de sus flores preferidas— al frente. Esta flor le traía recuerdos: una vez, al salir de la escuela en los altos de La Tuna, el Chapo le regaló una igual, que él mismo había sembrado para ella. Su corazón de niña sintió como si le hubieran dado todas las flores del mundo. O como si todo el mundo fuera para ella.

Estaba sumida en esos pensamientos cuando apareció el Chapo. Llevaba una barba a medio crecer que lo que lo hacía ver algo diferente y unos zapatos de plataforma que lo hacían ver más alto. Jessica no pudo ocultar la alegría de verlo. Pero no le gustó que le tendieran una trampa; lo saludó y le dijo que se iba, que no le gustaba que la engañaran. El Chapo la detuvo delicadamente para convencerla de que no era una trampa, que quería darle una importante información, algo que resultaba algo mínimo, le dijo, ante la satisfacción de poder verla.

Mentira o verdad, era un halago, y así lo tomó ella. Es cierto, el Chapo jamás la engañaría —creía ella—, y con ese convencimiento se tomó una copa de champaña para brindar por el encuentro. Él levantó la copa y le dijo que estaba muy linda. Otro halago que la complació y comprendió que estaba cayendo en el fango de la vanidad. Jessica se recuperó y le dijo que fueran al grano, que le dijera la información que tenía. El Chapo respondió que le podía dar la ubicación del Barbas al día siguiente. Le dijo que la dirección estaba en la cuenta del consumo, y le recomendó que no intentara capturarlo ella sola. Tenía que hacerlo con la ayuda de otros agentes para evitar que Beltrán Leyva le hiciera daño. La podrían tomar contra ella y lo que menos quería era que le pasara algo a la chamaca que conocía desde niña y a la que lo ligaba la más linda amistad.

Verla sonreír fue la mejor paga que pudo recibir el Chapo por lo que acababa de hacer. Además de sentir que estaba haciendo lo que debía para vengar la muerte de Edgar, descubrió que Jessica era una mujer diferente a todas las que había tenido. Era una mujer coherente, sincera, entregada y, aunque fuera su enemiga, la quería como la mejor amiga que había sido en su infancia. El Chapo sentía un profundo agradecimiento por esta mujer, que en su niñez lo había salvado de morir en la pobreza.

Con Jessica, el Chapo despertaba por momentos de un sueño producto del somnífero que resultaba ser la ambición, la codicia, las ansias de riqueza y poder, el mismo sueño que tal vez compartía toda una sociedad, en la que los malos son los mismos buenos con menos oportunidades.

El Chapo se despidió de Jessica con un beso en la mejilla. Ella sabía que no era la última vez, pero que si se volvían a ver tal vez sería para detenerlo y llevarlo a la cárcel. El Chapo pensaba otra cosa.

Jessica, con la autorización del coronel Mendoza, acordó los detalles del operativo con oficiales de la marina. La detención se llevaría a cabo en un edificio de la colonia Lomas de la Selva, en Cuernavaca, lugar donde el Barbas tenía un departamento que era custodiado por tres hombres en el interior y cuatro en el estacionamiento. A éstos tuvieron que ultimarlos los del ejército, lo cual dejó libre el camino para que los de la marina entraran al piso donde el Barbas disfrutaba de los placeres de la vida en compañía de dos mujeres.

La detonación en la puerta los tomó tan de sorpresa que el Barbas apenas tuvo tiempo de ponerse los pantalones para huir. Los tres hombres que lo protegían se enfrentaron a uno de los comandos de marinos. Fueron aniquilados en diez segundos. La misma suerte corrió el Barbas, quien intentó enfrentárseles a tiros. Los marinos le descargaron cientos de balas; quedó muerto en el piso, con un ojo abierto, como si la imagen ilustrara la ley del talión: ojo por ojo, diente por diente.

Arturo, el Barbas, cayó abatido frente a la puerta de su departamento, quedando completamente destruido por la fuerza de los impactos y las explosiones de las granadas que se lanzaron de parte y parte. Los Beltrán Leyva y sus sicarios lucharon hasta la muerte sin rendirse. En los bolsillos del pantalón del jefe de jefes y de sus cómplices los soldados encontraron estampas religiosas y escapularios que denotaban su fe.

Las dos mujeres y el hombre que sobrevivieron a la operación fueron presentados más tarde ante la opinión pública en una rueda de prensa.

En la habitación principal de la residencia quedó una Biblia como testigo del enfrentamiento y varios cuadros religiosos agujereados por las balas; en los armarios, ropa de marca sin estrenar que aún conservaba las etiquetas de compra en lujosas tiendas de la capital del sol. El cadáver de Arturo fue expuesto a la prensa ensangrentado y tapizado con fajos de dólares, que confirmaban no solamente el poder que siempre ostentó el delincuente, sino la sevicia de la que fue objeto al final del enfrentamiento.

Jessica y los agentes de la Procuraduría General de la República temían represalias, y no estaban lejos de confirmar que eso pasaría. A fin de cuentas, en el mundo de la mafia pagan justos por pecadores. Los agentes que participaron en el operativo y mataron a Arturo Beltrán Leyva tendrían que pagar con más sangre su muerte. Así es el mundo de la mafia.

131

XXXVI
CELEBRACIÓN

El yate favorito del Mayo Zambada surcaba aguas tranquilas. Lo acompañaban el Chapo y el Azul. El día era perfecto: un sol resplandeciente, el cielo azul y despejado: el clima ideal para celebrar la muerte del Barbas, un escalón más en su misión de acabar con los Beltrán Leyva. Junto a los mafiosos iba un trío de esculturales buchonas sinaloenses, con quienes se divertían al ritmo de buenos corridos y tragos de Buchanan's del dieciocho.

Sobre los relajados pechos del Mayo y el Azul reposaban gruesas cadenas de oro con imágenes que denotaban el grado de devoción de estos personajes a su santo Malverde. Si el tamaño de los dijes indicaba su devoción, ésta debía de ser muy profunda, pues los colgajos eran enormes.. El Azul y el Mayo Zambada se miraron entre sí: les llamaba la atención que el Chapo leyera y releyera el periódico una y otra vez.

El titular no podía ser menos amarillista. Anunciaba la muerte de Arturo Beltrán Leyva, el Barbas, y lo ilustraba una fotografía en la que éste aparecía sin vida, con la sangre que cubría uno de los lados de su barba. La imagen era emblemática. El Azul, que llevaba largo rato viéndolo, después de darle un beso y una nalgada cariñosa a la mujer que lo acompañaba, se le acercó y le arrebató el periódico. La reacción del Chapo fue como la de un niño cuando le quitan el juguete que más le gusta. El Azul le sugirió que tirara el periódico, que se divirtiera con una de las muchachas o con dos: ellos estaban dispuestos sacrificarse con tal de que él la pasara bien. ¿Cómo es posible que prefiriera unos papeles a semejantes mujeres tan bellas que lo esperaban?

Al Chapo lo que menos le interesaba en ese momento —aunque era raro que eso pasara con él— era una vieja. Solo quería estar tranquilo. El Azul, como buen amigo, propuso conseguirle lo que fuera, pero el Chapo no quería nada ni para relajarse ni para un acostón; quería algo que le aliviara el dolor que tenía. Así que después de pedirle a las mujeres que los dejaran solos, el Azul, le habló con cariño: "No me gusta repetirlo, pero lo hecho, hecho está. No hay manera de regresar a Edgar".

Eso lo tenía claro el Chapo, pero no iba a estar en paz hasta no quebrar al cabrón que había descargado el arma de fuego contra su hijo. El Azul le ofreció hablar con los contactos que tenían en el ejército y la policía, a lo mejor esos batos les echaban la mano; pero el Chapo no quería ayuda. Esa deuda se la iba a cobrar por su cuenta. El Azul le ofreció facilitarle lo que necesitara: "Si eso lo va a hacer sentir mejor, cuente conmigo, compadre", le dijo.

Las palabras del Azul reconfortaron al Chapo. Siempre lograba calmarlo. Le encontraba soluciones nuevas a los problemas que iban surgiendo. Una vez que se alejó el Azul, el Chapo se quedó mirando a la mujer que no lo había perdido de vista. Lo pensó, pero no, lo suyo ese día no eran las mujeres. Prefirió cerrar los ojos para hacerse una película mental de lo que sería el siguiente paso para lograr su cometido.

Por el desierto de Sonora, que se extendía en toda su majestuosidad, se desplazaba una camioneta a toda velocidad, levantando polvo y dejando huellas a lo largo del camino. Se detuvo súbitamente. Por las puertas delanteras descendieron el Chapo y el Azul. Por las de atrás, el Chino Ántrax y el Narices; éstos traían a la fuerza a un hombre con la cabeza cubierta con una bolsa; lo arrastraron hasta dejarlo en cuclillas frente al Chapo y al Azul.

El Chapo se acercó para arrancarle la bolsa. Como si fuera a iniciar una plegaria, el hombre cayó de rodillas, pero cuando vio que era Joaquín, escupió la rabia acumulada y que había alimentado en la preparación que le hicieron los Beltrán Leyva cuando lo entrenaron para que matara a Edgar. El

Chapo le preguntó si sabía lo que era tener un hijo y antes que respondiera le gritó que cómo lo iba a saber si no le habían terminado de crecer los pelos de los huevos.

El sicario le rogó que no lo matara. Se ofreció a trabajar con él para matar a sus patrones. El Chapo, con más rabia aún, se miró con el Azul y sin decir una sola palabra entendieron la clase de hombre que tenían delante. El Chapo cada vez encontraba más justificado lo que quería hacer y para sacar su frustración le apretó el cuello diciéndole: "¿Tienes idea de lo que es cargar un chamaco, ver cómo aprende a andar en bicicleta, cómo es la primera vez que lo llevas a que pruebe su primera vieja?". Ante el silencio del sicario el Chapo le propinó un buen golpe y le volvió a preguntar si sabía qué era eso. El sicario solamente rogaba que no lo mataran, lo que hacía que el Chapo enfureciera más. Se le acercó más y le dijo: "Has de pensar que soy un desalmado", al tiempo que le pasaba un celular. El sicario estaba desconcertado, pues el Chapo lo obligaba a que hablara, a que hablara con su padre por última vez. Le ordenó que lo hiciera para que le pidiera perdón por todas las pendejadas que había hecho y de una vez se despidiera de quien lo alzó, le enseñó a montar en bicicleta y tal vez lo llevó a ver viejas por primera vez. El sicario no sabía qué hacer, solo atinaba a mirar el celular. "Apúrate que no tengo todo el tiempo, "¡háblale!", lo increpó el Chapo. El sicario tomó el celular para gritarle a su papá que lo ayudara, que lo iban a matar, que lo ayudara. El Chapo, sin piedad, levantó su pistola y le clavó tres disparos, quedando salpicado de sangre. El Azul tuvo que acercarse para tranquilizarlo. Sabía lo que debía estar pasando por su alma. Era un frenesí que no tenía explicación en la dimensión humana, una conjunción de sentimientos que no tenían cabida en un mundo dual donde o se es bueno o se es malo.

El Chapo, al salir de ese trance, les dio órdenes a sus hombres para que buscaran a la mamá del mugroso y le compraran una tele, una refri o una troca o las tres cosas a la vez, y agregó que no olvidaran llevarle también el cuerpo del hijo.

Camino al rancho, el Chapo le dijo al Azul que esas deudas, aunque había que cobrarlas, pesaban más que un perdón. Eran las reglas de un negocio que le había dado más dolores de cabeza que alegrías. Era tan fuerte su nostalgia que quedó en silencio, viendo a través de los cristales de la camioneta como caían las gotas de una espesa lluvia que lo transportaría a sus primeros años de vida en La Tuna.

Recordar era para el Chapo una forma de apaciguar el dolor de su alma. Si era que a estas alturas de la vida lo podía hacer.

XXXVII
EL PASADO

La primera influencia importante del Chapo Guzmán fue la de su abuela, quien no tenía pelos en la lengua y decía las cosas con franqueza. La sexagenaria no le permitía indecencias y hacía sentir su poder sobre Joaquín con una rigurosidad que daba miedo, pero a la vez infundía respeto, razón por la que desde muy niño aprendió a rezar.

La segunda influencia la recibió de su gran amor: su madre, doña Consuelo. Fuerte al igual que él, amaba la música y le enseñó a bailar. Don Emilio, su padre, lo encerraba en el clóset para que no le tuviera miedo a la oscuridad. Nada más lejos de la realidad. El Chapo creció amando los colores de la vida. Cuando todo estaba oscuro, se petrificaba, pero rápidamente y por reacción natural, buscaba una salida. Era su única debilidad, si así se le puede llamar, pero nadie, ni sus primos, la conocían.

Una noche de Navidad, el Chapo, su hermano Aurelio y el hijo de la empleada, Candelario, después de interpretar los tres reyes magos en el pesebre de tamaño real que su papá había elaborado con gran pericia, recibieron los regalos de su propia mano.

Aunque Candelario no era su hijo, don Emilio lo trataba como si lo fuera. Por orden de edad, les entregó pistolas de plástico. Los chicos se miraron con cierta risa burlona. Emilio ignoraba que, con lo que habían descubierto la noche anterior, esas pistolas eran realmente de juguete.

Candelario se paró sobre los hombros del gordito Aurelio para bajar el pesado costal que el Chapo se llevó a escondidas al potrero donde improvisaron un polígono de tiro con las armas y municiones descubiertas. Jugar con pistolas de verdad era un secreto y una adicción que solo dejaban cuando iban don Rafael y doña Alicia a visitarlos.

El motivo era Jessica, la hermosa hija de don Rafael y doña Alicia. Jessica era rubia, alta, de ojos azules y todos suspiraban por ella. Los tres muchachos corrían a jugar con las armas cuando el motivo de los suspiros se marchaba.

Un día de tantos los encontró el padre de Candelario, que casi siempre estaba borracho. El viejo agarró a su hijo a golpes. El Chapo tomó una de las armas para exigirle que no le pegara a su amigo. En ese momento llegó don Emilio y el Chapo cambió la dirección del arma sin poder evitar la reacción de su padre, que les quitó y les prohibió seguir jugando con sus fuscas.

Desde ese día el Chapo aprendió que las armas no son para mostrarlas ni para jugar. El Chapo hubiera aguantado el regaño con humildad, pero no le perdonó a su padre que lo hubiera hecho delante de Jessica, quien ese día había ido a visitarlos y le sonreía cómplice, mientras él, contrariado, le preguntaba a su padre: "¿Por qué usted sí y yo no?".

Después de que sonaba la campana, el Chapo, su hermano Aurelio y Candelario se encontraban en la salida de la escuela para hacer lo que más les gustaba: ir a disparar. Llegaron al extremo de robar gallinas para practicar con un objetivo en movimiento. También recogían botellas para luego hacerlas explotar al ¡bang! de los disparos.

El Chapo llegó una vez a su casa y encontró a su mamá molesta. Pensó que si la hacía cómplice de su gran amistad con Jessica le pasaría el disgusto, pero doña Consuelo le explicó el motivo real de su estado de ánimo: que él hiciera trampa en los exámenes. Ella, que se había esmerado en enseñarle pintura y cultura general, se sentía decepcionada con la actitud de su hijo. El Chapo le explicó que se trataba de un examen de matemáticas, y ella tuvo que prometerle que también se encargaría de enseñarle matemáticas.

El Chapo pensaba que si aprendía matemáticas por fin podría encargarse de las cuentas del negocio del tío Trinidad, a quien llamaban Trini. Doña Consuelo le tuvo que hablar fuerte. Él sería un hombre de bien el día de mañana. No un bandido. Una vez aclarado el punto, volvió al tema anterior: Jessica.

El Chapo se presentó el otro día a la escuela, vestido de norteñito, con la idea de declararle su amor a Jessica por medio de una carta a la que su mamá le había corregido los errores ortográficos. Pero fue recibido con la noticia de que la niña, ese preciso día, se había ido a los Estados Unidos con su familia, supuestamente, de vacaciones.

Como si ese golpe que lo destrozó emocionalmente no fuera suficiente, los hermanos Beltrán Leyva, Arturo, Alfredo, Carlos y Héctor, sobrinos de José Luis Beltrán, amo y señor de la región, se confabularon y le sacaron la carta de entre sus cosas. Uno la leía en voz alta y los otros azuzaban a sus compañeros para que se rieran y burlaran de él; le repetían que Jessica nunca podría enamorarse de un ñato y mucho menos de un chaparrito, de un Chapo. Todos comenzaron a gritarle: ¡chapo, chapo, chapo!. Todos menos su hermano Aurelio y Candelario, que se les plantaron a los Beltrán Leyva: "Órale, putitos, vamos a ver de a cuántos nos toca".

La madre del Chapo tuvo que acudir a la escuela para firmar la matrícula condicional de Joaquín y de Aurelio. Candelario, que casi acaba con los Beltrán Leyva por defender al Chapo, fue expulsado.

El Chapo, sin Jessica y sin Candelario, no quiso regresar a la escuela, y menos cuando se enteró de que Aurelio se enrolaría en el ejército. Prefirió ir a los sembradíos del tío Trini, de quien aprendió sobre narcotráfico.

El tío Trini quería mucho a su sobrino, sabía escucharlo. El Chapo sentía que, aparte de su madre, su mejor amigo, su consejero y hasta su padre sustituto era el tío Trini. Éste le decía: "Cuando te dedicas al negocio prohibido, tener hijos se convierte en un peligro". Por eso Trini nunca se casó y nunca tuvo hijos, pero el Chapo olvidó el consejo rápidamente.

Doña Consuelo le manifestó a don Emilio, su esposo, la preocupación porque al Chapo no se le quitaba la tristeza y no quería regresar a la escuela. Para don Emilio lo importante era que trabajara para ganarse la vida sin meterse en problemas. Más vale ser pobre, pero honrado. Y es que don Emilio vivía de vender lo que sembraba. No más. Los problemas que trae el tráfico de drogas eran algo que él no quería en su vida. Era fácil entender su doble moral (siembra, cosecha y vende pero hasta allí. Dedicarse al narcotráfico es un pecado de Dios), pues en Sinaloa cosechar marihuana o entrar al negocio era lo normal.

Por cada año que pasó, el Chapo esculpió en el árbol de los recuerdos un corazón con sus iniciales y las de Jessica. Candelario le dijo que era el quinto corazón que tallaba y le sugirió que olvidara a Jessica y se fijara en Alejandrina, quien se moría de amor por él. Con el tiempo, Alejandrina llegaría a ser la primera esposa del Chapo.

El Chapo abandonó la tristeza cuando Candelario le advirtió que el tío Trini los estaba esperando para un trabajo especial. Juntos se dirigieron al rancho del tío; al llegar, vieron un movimiento raro. Trini, que tenía comprado al ejército y al gobierno con mucha lana, había sido asesinado por Reinosa, un comandante de la policía a quien el tío Trini le había llenado los bolsillos de dinero. El comandante Reinosa primero lo desarmó; después lo arrestó y le disparó varios tiros. Luego trató de cargarle el muerto al Chichicuilote, quien era muy amigo del tío Trini.

El Chapo sufrió por la pérdida de su tío y por primera vez juró sobre una tumba que no quedaría tranquilo hasta que el culpable pagara su crimen con sangre. Le pidió al Chichicuilote que le diera una pistola; éste se negó: "Una vez que las manos se llenan de sangre ya no se pueden limpiar, y mucho menos se puede olvidar".

El Chichicuilote se propuso matar al asesino de su amigo y patrón, pero el Chapo tenía otros planes. Siguió al Chichicuilote y cuando tenía arrinconado al comandante

Reinosa, el Chapo salió de su escondite portando un cuerno de chivo. A continuación abrió fuego: el comandante Reinosa recibió cuarenta tiros, la misma cantidad que él le diera al tío Trini. El Chichicuilote, impresionado, le dijo: "Chapo, eres un chamaco muy abusado. No cualquiera tiene los bríos de desenfundar un cuerno de chivo y asesinar a cualquier cristiano". El Chapo contestó: "En primera, ese desgraciado no era ningún cristiano, y en segunda, era mi tío, yo tenía que vengarlo".

Por los consejos de Candelario, el Chapo se dio cuenta de que no podía pasar el resto de su vida llorando por una mujer que quizá nunca más volvería a ver. Él siempre había sido enamoradizo, así que comenzó a salir con una y con otra, hasta que se encontró de nuevo con Alejandrina, ahora convertida en una señorita. El reencuentro sucedió en el parque El Ahuehuete, lugar adonde van los jóvenes a buscar amigos y novios. Las morras lucen sus hermosos vestidos y caminan en el sentido de las manecillas del reloj. Los hombres lo hacen en sentido contrario. Lo primero que sucedió fue el cruce de miradas, luego la sonrisa y finalmente las palabras. Así es como se sabe quién está interesado en quién.

Alejandrina estaba dando una vuelta, con su hermoso vestido blanco, bordado en rosa y azul. El Chapo la convidó a comer un helado y ella lo rechazó. Luego le convidó un baile y también lo rechazó, así que el Chapo sacó a bailar a otra morra. Cuando Alejandrina vio las destrezas del Chapo como bailarín, se le plantó enfrente a la pareja y le dijo a la morra que ese morro era de ella, que pasara gentilmente a retirarse o ella la retiraba por las malas. La otra morra se alejó y el Chapo le dijo: "Así me gustan, picudas pa' dejarlas chatas". Ella le respondió: "Ningún, ningún".

Alejandrina había nacido con carácter y con carácter se va a morir. El Chapo le dijo que era la mujer que necesitaba para el resto de su vida. Ella le respondió que si él no pensara estar a su lado para el resto de su vida, no estaría allí. Y que le buscara una paleta como la que él estaba comiendo y que luego sí la sacara a bailar… ah, y que luego se preparara para vivir a su lado eternamente.

Él le dijo que eternamente era demasiado tiempo. Ella no estaba de acuerdo, cuando se pasaba a su lado. Los dos sonrieron mirándose a los ojos y a partir de ese momento Alejandrina comenzó a ser la catedral y las demás morras las capillitas. O eso pensaba el Chapo, que no estaba enterado del mal genio de don Rufino, el papá de Alejandrina, que ya se había llevado a uno cuando intentó sobrepasarse con su hija.

Don Rufino era un hombre cerrero, difícil, de campo. De esos que piensan que una de sus hijas nació para cocinar, lavar y planchar pero nunca para casarse. Había decidido que Alejandrina iba a ser una dejada, como se les dice a las mujeres cuando entran a los treinta años y no se han casado. Claro que Alejandrina tenía apenas dieciséis cuando volvió a ver al Chapo, pero su papá, había decidido que ése sería su futuro.

El Chapo comenzó a frecuentar a Alejandrina a su casa y don Rufino, que entendía desde un comienzo sus intenciones, le presentó a toda la familia, entre ellos a la hermana mayor de Alejandrina. La idea de don Rufino era que el Chapo se casara con su hija mayor, Margarita.

Margarita era una morra atractiva también, pero no tenía el carácter de Alejandrina. El Chapo se enamoró de ella precisamente por ese carácter y por su encanto. El Chapo se percató de las intenciones de don Rufino, así que decidió ponerle un cuatro.

Una noche don Rufino encontró al Chapo y a Alejandrina comiéndose a besos en la entrada de la casa. Se armó el escándalo. El don corrió al Chapo de su casa: "Mi hija no es una cualquiera. Si regresas, te saco a plomo limpio".

Alejandrina se enfrentó decididamente a su papá. El Chapo disfrutaba hasta que llegó el instante en el que le puso el alto y le dijo que le permitiera a él arreglar con su papá las cosas como las arreglan los hombres. Ella pensó que se refería a los tiros. El Chapo prefería arreglar las cosas con tequila con su futuro suegro.

Con su acostumbrado encanto, el Chapo logró que a don Rufino se le pasara el enojo y ya entrados en los tequilas, le dijo que sus planes tendrían que cambiar. Que la "dejada" debería ser Margarita, pues él se casaría con Alejandrina.

Don Rufino en principio le advirtió que eso solo sucedería sobre su cadáver. El Chapo le advirtió con firmeza que si no los dejaban casarse por las buenas, entonces lo harían por las malas, pues se la pensaba robar, se la llevaría a otro pueblo y ni siquiera tendría la dicha de conocer a sus nietos.

Don Rufino al ver la determinación en sus palabras, no tuvo más remedio que aceptar el noviazgo y la boda de los muchachos.

Tras la muerte del tío Trini, el Chapo consoló a su madre por la pérdida de su hermano del alma. Don Emilio, por su parte, intentó tomar las riendas del hogar y trató de disciplinar al Chapo y a Candelario a punta de correa. Había decidido que debía tenerlos muy vigilados porque, en primer lugar, temía que le mataran al hijo y, en segundo lugar, porque quería evitar que se metieran en problemas. Pero el Chapo ya había decidido cuál sería su vida, y a Candelario no lo iba a abandonar.

Don Emilio le pidió ayuda a su compadre José Luis Beltrán Sánchez para enderezar al muchacho, para evitar que se metiera al narcotráfico y se volviera un bandido. Le pidió que no le diera trabajo. Beltrán, con doble intención, le ofreció ayudarlo y mandó buscar al Chapo. Éste se presentó acompañado por Candelario.

Beltrán intentó dejar a un lado a Candelario, pero el Chapo lo convenció de lo contrario. Ambos recibieron la oportunidad de trabajar para Beltrán. Éste decidió ponerlos a prueba, ignorando lo que le había prometido a don Emilio, y les pidió que lo acompañaran a una entrega de droga.

El coche en que se transportaban comenzó a fallar y les anunciaron por radio que un camión de los policías municipales estaba a cinco minutos de ellos. Beltrán se asustó. Le dijo al Chapo y a Candelario que tenían que actuar rápido; éstos se bajaron y detuvieron un coche que venía en sentido contrario. Pistola en mano, el Chapo hizo bajar al dueño al que a gritos le dijo que, si no cooperaba, al coche lo recibiría su viuda. Sin perder tiempo, pasaron la droga al coche robado y le dijeron al padrino que se pelaban por una carretera con menos vigilancia.

Hicieron su primera tarea eficientemente. Beltrán los felicitó y les dijo que solo faltaba una cosa para que trabajaran para él: que el Chapo hablara con su papá. Les explicó que don Emilio le había pedido que no le diera trabajo al Chapo, y si quería trabajar con él, tendría que arreglárselas con su papá.

El reclamo del Chapo a su papá fue tan duro y certero que don Emilio terminó llorando. El Chapo se iba de la casa porque no podía estar donde los hombres lloraban. Le agradeció porque lo premió con trabajo después de dejar la escuela, lo encerró cuando le tenía miedo a la oscuridad y nunca se sintió orgulloso de él, como padre. Su padre lo abrazó y le dijo con cariño: "Los hombres exitosos no necesitan suerte, suerte necesitan los demás, los que solo nacen para nacer, vivir por cumplir y morirse". Él había nacido para ser famoso, para tener éxito, para ser reconocido, para ser el mejor.

El Chapo se despidió de su madre con un beso; luego le dio un fuerte apretón de manos a su padre. Se iba pero nunca dejaría de proteger a la que le dio la vida, para quien iba pedirle al santo Malverde que la cuidara y que nunca se olvidara de ella.

Don Emilio culpaba a doña Consuelo por la partida de su adorado hijo. Estaba tan enojado que intentó golpear a su esposa para sacarse la ira, pero el Chapo le sujetó la mano en el aire y lo amenazó, le dijo a gritos que nunca más le volviera a poner la mano encima a su mamá o ¡iba a necesitar mucho más que suerte!

El Chapo y Candelario se unieron a las filas de José Luis Beltrán, el narcotraficante más poderoso de México en la década de los setenta. Los recibieron los Beltrán, quienes en determinado momento se volverían sus jefes y los humillarían.

Alfredo, el mayor, era frío y calculador. Siempre sacaba cuentas hasta del último centavo. Con la convicción de que la grandeza del negocio estaba en saberse el dueño y saber ocupar ese puesto, en no dejarse robar ni un centavo y no pagar ni más ni menos que lo que cuesta cada labor, no los quería.

Arturo era pusilánime, incapaz de tomar una decisión por sí mismo. Siempre buscaba la aprobación de Alfredo. Si su hermano no lo autorizaba, no hacía nada. Pero si su hermano lo aprobaba, era capaz de ser el más sanguinario de todos.

Carlos era el más callado. Por eso le decían el Mudo. No lo era pero actuaba como si lo fuera. Su corazón era un depósito de resentimientos que solamente se traslucían en su mirada oculta y llena de odio.

Héctor, el menor, era bipolar. Nunca se sabía de qué lado de la cama amanecía y esto podía ser el mayor de sus problemas, ya que no todo el mundo estaba dispuesto a aguantarse sus bromas cuando estaba de buenas y sus majaderías cuando estaba de malas.

Don Emilio, dolido por las palabras de su hijo, tuvo un fuerte enfrentamiento con su compadre. Lo acusó de traidor al robarle a su hijo. Beltrán no solo lo tranquilizó sino que le garantizó que el Chapo llegaría a ser grande y que estaba en buenas manos.

Beltrán lo decía recordando lo sucedido días atrás: él y sus muchachos estaban a la espera de un avión cargado con merca de Colombia. Mandó al Chapo y a Candelario a descargarlo. El piloto quería la lana. La lana no estaba completa. Beltrán, que era un hombre de palabra y se había ganado la confianza de los colombianos por su puntualidad en los pagos, pidió una semana de plazo. El piloto se comunicó con su jefe, quien le dijo que no había problema, pues ya habían trabajado otras veces, pero que necesitaba una garantía.

El Chapo miró a su padrino y le dijo sin vacilar: "¿Quién dijo miedo? Usted no diga frío hasta no ver pingüinos, padrino". En compañía de su inseparable amigo Candelario, se embarcó hacia Colombia. Iba de lo más contento porque conocería ese país, donde le esperaba una de las sorpresas más grandes de su vida.

El viaje en avión fue a todo lujo. Les dieron de comer y beber como si fuese el último día de sus vidas. El Chapo no dejaba de repetir que esa era la vida que se merecía, pero terminó borracho y, tras vomitar, repetía que aborrecía esa vida. Así llegó a Colombia, donde los aguardaba un escuadrón de hombres armados hasta los dientes, que solo esperaban que se abriera la portezuela del avión para descargar su furia.

El Chapo, bien confianzudo, se bajó a saludar a todo el mundo. Quería conocer al jefe. Se llenó la boca diciéndoles que era el hombre de confianza de José Luis Beltrán Sánchez. Cuando tuvo al jefe enfrente le preguntó con descaro: "¿Será que me pueden hacer un *tour* por la ciudad?", mientras los hombres armados solo esperaban la orden del patrón de patrones.

El jefe dio la orden de que los trataran como se merecían. Los hombres armados les advirtieron que los ojos no le iban a alcanzar para ver lo que tenían que ver, y en dos minutos estaban amordazados en una caballeriza. El llanto de un hombre en la caballeriza contigua llamó la atención del Chapo. Le dijo que los hombres no lloraban. Él no había pagado una deuda, lo iban a matar. El Chapo, al pensar que le pasaría lo mismo, soltó unas lágrimas pero rápidamente reaccionó y comenzó a pensar en cómo escapar.

El Chapo seguía con la intención de fugarse cuando llegaron los bandidos del rey de reyes y los liberaron. El Chapo, emocionado, les pidió a quienes los liberaron que los acompañaran al avión que los regresaría a México. Los hombres armados se echaron a reír. "¿Avión? Como no te hagas uno de papel", le respondió uno de ellos. Los dejaron en el exterior de la finca y les cerraron la puerta en la cara.

A los quince minutos el Chapo estaba hablando con el jefe de jefes. Había regresado y sin que se percatara su guardia personal, logró entrar a la casa del jefe, quien dio la orden de que no le hicieran nada, impresionado por la tenacidad del Chapo. Éste le dijo: "Si ya confió una vez en mi patrón, tiene que confiar dos. Y para que el viaje no sea pérdida, mándeme con merca que también se le pagará".

Cuando el Chapo regresó en tremendo avión privado, Beltrán quería saber si se había vuelto loco. Él no tenía medios para vender esa merca. "Padrino, no se preocupe que yo se la vendo", le dijo. "Mijo, tranquilo... no quiera correr antes de caminar. Mejor siga en lo suyo que lo está haciendo bien" le contestó Beltrán. Sin embargo, como premio, lo mandó a Guadalajara a organizar la logística del transporte.

La primera reacción del Chapo fue emocionarse, pero cayó en cuenta de que en Guadalajara estaban los Beltrán Leyva. Intentó negarse pero el padrino le dijo: "O es eso, o no es nada". El Chapo aceptó, no le quedaba de otra. Le dijo a su jefe que aceptaba con una condición: que fuera su padrino de matrimonio.

El Chapo se casó con Griselda López. Ella fue la única mujer, aparte de su mamá, que lo conoció realmente y, a pesar de ello, lo amó. El Chapo se sentía cómodo, no tenía que fingir ser quien no era. Con Griselda no sentía vergüenza de ser un chaparrito, más bien ella apreciaba ese atributo.

Quizá por ser ella casi de la misma estatura que él, le encantaba que fuera chaparrito. "Mi chaparrito, cuerpo de uva", lo llamaba de cariño. Por su parte, ella era una morra bien hecha, pero a la hora de decirle sus cuatro verdades a Joaquín, no tenía miramientos. Se le enfrentaba como una fiera. Le decía lo que le tenía que decir y luego, como por arte de la magia, retomaba su actitud normal.

El Chapo, que desde jovencito estaba acostumbrado a manejar el poder, le encantaba que lo enfrentara. Muchas veces ella llegó a callarlo y hasta lo agarraba de los huevos.

Pero Griselda se sentía insegura de su cuerpo, que quería perfeccionar, en vista de las abundantes jóvenes mujeres que se paseaban por Culiacán con sus cinturas al aire y sus pronunciados escotes.

En la fiesta de matrimonio entre el Chapo y Griselda estaba su padrino, José Luis Beltrán, ocupando la mesa de honor junto con sus cuatro sobrinos, los Beltrán Leyva, que se burlaban de la fiesta. Junto a ellos estaba la mesa de la mamá de Joaquín Guzmán, doña Consuelo. Para doña Consuelo, de férreas creencias religiosas, a pesar de que llevara dos matrimonios y varios amoríos que casi lo fueron, su hijo era la razón de su vida. La relación era estrecha, de amor verdadero. Cada vez que estaban juntos, se acariciaban, se bendecían. Ella, religiosamente, le hizo la cruz en la frente al tiempo que lo encomendó a la protección de Dios. Don Emilio, que presenciaba la escena, dijo con voz seca pero segura: "Ya él tiene la protección del patrón" y señaló hacia los cielos, con ese gesto característico que tienen los sinaloenses cuando están hablando de Malverde. Y es que no hay sinaloense que no se doblegue ante su patrón.

Malverde fue un bandido originario de Sinaloa que hizo de las suyas durante la primera década del siglo XX. Es considerado un santo por muchos y su fama se ha extendido a otros lugares, como Badiraguato, Tijuana, Chihuahua, así como en Los Ángeles y Colombia. Fue venerado porque, a semejanza del Robin Hood de la leyenda, robaba a los ricos para luego repartir el botín entre los pobres.

La boda no dejaba de ser el guateque típico. Todos bailaban y se divertían como enanos. Joaquín bailaba poniendo en práctica las clases que le había dado su mamá desde que era morrito. Había grupos de banda, mariachis, alcohol y comida para despilfarrar. También estaban presentes los hermanos del Chapo. Uno de ellos, que lucía gafas oscuras, parecía un *mariner*. A los Beltrán Leyva les resultaba desagradable, y sobre todo al tío de éstos, quien le advirtió al Chapo que se cuidara de quienes parecían espías.

Los padres de la novia los bendijeron, al igual que doña Consuelo. Su padre se limitó a verlo a los ojos y decirle: "Espero que esta vez no me falles". Finalmente, el padrino, José Luis Beltrán, pronunció un discurso lleno de palabras sabias y al final gritó a todo lo que daban sus pulmones: "Viva mi ahijado el Chapo".

Los novios se veían bellos bailando y jurándose amor eterno. Griselda estaba feliz y le decía al Chapo que, como era tan joven, iba a vivir mucho tiempo a su lado, porque su amor era para toda la vida, con casita e hijitos. Él sonrió y le dijo. "Hablando de hijitos, ¿qué te parece si comenzamos la tarea hoy mismo?". Griselda respondió con una sonrisa.

En Guadalajara, el Chapo seguía trabajando y aprendiendo. Los hermanos Beltrán Leyva no se cansaban de recordarle que eran sus jefes y, por muy padrino de matrimonio que fuera su tío, tenía que obedecerles. El Chapo aguantó las humillaciones, pero cuando supo que Candelario pensaba acabar con los Beltrán Leyva, se puso de acuerdo con él para que solo les dieran una paliza.

Beltrán sabía que el único modo de evitar que sus sobrinos y el Chapo se mataran era regresándolos de Guadalajara a Culiacán, donde los tendría vigilados. El padrino les tenía una nueva chamba.

José Luis Beltrán y sus sobrinos tenían tratos con un grupo de mafiosos colombianos que transportaban droga en barcos pesqueros que llegaban a costas mexicanas. El Chapo era el encargado de recibir la droga, subirla a los camiones y escoltarla con un carro de policía hasta que los pararon en un retén del ejército mexicano. Ni a él ni a sus amigos le comieron cuento de que iban escoltando camiones del gobierno. Se los llevaron a los separos.

El coronel quería hablar con el dueño del circo y no con los payasos. Y como si fuera el dueño, el Chapo le pidió como primera cosa, que se sentara. Segunda: "Yo quiero hablar con usted porque en estos lados mando yo, imagínese qué traía ese carro de la policía y…". Se llevó el primer tablazo en el estómago por su osadía. Lo torturaron. Lo golpearon. No dijo nada. Pero tres de sus compinches sí soltaron la sopa. La noticia del día fue la incautación de un cargamento de seiscientos kilos de cocaína en tres camiones que venían de costas mexicanas.

La reacción de Beltrán no se hizo esperar. No eran tres camiones. Eran cinco, y cada uno transportaba mil quinientos kilos. Como el Chapo no llamó, el coronel lo volvió a llamar y le dijo que ahora sí podían pactar. Él se quedó con la diferencia de 1,500 a 200 de cada camión, y el Chapo se quedaría con dos camiones completos.

Los sobrinos de Beltrán acusaron al Chapo de traidor. "No es de la familia y siempre le diste mucha confianza", le dijeron. El tío se quedó con los dos camiones cargados como recompensa por las veces que las vueltas salieron bien, y él ganaba por pasar doscientos kilos en cada camión, cuando en realidad estaba pasando mil quinientos. Así que si cobra la merca de los dos camiones, quedaban a mano.

Los sobrinos se pusieron al brinco. Beltrán, más apacible, le preguntó qué había pasado con el resto de la merca. La policía declaró un decomiso de 600 kilos y el del ejército se quedó con la diferencia. Fue el precio que tuvo que pagar.

Beltrán se la perdonó, pero comenzaría la guerra con sus sobrinos, que no estaban de acuerdo y consideraban que era un trepador. Para evitar un nuevo enfrentamiento entre los sobrinos y el Chapo, José Luis Beltrán lo mandó a Sonora, a Agua Prieta, para pasar la droga a los Estados Unidos.

En Agua Prieta nació el primero de los hijos del Chapo y Griselda. Un parto normal. Él, contento, lo tomó entre sus brazos, aún desnudito, y emocionado lo llamó Joaquín Segundo, e hizo un juramento: "Mi hijo será grande". Griselda sonrió; sería grande de corazón porque entre ambos no llegaban a medir metro y medio. Él adivinó lo que estaba pensando y agregó: "Napoleón no necesitó ser alto para ser un gran hombre". Él sería mejor que Napoleón. Joaquín estaba seguro de que Segundo sería grande como su papá y juicioso como su mamá. Con el tiempo se daría cuenta de que estaba equivocado.

Él se chingaría la vida para que su hijo tuviera todo lo que él no tuvo, pero, sobre todo, para que no tuviera que ser bandido como él. Griselda no entendió o no quiso entender y excusó su desinterés con la excusa frecuente que utilizan las mujeres de Sinaloa. Dicen que desconocen lo que hacen los maridos por ser mujeres de rancho.

El caso es que Griselda estaba feliz con su hijo. El Chapo, mientras la abrazaba, le dijo que mandaría matar cuarenta gallinas para un caldo de todos los días de la cuarentena; necesitaba alimentarse para que su hijo creciera sano y fuerte y, sobre todo, lejos del negocio.

Pero Beltrán lo mandó llamar y se disculpó por arruinarle la felicidad del nacimiento de su hijo. El deber estaba primero y él tenía dos camiones que no podían seguir por allí sin dueño. Le pidió que se los regresara inmediatamente.

El Chapo alegó que había pagado la mercancía por un precio justo. Ahora era suya. El padrino le advirtió que, por las buenas, le trajera su mercancía. El Chapo dijo que sí, pero en realidad había decidido pasarla a los Estados Unidos. El Chapo, como siempre, más puesto que un calcetín, arrancó con Candelario y las dos trocas hacia la línea fronteriza.

En la frontera buscó a Amado Carrillo, el Señor de los Cielos, quien tenía los túneles que necesitaba. Le dijo que la mercancía era de su padrino. El Señor de los Cielos llamó a José Luis Beltrán: "Su empleado viene con tres mil kilos y quiere pasar". Beltrán le confirmó que eran de él, que los pasara, pero que esperara a que él llegara, y le pidió que no le dijera nada al Chapo.

El padrino Beltrán apenas lo tuvo enfrente le reclamó: "Las cosas no son como tú quieres; en este negocio hay reglas y jerarquías que respetar y has hecho lo que se te ha pegado la gana. A partir de ahora tendrás que respetar, pues no es posible que hayas venido con mi amigo, Amado Carrillo, a querer pasar una mercancía que de un modo u otro, me robaste".

El Chapo intentó alegar pero Beltrán cerró la discusión con que lo justo era que respetara las reglas y no lo hizo, por lo tanto ahora se quedaba sin merca, sin lana y sin nada. Y ahora iba a saber lo que era respetar. Abrió la puerta y apareció Alberto Marín, don Beto, el jefe de jefes. El Chapo no sabía quién era. Los mexicanos mayores le decían jefe de jefes, venía desde Colombia a resolver este problemita.

Alberto Marín le dijo que iba a ver qué tan machín era. "Para pasar esta merca a los Estados Unidos no se necesitan túneles, ni pedir favores. Lo que se necesita son huevos". Acto seguido, el Chapo pateó una puerta de un condominio hasta tirarla. A una pareja que hacía el amor la metió en un costal y se la llevó en un coche. Luego en México les advirtió: "La mujer se queda hasta que el policía de inmigración y aduanas de los Estados Unidos pase los dos camiones cargados. Si todo sale bien, te regreso a la mujer; si no, no la vuelves a ver".

El jefe de jefes, Alberto Marín, reconoció que el Chapo tenía potencial. Solo le faltaba disciplina. Así que él y su amigo se fueron a pasar una temporadita a los Estados Unidos. Antes de obedecer esa orden, el Chapo pasó por su casa para despedirse de Griselda. Ella estaba en una clínica en donde le iban a practicar una liposucción; el niño había quedado al cuidado de una empleada.

Alberto Marín los mandó con unos colombianos a los Estados Unidos. Allí el Chapo y Candelario aprenderían todo lo que les faltaba aprender del negocio. Los colombianos tenían que distribuir dos mil novecientos kilos. El Chapo quedó con cien kilos para venderlos por su cuenta. Les dijo a los colombianos que iba a ir por la lana de esos cien kilos.

Despertó muy temprano a un amigo. Lo levantó y lo puso a venderle la merca que le dejaron los colombianos. El amigo le dijo que la cosa no era tan fácil. La droga tenía un valor diferente en cada lugar de los Estados Unidos. El Chapo quería venderla donde más caro costara. Se fueron a Nueva York. Después de mil problemas con el coche, que se recalentaba, sin gasolina, ponchada una llanta y sin refacción, llegaron a la Gran Manzana.

Vender la droga no fue difícil. El amigo quería regresar pero el Chapo y Candelario, no. Llamó a doña Consuelo y le pidió que buscara la carta que hacía años le había escrito Jessica. Su mamá le leyó la dirección. Jessica efectivamente vivía en Nueva York. El Chapo decidió pasar a una tienda para comprarse las mejores garritas. Quería vestirse de norteño. Si a Jessica le gustaba verlo vestido de charrito, pues como charrito se le iba a presentar. Como buen mexicano, antes tuvo que darse valor con unos tequilas.

El Chapo, nervioso, se fue animando entre tequila y tequila. Sabía que ahora tenía la posibilidad de retomar su historia, pero... ¿Sería para bien o sería para mal? ¿Sería para vivir un amor intenso con su niña de ojos color de cielo o sería para que todo terminara mal entre ellos?

Dio fin a los tequilas y se fue a buscar un atuendo. Encontró una tienda y se compró sombrero, botas de piel de víbora, camisa charra y un cinto piteado. Candelario dejó al Chapo frente al edificio en que vivía Jessica y se fue con los colombianos, no sin antes desearle la mejor de las suertes. Le advirtió que en el estacionamiento estaba el coche lleno de dinero.

El Chapo se preguntaba si Jessica estaría soltera, sin compromiso, si seguiría bella como la recordaba. El encuentro fue emocionante, verla era como si viera el pasado en el presente. Emocionado, le dio un abrazo que le confirmaba que su corazón, a pesar de los años, seguía vibrando por ella.

Salieron por la Gran Manzana; Jessica no le dio importancia a su facha. Fueron a comer al mejor lugar, bailaron, tomaron y terminaron en el departamento de ella. El Chapo estaba nervioso, como si fuera la primera mujer con la que salía. Jessica le insistía que siempre lo recordaba como su mejor amigo, tanto que le tenía la misma confianza como cuando niños; al final, agotada, se quedó dormida. Él se levantó para ir al baño y allí encontró una chamarra de Jessica en la que se leía, en grandes letras, DEA.

El descubrimiento le causó una fuerte impresión: quedó petrificado. Después de unos segundos que le parecieron siglos, el Chapo salió corriendo; luego subió al coche y arrancó. El entusiasmo con el que fue a buscar a Jessica era directamente proporcional al dolor inmenso que sentía mientras se alejaba. Las palabras de su padre le retumbaban en la cabeza: "Los hombres no lloran, carajo". Gritó a voz en cuello: "Me vale madres… porque este día sí me permito llorar, carajo".

Pero aquí no termina el asunto. El Chapo tenía el propósito de llevarle el dinero de la venta de los cien kilos a su padrino. Lo que no sabía era que mientras estuvo en Nueva York vendiendo droga, en México las autoridades habían abierto una investigación sobre el agente norteamericano que había puesto una denuncia internacional sobre su secuestro y coacción para que dejara pasar la droga en la frontera.

Fueron a cantinas, bares, plazas… los lugareños fingieron querer ayudar a los gringos pero en realidad informaron a José Luis Beltrán y a Amado Carrillo Fuentes. Les dijeron lo que estaba pasando. Beltrán salió inmediatamente a buscar al agente de la frontera. Lo llevó a una bodega y lo amordazó. Quería saber por qué lo buscaba. El comandante confesó que el Chapo lo había coaccionado para delinquir.

El padrino Beltrán sabía que no tenía más opción. Empuñó el arma y en el momento en que lo asesinó, venía entrando el Chapo, justo para ver como caía muerto el agente migratorio que lo ayudó a pasar la droga hacia los Estados Unidos. Ese agente no era otro que don Rafael, el padre de Jessica, quien lo había reconocido.

Cuando el Chapo encontró en el motel al padre de Jessica, le contó que no estaba solo, que detrás de él estaban su padrino Beltrán y que si no hacía lo que le pedía don Beto, el duro de Colombia, lo matarían.

Don Rafael, que esa noche estaba con su amante, no pudo decirle que no por temor a ser exhibido por algo que para el Chapo era intrascendente —lo de la amante—, pero que para un padre como él, que le había dado el mejor ejemplo a su hija, era lo más importante.

Por eso el Chapo hizo lo que su padrino Beltrán le dijo que hiciera: llevar al desierto el cuerpo del agente en su patrulla y dejarlo allí como si hubiera muerto en un enfrentamiento. Ésa es la información que había recibido Jessica, quien hasta hoy estaba convencida de que su padre había muerto enfrentando valientemente a los narcos.

La verdad es que el Chapo esa noche se había quedado escondido para ver cómo se hacía el montaje. Por primera vez vio al coronel Mendoza, quien descargó otros dos cuerpos, con ayuda de varios hombres, cerca del cuerpo de don Rafael. Hicieron disparos tanto con el arma de éste como con las suyas para dar la apariencia de un enfrentamiento entre el ejército y los narcotraficantes, en el que supuestamente caería el padre de Jessica. Eso diría el informe oficial, pero la verdad era otra y ésa siempre la supo el Chapo Guzmán.

Esta acción trajo una consecuencia terrible: el padrino Beltrán quería culpar al Chapo. Éste le dijo que no podía hacer tal cosa, que él lo sabía todo, así que con él fueran despacio. Nada de falsos positivos. Beltrán solo pudo reconocerle que era un chamaco muy aventado, que por eso le iba a ayudar, para que nunca se supiera la verdad de lo que había pasado. Ese secreto representaba un tesoro para el Chapo: con esa información tenía a merced a su padrino, Beltrán, por si lo necesitaba. Su padrino solamente atinó a decirle que había que tener paciencia para hacer las cosas, sabiduría para saber escuchar y entender. Todo esto había pasado por una imprudencia, concluyendo lapidariamente: "Váyase y ya veremos".

El Chapo se fue a su casa materna. Después de mucho tiempo sin verlo, doña Consuelo lo recibió con los brazos abiertos.

Don Emilio se quería oponer, pero la madre le dijo: "Ahora no". Estaba con su hijo y no quería que nada empañara ese momento. Era la primera vez que doña Consuelo se le enfrentaba a don Emilio. Madre e hijo cenaron, hablaron sobre el gran amor que se tenían. Ella quería saber qué le pasaba, qué era eso que llevaba atravesado en su corazón.

El Chapo fue a apagar la tele para contarle cuando vio la noticia: habían apresado a su padrino por un cargamento de cocaína. Se sintió confundido. Cuando estaba por marcharse, don Emilio lo detuvo para decirle que se había equivocado. El Chapo lo miró fijamente a los ojos para responderle pero en ese momento sonó su teléfono; era su padrino, quien lo citó urgentemente en la prisión.

El Chapo llegó al reclusorio. Beltrán, lejos de lo que su ahijado creía, no le hizo reclamos. Le pidió ayuda. Le pidió que lo sacara de allí. No contaba con sus sobrinos. No porque no lo quisieran ayudar, sino porque eran torpes, y para sacar a alguien del tambo había que tener huevos, y de eso le sobraba al Chapo.

Beltrán preparó el operativo desde adentro, pero el brazo ejecutor era el Chapo. Visitó a los guardias, a los comandantes de policía, al director del penal. Todos se negaron a aceptar sobornos. Ante la negativa, el Chapo tuvo que conformar dos comandos armados; lo integraban Candelario, los cuatro hermanos Beltrán Leyva, más otra gente de otros bandos. Solo necesitaba quién los liderara.

Se fue a la guarnición militar. Allí consiguió a los dos mejores dispuestos a todo; fue la primera vez que el Chapo vio a Dámaso López, el licenciado, quien a la postre sería su sucesor. Solo lo necesitaba dos horas. Lo nombró jefe de uno de los comandos. El licenciado pilotaba el helicóptero en el que trasladarían al gran capo después de someter a los guardias.

Justo cuando estaban saliendo, empezaron los balazos. El Chapo y Candelario querían llegar hasta el padrino Beltrán, pero estaban más cerca los Beltrán Leyva, que se llenaron de pánico cuando comenzó el enfrentamiento y dejaron al tío adentro, escapando en un camión de suministros. Todos los demás escaparon como pudieron. Antes de escapar, el Chapo le gritó a su padrino Beltrán: "Esto no se acaba hasta que se acaba".

Al calentarse la vuelta, todos tuvieron que esconderse. Todos, menos el Chapo y Candelario. El Chapo de nuevo empezó a idear otro plan sin los Beltrán Leyva para rescatar a su padrino.

Las noticias volaron hasta en la cárcel. Beltrán se enteró de lo sucedido. Lo que hasta ahora había sido simple lógica, sería un aviso oficial: el Chapo era el elegido. José Luis Beltrán convocó de nuevo a todos a una reunión en el reclusorio para repartir territorios.

A esta reunión asistieron, por el lado de Tijuana, los Arellano Félix, que se quedaron con el territorio de Tijuana y fundaron su cártel; los hermanos Beltrán Leyva, a quienes su tío les dijo era hora de empezar a volar solos, que se quedaron a operar en Guadalajara; el Chapo se quedó con Sinaloa; por el cártel de Juárez, Amado Carillo y su hermano Vicente; desde el golfo, los estados de Tamaulipas, Nuevo León y Coahuila, llegaron Juan García Abrego, su segundo, Osiel Cárdenas Guillén y representantes de su brazo armado, los Zetas. A partir de entonces, la guerra del Chapo, primero con los Arellano y posteriormente con los Beltrán Leyva, sería el pan de todos los días al interior de la mafia.

A pesar de que tanto el jefe de los Beltrán Leyva en su momento, o el tío de los Arellano Félix, Miguel Ángel Félix Gallardo, en el suyo, intentaron poner orden, la paz entre los rivales nunca duró más de lo estrictamente necesario. La idea era trabajar tranquilos, sin odios ni resentimientos, crecer en el cártel, sin tomarse las cosas personalmente.

Cuando terminó la reunión, el tío de los Beltrán pidió quedarse a solas con el Chapo; le dijo que había llegado el momento de aprender como se debía el manejo del negocio. Le pidió no abrir la boca en lo referente a lo del agente de inmigración; si las autoridades se enteraban, le podía ir muy mal. El modo de seguir creciendo era buscar una línea recta entre la producción y el consumo: "Usted se va para Colombia con los meros chingones", concluyó.

El Chapo estuvo de acuerdo y le dijo que no se hablara más, que iría por su familia. El padrino le aconsejó que la familia no, que se fuera con su gente de confianza. Su hogar en Sinaloa quedaba en buenas manos; Candelario era un hombre de honor. Le entregó un rosario. Él era su protegido porque era grande y llegaría a ser el más grande, el más importante dentro del mundo del narcotráfico.

El Chapo fue a su casa a despedirse de Griselda, pero se encontró con la nueva de que Griselda estaba en el hospital, en el parto de su segundo hijo.

Apenas alcanzó a llegar para ver a su bella niña recién nacida. No cabía de la felicidad. Una niña, la luz de sus ojos. Lo que siempre quiso. La hembrita, caray. El Chapo le dijo a su hija que era una reina… que las reinas se deben llamar como sus madres, y la bautizaron Griselda Guadalupe. Griselda le preguntó con un tono de angustia bromista: "¿Otro guateque, verdad?". Él se la comió a besos mientras le respondía: "¿Pa' qué decirte que no, chaparrita, si sí?".

La fiesta de celebración fue a todo lo que da, con la mejor banda. La gran sorpresa la dieron los invitados que traían todas las bandas de Sinaloa al pachangón. El Chapo bailó y bailó con medio pueblo que llegó a su rancho. A diferencia de la fiesta de matrimonio, ésta la pagaba en su totalidad él. Mientras tanto, en la habitación, Griselda tapándose los oídos veía al cielo y preguntaba "Diosito, ¿por qué me salió tan fiestero?".

En la fiesta anunció que el padrino sería el mismo que lo bautizó a él: José Luis Beltrán. Pero Griselda le replicó que si estaba preso, cómo iba a ser su padrino. El Chapo sabía que algún día lo iba a sacar, y ese día sería el bautizo de su hija.

Después de que todo hubo terminado, le hizo un juramento a su esposa, el más importante de todos: "Algún día tendrán tanto dinero que lo que les va a faltar es vida para gastarlo". Griselda lo quería, pero sin tanta pachanga. Él llevaba la fiesta por dentro y no lo podía evitar. En un gesto amigable le haló las orejas y le dijo una frase lapidaria: "Ya verás, eh… si te portas mal, te vas a quedar guardado para siempre".

En Colombia el Chapo, uno de sus hermanos y Candelario tuvieron la oportunidad de observar la infraestructura de los colombianos: laboratorios, lanchas, barcos, aeropuertos, aviones. Hasta que finalmente estuvieron listos para arrancar. Empezaron a hacer negocios en grande.

En los Estados Unidos, Jessica no terminaba de entender por qué Joaquín había desaparecido sin explicación alguna. Comenzó a averiguar por qué se había ido sin despedirse. En principio no sabía nada, pero no pasaría mucho tiempo para que comenzara a hacer conjeturas. Un cabo la llevaría a atar otro hasta jurarse a sí misma no descansar hasta dar con su paradero.

El Chapo se amañó tanto en Colombia que se quedó un buen tiempo, tiempo en el que empezó a edificar su propio imperio. Al regresar de Colombia les ofreció a los colombianos pistas a toda madre en todo el norte de México donde podrían aterrizar los aviones cargados de cocaína. Candelario se encargaría de pasar esta carga a los Estados Unidos. En realidad ese plan no era realizable pues en esos momentos no tenía una sola pista. Después las fue construyendo una a una para hacerse rico, muy rico.

Tanto tiempo fuera de la casa le traería problemas. Sus hijos habían crecido y Griselda no era la misma mujer que él dejó cuando se fue a Colombia. El Chapo se daba cuenta de lo que pasaba, por lo que tomó una decisión: ir a la cárcel. Su padrino estaba más que establecido, hasta tenía una morra por novia que vivía con él en el reclusorio. El Chapo le contó que tenía el negocio más próspero, pero la familia más infeliz. Necesitaba pistas y un consejo. "De dónde carajos saco yo una pista estando preso", le dijo su padrino. Para el Chapo eso era lo más sencillo. El padrino le tuvo que recordar que ya había crecido, aprendido y era responsable: ya era hora de que se las arreglara por su cuenta, y así lo hizo. Además, le exigió que resolviera el problema o de lo contrario que viera cómo les explicaba a los colombianos que lo de las pistas era una soberana mentira. Le advirtió que la familia estaba antes del negocio, y si no era capaz de tener una, no era capaz de tener nada, ni siquiera un negocio.

El Chapo se dio a la tarea de levantar el negocio. Para que aterrizara el avión que venía cargado desde un lugar de la costa colombiana, tomó por asalto una finca, ubicada en la carretera entre Cancún y Playa del Carmen, que contaba con una pista clandestina. La operación sería sencilla. Pidió pista para aterrizar en un aeropuerto legal. Le dieron el permiso, pero nunca aterrizó. Claro que estaba compinchado con los de la torre de control del aeropuerto. Estos registraron una llegada que nunca sucedió, pues el avión fue desviado hacia la pista de la finca, donde había sometido a los trabajadores. Descargaron la mercancía y se dispusieron a trasladarla por tierra hasta Sinaloa. Allí la esperaban sus camaradas para entregársela al Señor de los Cielos, quien luego se encargaría de transportarla a los Estados Unidos.

Una vez que la droga estuvo en territorio estadounidense, se dividió a la mitad, una para los colombianos y la otra para ellos. Cuando todo salió bien, el Chapo les pagó a los trabajadores de la finca que había tenido que someter. Con tal paga, por cada vez que colaboraran podrían comprarse su propio rancho. Con esa estrategia el Chapo tenía por unos días a los encargados secuestrados en la finca trabajando sin coacción, y más bien esperando otro envío en el que tuvieran que aterrizar un avión.

El negocio comenzó a crecer en grande. El Chapo construía pistas en Sinaloa y en el norte de México por ahorrar tiempo. Terminó construyendo pistas en toda la geografía mexicana, haciendo llegar la droga vía aérea hasta la frontera con los Estados Unidos. Como ya los volúmenes de cocaína eran gigantescos y habían utilizado todos los métodos, al Chapo se le ocurrió la brillante idea de construir túneles por donde inundaría a los Estados Unidos con coca.

El Chapo ahora era poderoso y así le tocaba enfrentar su primera guerra contra los Arellano, causantes directos de su arribo a Guatemala, donde a la postre se llevaría a cabo su captura.

Pero sigamos por dónde íbamos. El Chapo, al seguir los consejos de su padrino, ahora podía asistir a la graduación de secundaria de su hija Griselda, que había crecido convirtiéndose en una hermosa mujer. El resto de sus hijos, vestidos elegantemente, lo acompañaban. Griselda, que se había hecho operar hasta la voz, no se les quedó atrás. La familia en pleno se veía espectacular; sus enemigos se llenaron de envidia: les resultaba insoportable que un chaparro hubiera podido más que todos. Era un gran momento de éxito que presagiaba que todo podía cambiar.

Los Arellano Félix, a quienes les carcomía la envidia, se convirtieron en la borrega del Chapo. Le avisaban de todos sus movimientos a los municipales. Así fue como hicieron varios operativos en el que por poco caen la droga y el Chapo. Joaquín se salvó porque la gente que tenía en el aeropuerto le avisó que el área estaba atestada de policías municipales.

El Chapo le dijo a Candelario que no cancelarían; atravesó dos trocas en la vía y el avión logró aterrizar. Sacó la droga con su hermano y sus tres amigos. Eran mil kilos. El avión regresó a Colombia. Pero el Chapo no podía entregar la droga. La policía había descubierto sus clavos. Le quitaron todo. El Chapo prácticamente quedó sin nada. El avión aterrizó en Colombia e inmediatamente lo cercó la policía. El piloto llamó a su esposa, le dijo que cumpliría su promesa de que nunca lo atraparía la policía. Se despidió con un te amo. Luego le disparó al copiloto y se disparó a sí mismo para borrar las pistas.

Mientras tanto, en México, el Chapo estaba confundido. No tenía ni la más remota idea de quién había sido la borrega. Ahora solo tenía tiempo para vender los mil kilos que rescató del avión. Recibió la llamada de los colombianos que lo insultaban y le decían que querían su dinero. Así, sabiendo que ya no podía confiar en nadie, el Chapo se fue a los Estados Unidos con las únicas personas que confiaba.

Enfrentaron muchas dificultades en los lindes entre estados. Burlaron los cercos que les tendieron las autoridades, y a cada paso que daban eran víctimas de los chivatazos de los Arellano Félix y su cártel de Tijuana.

Finalmente el Chapo llegó a su destino. Vendió la droga y regresó para enfrentar a los colombianos. Logró pagarles pero necesitaba trabajo para él y sus amigos; se habían quedado sin nada. Tuvieron que comenzar de cero.

Los colombianos les dieron trabajo. El Chapo, con entrega y disciplina, resurgió de las cenizas como el fénix. Poco a poco, y siempre contando con la compañía de su amigo de infancia, Candelario, volvió a ser grande, y esta vez muy grande. El verdadero nombre de Candelario era Héctor "el Güero" Palma, quien logró mantener oculta su verdadera identidad durante muchos años.

Mediante envíos de cargamentos de droga en lanchas que hacían los colombianos, el Chapo volvió a ser poderoso. El Güero Palma, su socio y hombre de confianza, era el encargado de recibir los cargamentos en México.

El éxito del Chapo enervaba a los Arellano Félix, que veían de nuevo el peligro que representaba. Lo envidiaban no solamente por lo bueno que era para los negocios sino porque, a diferencia de ellos, había logrado sacar adelante a su familia y a toda la región, dando muestras de ser un hombre cabal cuando lo tenía que ser, o violento y sanguinario cuando las leyes del negocio lo exigían. El Chapo conseguía lo que se proponía, lo cual era imposible para los Arellano Félix, quienes hasta por amor tenían que pagar, algo que al Chapo le sobraba.

Mediante trabajo de inteligencia, los Arellano Félix se enteraron de un cargamento que el Chapo iba a recibir en las costas de Manzanillo. Esperaron que lo hiciera y, con ayuda de efectivos de la policía ministerial, los asaltaron en el camino. Dos de los hombres del Chapo intentaron transar, pero fueron emboscados y ultimados a mansalva. Eran dos de los hombres que el Chapo más quería, por quienes habría dado su vida. El Chapo y el Güero, al descubrir la trampa, agarraron a uno de los policías de rehén, lo que les permitió escapar de una muerte segura.

El entierro de los dos amigos del Chapo fue apoteósico y de los más sentidos en La Tuna, Badiraguato. Fueron tres días de fiesta recordando las cualidades de dos hombres que crecieron al lado del Chapo, y que de manera traicionera habían sido asesinados por los Arellano Félix, obligando al Chapo a tomar venganza.

El Chapo le comunicó su venganza a Miguel Ángel Félix Gallardo en el penal. Ninguno de ellos iba quedar para contar el cuento. Se propuso acabar con todos los Arellano Félix que existían en el planeta; sin importar dónde hubieran nacido ni dónde vivieran. Él, el Chapo, se iba a convertir en su peor pesadilla.

El padrino agradeció tal confesión y se dispuso a alertar a sus sobrinos, que a esa hora ya trabajaban en dos frentes: dar de baja al Chapo o entregarlo a los federales, que eran sus aliados.

El general Mendoza, en aquel entonces un coronel del ejército, era el encargado de coordinar el grupo mixto apoyado por una habilidosa agente de la DEA, el ejército y la PGR, encargados de la captura del Chapo. Por informaciones fidedignas sabían que tenía entre sus planes irse a vivir a Guatemala y desde allí manejar el imperio que empezaba a crecer. Y no estaban equivocados.

XXXVIII
FORBES

El general Mendoza llegó al edificio de la Procuraduría General de la República, subió las interminables escaleras y entró a una oficina que se diferenciaba del resto del edificio por su limpieza y organización. Los archivos estaban perfectamente organizados, un par de relucientes reconocimientos colgaban en las paredes y el escritorio se veía perfectamente cuidado. En esa oficina lo aguardaba un importante miembro de gobierno a la espera de la llegada del general. A puerta cerrada celebran la ansiada reunión.

Un alto funcionario del gobierno de turno le reveló a Mendoza el acuerdo que tuvieron en el pasado con el Chapo, del que, supuestamente, el general no tenía conocimiento. Le contó que dejar que el Chapo se fugara de la cárcel de forma tan simple fue un compromiso adquirido con gobiernos anteriores, bajo el entendimiento de que les entregaría a grandes narcotraficantes.

Pero el Chapo solamente había entregado a dos de los hermanos Beltrán Leyva; algo útil, pero no equiparable al poder y el dinero que había logrado acumular desde que había recuperado su libertad.

El alto funcionario del gobierno sacó una revista de su escritorio y la tiró encima dejando a la vista una doble página específica. Era la edición de marzo de 2010 de la revista *Forbes*, donde resaltaba el titular de uno de sus artículos centrales: "Chapo Guzmán, el número 701 entre los hombres más ricos del mundo".

El artículo causó revuelo no solo en los estamentos oficiales, sino también en la ciudadanía en general. Para algunos era motivo de admiración y celebración y otros lo rechazaban rotundamente, convencidos de que no había solución en México: el narcotráfico era el poder.

Por esas peculiaridades de la política, el alto funcionario le dio la orden al general Mendoza de investigar por qué una revista internacional estaba haciendo quedar en ridículo al gobierno mexicano, que permitía que los delincuentes ocuparan portadas y que en sus páginas interiores exhibieran inmensas fortunas que ubicaban a sus poseedores en el grupo privilegiado que representa menos del cinco por ciento de la población mundial.

El general Mendoza instruyó a su equipo, liderado por Jessica para indagar cómo era posible que los gringos, que no tienen la responsabilidad que tienen ellos, se enteraran de la fortuna del Chapo, cuando ni siquiera el ejército puede dar con el paradero de ese personaje. Para cumplir con ese objetivo, Jessica viajó a Washington y Nueva York. Ese viaje sería el inicio de una implacable cacería para acabar con el hombre que había destruido la vida de mucha gente y muchos hogares, ufanándose de estar en la lista de los hombres más ricos del planeta. Aterrizó en el aeropuerto Dulles. Al salir a la calle sintió la ciudad de Washington más fría que nunca. Subió a un taxi que la llevó hasta un edificio cerca de la Casa Blanca. Allí se reunió con militares y civiles del gobierno americano, a quienes les hizo una exposición que sabía de memoria. Proyectó sobre una pantalla el organigrama del narcotráfico en México, en el que sobresalían nombres como los del Chapo Guzmán, el Mayo Zambada, el Azul, los temidos Zetas y el remanente de los Beltrán Leyva. Les informó cómo están divididos los cárteles, las nuevas alianzas, su *modus operandi* y la gran influencia que tienen sobre las autoridades. Su conclusión era que, más que perseguir a la organización criminal, el esfuerzo de ambos gobiernos, el de los Estados Unidos y el de México, se debía centrar en una nueva estrategia: atacar a los cárteles como entidades empresariales. Una conclusión a la que Jessica llegaría luego de recordar cómo fueron los inicios el Chapo y como comenzó el narcotráfico en su región.

Había comenzado como una estrategia de guerra. Cuando Hitler cerró la entrada de opio por Marruecos para aliviar a los heridos de guerra, en México, con apoyo del gobierno mexicano, se hicieron acuerdos para sembrar adormidera y marihuana. El lugar ideal era el Triángulo Dorado, por su clima, la altura y el entorno. Al término de la Segunda Guerra Mundial, esas plantas dejaron de cultivarse oficialmente, sin embargo, muchos campesinos continuaron la práctica, marcando así el inicio formal de una empresa criminal.

Jessica, sabiendo que lo que más le duele a los narcos es el bolsillo, propuso su estrategia. Primero, quitarles el poder económico, para luego atacarlos con todo su poder militar.

De Washington Jessica viajó a Nueva York para entrevistarse con representantes de la revista *Forbes*. Aterrizó en el aeropuerto LaGuardia y a continuación se dirigió a las oficinas de la revista en la Quinta Avenida. Allí la recibió Alexa, una típica chava *Ivy League* que vestía impecablemente. Jessica fue al grano: quería saber cómo calculaban la fortuna de los personajes que incluían en su revista. Alexa le informó amablemente que, amparada en la quinta enmienda, no estaba obligada a darle esa información. Jessica —enfática y muy decidida— le aclaró que no necesitaba nombres, sino conocer el procedimiento. Alexa lo pensó por unos momentos pero accedió a darle la información que necesitaba. Le explicó que primero hacían el inventario de bienes comprables como propiedades, terrenos y obras de arte. Luego consideraban las acciones que cotizan en la bolsa un mes antes de la publicación. En el caso del Chapo, que es lo que le interesaba a Jessica, Alexa le explicó que hacen una inferencia estadística, respuesta que no le satisfizo. Ella necesitaba que le explicara cómo habían sabido qué propiedades tenía el Chapo, pero su interlocutora se negó a responder amparándose, nuevamente, en la quinta enmienda. Jessica, ofendida, dio un manotazo en el escritorio y le advirtió que si era necesario obtener una orden judicial, lo haría.

"¿Y de qué nos podrían acusar?", preguntó Alexa, "¿de hacer periodismo?".

Jessica pensó que tenía que controlar su irritación si quería lograr el objetivo que perseguía. Alexa colaboró mostrándole los documentos que habían utilizado para escribir ese artículo; no podía ayudarle más. Jessica los ojeó; se dio cuenta de que esos archivos no le darían la información que buscaba y urdió otra estratagema. Le pidió a una asistente que trabajaba en una computadora de la revista que le consiguiera un café descafeinado con algo de leche sin lactosa. Tras la salida de la asistente, comprobó que no hubiera cámaras y metió una USB en la computadora para bajar el software especial que vacía la información de la red de *Forbes*. Jessica entregó la USB para que la descifraran a Gibrán y Raúl, de la agencia de seguridad nacional conocida como Homeland, quienes le revelaron que la mayor información había sido obtenida del *blog* que dirigía Salvador Aquino.

Tras algunas investigaciones, lograron ubicar a Salvador Aquino, quien aceptó hablar con Jessica con la condición de que la dejaran en medio del desierto de Sonora, con la cara cubierta. La exigencia era bastante descabellada, pero con tal de lograr su cometido, la habilidosa agente aceptó.

Después de dos horas de estar bajo un intenso sol canicular que mermaba sus fuerzas, un auto se estacionó al lado de Jessica. Del coche bajó un tipo que se dirigió hacia ella. La respiración de Jessica aumentaba de intensidad, pero sabía que tenía que controlar cada uno de sus movimientos. Cuando sintió que el hombre estaba demasiado cerca, se le fue encima cayendo a la arena donde, después de dar botes, el tipo le quitó la bolsa de la cabeza. El hombre se le presentó como Salvador Aquino; llevaba lentes oscuros, aparentaba unos cincuenta años, de tez bronceada y golpeado por la vida.

"Eres más guapa que en las fotos en Internet", le dijo. Jessica lo frenó: ése no era el trato. Si quieres saber del Chapo, yo decido qué es y qué no es parte del trato, le advirtió

Salvador, después de darle la mano para ayudarla a levantarse. A continuación le preguntó si le había traído su refresco, su ron y sus cigarros Raleigh sin filtro.

Después de viajar una hora en la vieja y oxidada camioneta de Salvador, llegaron a Badiraguato. Salvador le explicó que si no fuera por el Chapo, ese pueblo no existiría en el mapa. Jessica, que sentía vivir de nuevo su niñez, le ocultó que era de la región. También le ocultó que los primeros años de su vida los pasó al lado de quien es hoy el centro de su conversación y que daría lo que fuera por tenerlo frente a frente.

Reconoció la esquina donde el Chapo vendía naranjas. Recordó que las mejores las reservaba para ella. Le pidió a Salvador que se detuviera un momento. Se bajó de la camioneta y percibió el aroma que llenó su alma de regocijo desde la primera inhalación. Supo que ése era el olor, la tranquilidad y el ambiente que quería para su vida, que se había desviado cuando sus papás decidieron llevarla a los Estados Unidos. La sensación que le producía el contacto con su tierra no la cambiaba por nada, pero Salvador la regresó a la realidad pidiéndole que continuaran.

Al pasar por la plaza central de Badiraguato, Salvador empezó a contarle a Jessica lo que ella sabía mejor que nadie: que el Chapo había comenzado trasportando marihuana y que José Luis Beltrán Sánchez lo había reclutado para el negocio al ver que era listo. Se detuvieron frente a un letrero en el que se leía Avenida Joaquín Guzmán Loera. Eso no le extrañó a Jessica: sabía que la gente en ese pueblo amaba al Chapo, algo que se podía comprobar con solo visitar la iglesia, donde gente de Durango, Baja California, Chihuahua y Sonora ponían altares con milagritos para que nada le pasara al Chapo, así fuera uno de los peores delincuentes.

Salvador no ahorró palabras para explicarle que el Chapo le ha dado a la gente lo que el gobierno no ha cumplido. Él tiene sus leyes, sus impuestos, pero provee trabajo y hasta tiene programas de ayuda social. "Si quieres saber cuánto dinero tiene el Chapo, es sencillo", le dijo. "¿Cuánto puede costar una esperanza para miles o millones de personas? Eso nadie lo sabe, ni la revista *Forbes*, que según sus propias reglas y criterios dice que lo sabe todo".

Era otra de esas verdades que Jessica no podía rebatir pero que por lo mismo no pueden terminar siendo una verdad de a puño. Si el problema es la dejadez del gobierno por estarse repartiendo entre ellos el botín de la política, entonces hay que cambiar los gobiernos, pero eso va más allá, tal vez sea la cultura, le dijo Salvador. Acto seguido la invitó a un bar de Sinaloa con la intención de revelarle lo que quería saber, pero para eso tuvo que bailar música norteña, que a Salvador le cayó como anillo al dedo.

Mientras bailaban, para despistar a los comensales, Salvador le explicó a Jessica cómo fue que el Chapo hizo del narco un negocio transnacional. Lo primero que hizo fue contratar a los cárteles de la zona para evitarse peleas y para que abrieran las rutas en Centroamérica. Mientras que la mayoría de los mexicanos se hacían de mercancía en Colombia, el Chapo buscó otros proveedores al observar que la cosa política entre las guerrillas colombianas y el presidente de turno estaba bien difícil. Así que se dirigió a otros países con mejores condiciones políticas, sin importarle que fueran de izquierda o de derecha. A la hora de la hora, hasta el más derecho se tuerce con el dinero, que no entiende de derechas ni de izquierdas.

El Chapo tuvo otra visión. Como a mayor distancia recorrida el valor de la coca sube, lo que en los Estados Unidos se puede mercadear en veinte mil dólares, en Australia puede valer doscientos cincuenta mil, así que asoció a las bandas rivales para abrir con ellas nuevos mercados, con menos competencia. Pero se cuidó de dejar algunas bandas rivales sueltas: cuando hay pequeñas guerras, el precio sube en el mercado, una estrategia que los mismos americanos saben que trae buenos resultados.

Con ese poder, quién podría detener al Chapo, se preguntó Jessica.

Para Salvador era una realidad. Desde que bajó la competencia entre los cárteles, no había habido político, empresario o capo que le pusiera límites. "Todos trabajamos para él. Los adictos que le compran, los políticos que él coloca dizque para que lo combatan, las empresas que hacen lavado, las constructoras que contrata para los pueblos, los gruperos que tocan en sus pachangas, los periodistas que le hacen promoción, los escritores que publican artículos sobre él a diestra y siniestra y los que lo critican, los cuerpos de seguridad y todas las agencias federales de tu gobierno o del mío que lo persiguen están en su nómina. Hasta tú", concluyó Salvador.

Era un panorama desolador y triste para Jessica, quien se resistía a creer que estaba ante un monstruo. Lo conocía y sabía que el Chapo sería capaz de sacar una empresa adelante, pero tanto como dominar todo un país con prebendas, sobornos, manipulaciones, compra de conciencias, asesinatos y masacres le parecía demasiado, y dudaba más aún de que todas las personas tuvieran un precio, como afirmaba Salvador.

De cierta manera, prefería guardar la esperanza, esa que sentía cuando recordaba al Chapo como un niño vivaz, sincero y amable. Estaba convencida de ser la única que conocía su alma, el alma de un campesino que ama la tierra. Pero estaba su presente con la obsesión por capturarlo, por hacer un buen trabajo diseñando una estrategia que le permitiera poner al Chapo tras las rejas para, así, poder organizar su vida.

Estudiando la información conseguida en Nueva York en *Forbes*, Jessica trataba de descifrar los pasos del Chapo para hacer crecer sus empresas. A partir de ese concienzudo estudio se le ocurrió un plan estratégico para obligarlo a dar pasos equivocados, evidenciándose, para darle seguimiento a sus movimientos y capturarlo. Todo gracias a la publicación de *Forbes*.

XXXIX
EL LICENCIADO SMITH

Ni *Forbes* ni Salvador ni los artículos de prensa ni los gobiernos ni las agencias federales estaban equivocados. El Chapo era el jefe, amo y señor absoluto del negocio y de su propio cártel: el cártel de Sinaloa y todos los alrededores incluida la joya de la corona: Nuevo Laredo.

Los envíos iban y venían. El imperio crecía, se expandía. Tenía dominadas las rutas y los mercados. Se volvió cada vez más poderoso. Dinero, mujeres, drogas. Tenía a sus enemigos neutralizados. Héctor, el único de los Beltrán Leyva que estaba libre, acusó el golpe con la muerte de Arturo, el Barbas. Sintió en su propia piel que el Chapo era más duro de lo que imaginaba y esperaba el momento para contraatacar. Además, tenía que ocuparse de su propio negocio.

El mayor problema del Chapo era poder lavar el dineral que estaba ganando con la venta de la cocaína en los Estados Unidos y la de anfetaminas en Europa y Asia. El Chapo, visionario del negocio, se dio cuenta de que la marihuana ya no era tan rentable como en los viejos tiempos. Por eso decidió eliminar algunos sembradíos o hacer que delataran su existencia para que el ejército y la policía dieran pequeños golpes y reforzar la idea, en la prensa y la televisión, de que el gobierno ganaba la guerra al narco.

Al Chapo le intrigaba el negocio de las pastillas. Viajó a China a comprar la fábrica que producía la pseudoefredina, el principal ingrediente de la metanfetamina, y montó sus propios laboratorios donde antes cultivaba marihuana. Construyó nuevos túneles por donde pasó millones de pastillas a los Estados Unidos, por barco a Europa, en avión a Asia, llegando su red de negocios hasta África. El Chapo era el verdadero Varón de la Droga. No solo por la fortuna que tenía, sino por la fuerza y convencimiento que demostraba al momento de crear una empresa. El miedo que sentía cuando su padre lo obligaba a meterse en el armario había desaparecido de su vida.

Para lavar los millones de dólares que estaba dejando el próspero negocio multinacional, surgió un abogado que ha intentado sacar a varios narcos de cárceles norteamericanas. El licenciado Smith se presentó con el Chapo y le expuso su plan infalible para legalizar las grandes fortunas que tenía depositadas en diferentes países. El plan de Smith consistía en viajar por distintas regiones de la geografía latinoamericana, haciéndose pasar por representante legal de grandes empresarios. Le propuso comprar un banco donde lavar la fortuna. Joaquín no lo pensó dos veces. Hizo la transacción con dinero en efectivo, abrió sucursales y, de esa forma, comenzó a lavar millones de dólares.

El Chapo, encantado con la idea, entró de lleno al negocio bancario. Cada vez que inauguraba una sucursal, armaba una fiesta de padre y señor nuestro, con mariachis, comida, bebida, a las que acudía un gentío, además de damas de compañía y otros narcos. Incluso, en esas sucursales se reunían los más destacados industriales con los más destacados mafiosos y hablaban de lo mismo: dinero y cómo hacer crecer sus fortunas. A Joaquín le encantaba cortar la cinta inaugural, abrir la bóveda por primera vez y celebrar hasta el amanecer. Abrió una sucursal en Badiraguato en la que prestaba dinero a bajo interés a los campesinos para que salieran a flote.

El Chapo, aunque Jessica no lo creyera, se estaba convirtiendo en una especie de dios en la tierra: amigo de los pobres y la gente que lo necesitaba. Le pedían favores y él cumplía. Daba dinero, regalaba casas y coches, inauguraba canchas deportivas. Los habitantes de Badiraguato incluso erigieron un busto suyo en la plaza central, junto a la avenida que llevaba su nombre. Se hizo una fiesta y corridos en su honor y hasta glorificaron su nombre: el Varón de la Droga.

Las inversiones del licenciado Smith, principalmente en empresas navieras, se volvieron un excelente negocio. No solo lavaban millones de dólares, sino que además le daban ventajas para el transporte de la droga. El Chapo ya no solo recibía la droga que le llegaba en aviones, también la transportada en lanchas rápidas, submarinos y hasta en barcos mercantes. Se volvió el más chingón de los chingones, el narco más narco de todos.

Héctor Beltrán Leyva —con Carlos y Alfredo en la cárcel y Arturo muerto— estaba fuera del juego: sentía que el Chapo era muy poderoso, hasta intocable.

El Chapo se sorprendió con la baja comisión que cobraba el licenciado Smith por legalizar el dinero. El abogado le confesó que no lo hacía por dinero sino por la adrenalina que le producía exponerse a que lo descubrieran. La idea divirtió al Chapo.

Tiempo después, el licenciado Smith terminó siendo un soplón contra el Chapo. Sucedió después de ser detenido por Jessica, quien convencida de su estrategia de atacar a los cárteles como empresas, le puso unas cámaras en su banco en plena calle Brickell de Miami. En ese lugar se construía una nueva capital financiera latina, al lado de los inmensos rascacielos que le habían ganado el espacio a la gente común que antes vivía en esa zona residencial, ayudados por los gobiernos locales que ven en el auge del dinero una ventanita política.

Jessica agarró a Smith cometiendo fechorías con dinero del Chapo. Con esas grabaciones y evidencias lo presionó para que le entregara a Joaquín Guzmán. Si no lo hacía, haría llegar esas grabaciones al Varón de la Droga, y le garantizó que no viviría más de veinticuatro horas.

Smith, quien no tenía un pelo de tonto, negoció duro. Aunque perdió su licencia como abogado, hizo un acuerdo con la justicia norteamericana para trabajar con el gobierno en una institución ligada al Departamento de Aduanas, encargada de desmantelar organizaciones criminales que se dedican al lavado de dinero. El nuevo trabajo de Smith implicaba ir un paso adelante de los delincuentes para descubrir qué nuevo invento crearían para lavar sus fortunas.

Gracias a la información que proporcionaba el licenciado Smith, las autoridades al mando de Jessica lograron asestar pequeños golpes a las finanzas del Chapo, desmantelando algunos de sus negocios de lavado de dinero. El Chapo no entendía nada de lo que sucedía y por más que buscaba a Smith, no aparecía por ningún lado. "¡Alguien tiene que morir por esto!", gritó encendido del coraje.

XL
LA SUPUESTA CAPTURA

Con Smith de su lado, un grupo especial de agentes federales de todas las dependencias federales americanas, con apoyo de algunos militares mexicanos, montaron un operativo que terminó en un encuentro entre Smith y el Chapo. El capo presentía algo raro en esa cita, que se llevó a cabo en un lugar público, definido por él. Smith esperaba cuando apareció Joaquín comiendo una paleta, su preferida. Se sentaron a la mesa. Smith estaba nervioso y el Chapo lo notó. A lo lejos, Jessica observaba la escena a través de unos binoculares. Dio instrucciones a sus hombres para que cuando diera la orden detuvieran al narcotraficante.

A Jessica se le disparó un conflicto interno, el de siempre: conocía a Joaquín. Luego se recordó que la ley está por encima de cualquier sentimiento, que estaba cumpliendo con su deber. Lo que no sabía era que, así como ella intervenía teléfonos y realizaba seguimientos, el Chapo también lo hacía y la seguía. Razón por la que toda la gente que rodeaba al Chapo eran miembros de su grupo disfrazados de meseros, comensales, transeúntes.

El Chapo no se presentaría a la cita sin tomar precauciones. El licenciado Smith le respondía con evasivas mientas Joaquín le reclamaba saber por qué había perdido millones. Le advirtió que no sabía cómo pero que se los devolvería. Si no lo hacía, podía irse despidiendo de la vida.

En un mal movimiento del abogado, Joaquín descubrió que, además de querer entregarlo, llevaba un micrófono pegado al cuerpo y que lo estaba grabando. Jessica dio la orden. Aparecieron los hombres de las agencias federales, pero los hombres del Chapo también estaban listos. Se armó el fuego cruzado. Joaquín corrió hacia un lado para escapar y Smith hacia el opuesto, para refugiarse con la policía.

En su huida, el Chapo fue interceptado por Jessica. No podía creerlo, ella otra vez. "Pero bueno, mujer, ¿hasta cuándo vas a estar detrás de mí?", le preguntó. Jessica, sin dudarlo, le respondió que hasta lograr tenerlo entre sus manos y llevarlo a una prisión estadounidense. El Chapo no lo podía creer. "No es por nada, pero va a ser una misión imposible", le dijo. Se notaba la camaradería entre ellos a pesar de estar en bandos opuestos. En un momento de debilidad, Jessica bajó la guardia, pronto se recuperó y sin pensarlo sacó su arma y le apuntó. Al fondo continuaba el tiroteo entre la policía y los bandidos. El Chapo, sin saber de lo que Jessica podía ser capaz, optó por huir. No se iba a detener, tenía que seguir. Antes de desaparecer, le pidió que lo perdonara y deseó poder algún día volver a conversar con ella tranquilamente. Pero Jessica lo amenazó: "Si das un paso más, disparo". Él, como cuando eran niños, con el dedo índice le dijo que no: "Si me quieres detener, dispara". Jessica no fue capaz de dispararle. No pudo. El Chapo se le acercó, le bajó el arma y partió corriendo. Luego le puso un alto precio a la cabeza de Smith.

Fue el Chino Ántrax quien terminó quitándole la vida a Smith. Cuando el Chapo recibió el pitazo de que el abogado estaba en Miami, mandó a su mejor hombre para ajustar cuentas. El Chino Ántrax llegó a la Ciudad del Sol y localizó al licenciado. Smith estaba charlando con dos agentes del Departamento de Aduanas. Al terminar, Smith subió a su auto y lo echó a andar rumbo a su casa. Al llegar, bajó del coche y caminó hacia la puerta. Entonces escuchó que lo llamaban por su nombre. Smith volteó para encontrarse de frente con el cañón de una pistola 45 que le apuntaba a la cabeza. Luego se escuchó una detonación y sobrevino el frío, mucho frío, señal de que había pasado a mejor vida. Los dos agentes que custodiaban a Smith desde otro auto abrieron fuego, pero el Chino pudo escapar e informar al Chapo en México que todo había salido según lo planeado.

Era otra victoria para el Chapo: el líder del cártel de Sinaloa demostraba una vez más que estaba muy lejos de ser derrotado.

XLI
OBSESIÓN

Los cuadros colgados en la pared, con paisajes de senderos que no tienen fin, de caminos que llevan a alguna parte pero que no se sabe en qué lugar terminan, estaban puestos de tal manera que realzaban los diplomas en los que se leía la universidad y el título conferido a la persona sentada frente a Jessica. La psiquiatra le pidió que recordara lo que no quería recordar: la decisión que tomó cuando estuvo frente al Chapo. Una decisión que la llevó a experimentar sueños recurrentes cargados de culpa con Smith. Soñaba cómo el licenciado, con la cabeza en la mano, le decía que le habían puesto una bomba pero no estaba muerto.

El aspecto de Jessica era sobrecogedor: mal vestida, ojerosa, descuidada, sentada en un sillón frente a la psiquiatra militar, quien tomaba notas. Intentaba entender qué le pasaba y por qué tenía esos sueños recurrentes.

La psiquiatra le explicó los efectos traumáticos de los operativos no exitosos y le dijo que superaría la situación aumentando la dosis de Cymbalta y Kriadex. Cuando Jessica abandonó el consultorio, la psiquiatra redactó el informe para sus superiores.

Los medicamentos influían en la conducta de Jessica, quien hablaba en las reuniones con sus compañeros de una manera no acostumbrada y les decía verdades que antes no les hubiera dicho, como cuando les pidió que recordaran a quién estaban persiguiendo. Gibrán y Raúl, estupefactos, contestaron al unísono la pregunta cuya respuesta era obvia: "¡Al Chapo!". "Creo que nos perseguimos a nosotros mismos", dijo Jessica y continuó, "perseguimos nuestros propios intereses, a nuestros gobiernos corruptos, nuestras irresponsabilidades…". Las palabras de Jessica dejaron a sus compañeros atónitos, ante las que solo tenían una respuesta: si así fuera, sería más fácil.

Por efecto de los antidepresivos, Jessica hablaba lentamente, pero insistía en que mientras no se dieran cuenta de que eran parte del problema, nunca capturarían al Chapo. Sus compañeros no pudieron más que guardar silencio, con lo que se dio por terminada la reunión.

Jessica estaba en la soledad de su oficina pensando en lo que había dicho, cuando recibió una llamada del general Mendoza para comunicarle que tenía información muy importante del FBI: en un hospital de California, una persona se había registrado con un nombre falso y las autoridades sospechaban que se trataba de Emma, la esposa del Chapo, que había viajado a los Estados Unidos para dar a luz. Jessica solicitó organizar un operativo, segura de que allí estaría Joaquín, pero el general Mendoza le recordó que no tenía esa jurisdicción por estar de baja temporal mientras concluía su tratamiento psiquiátrico. Era una respuesta inesperada, pero ella ripostó que el hecho de estar dada de baja no era impedimento para que le dijera que la captura del Chapo había llegado a un punto más lejano que un cargo y una jurisdicción.

Con esa convicción, Jessica llegó al Hospital Antelope Valley de Los Ángeles. Con las precauciones necesarias logró entrar al pasillo donde estaba la paciente que se suponía era Emma. Le extrañó que todo estuviera normal; solamente había dos hombres de traje que hablan con una doctora. Supuso que eran de seguridad. Se asomó a una habitación donde había un cunero. Miró a los bebés como si quisiera fueran suyos, mientras se preguntaba cómo un personaje como el Chapo, tan desalmado, podía hacer cosas tan bellas. Buscó la habitación 713 donde se suponía que estaba Emma. Lo decidió antes de entrar: "Sí está aquí, no dudaré ni un segundo en capturarlo". Cargó su pistola.

Emma estaba recostada tratando de dar buena cuenta del desayuno que le había dejado una enfermera que salía cuando Jessica entró. Emma le preguntó quién era. Tras verla cerrar la puerta y correr a la ventana para ubicar el lugar donde estaba, la recién parida entendió de quién se trataba. Ante la pregunta de Jessica, prefirió callar. La agente de la DEA quería saber si estaba en el triángulo dorado, en Culiacán o tal vez por ahí, muy cerca para ver a sus hijas. Le propuso aprovechar la oportunidad de trabajar con ellos prometiéndole protegerla, junto a sus hijas.

Emma, indignada, defendió a su esposo: era el padre de sus hijas y jamás lo delataría. Un duro golpe para Jessica quien, precisamente, no había logrado tener una familia y su vida se le estaba yendo entre el trabajo y una gran soledad, pensando que tal vez la felicidad que buscaba no se encontraba fuera de ella. Cuando Emma le repitió que estaba dispuesta a dar la vida por el Chapo, entendió que era la reacción lógica de cualquier mujer en esa situación, pero ella estaba del otro lado de la línea, lo que la obligaba a recapacitar y enfocarse en el objetivo de capturar al Chapo.

Jessica insistió tratando de convencer a Emma para que delatara al Chapo. Emma, más indignada aún, le exigió que se largara. "Mi marido no tiene un pelo de delincuente", le dijo, "delincuentes son los que trabajan contigo o para quienes tú trabajas; tus jefes son iguales o peores que Joaquín. La única diferencia es que ellos usan saco o uniforme".

Jessica entendió por qué el Chapo se casó con Emma: ¡era igual a ella! En esa situación hubiera hecho lo mismo y utilizado idénticas palabras. Para Jessica, el Chapo en el fondo era un ser humano con dos almas, una negra y la otra blanca. La blanca pertenecía a un excelente amigo al que desgraciadamente tenía que capturar; la negra, a un ser sanguinario y temido. Para concluir, Jessica advirtió a Emma: "Aprovéchelo, cuando lo vea, porque yo misma me encargaré de que no lo vuelva a hacer en mucho tiempo".

La confrontación con Emma puso a Jessica en una encrucijada. Al regresar a casa llamó al general Mendoza para pedirle una licencia: necesitaba poner en orden sus ideas antes de enloquecer. En el fondo lo que realmente quería era concentrarse en el Chapo; sabía que su captura dependía de los vacíos que fuera dejando en su veloz ruta hacía el poder y la riqueza. Con su objetivo definido, Jessica convirtió su departamento en centro de operaciones. Cubrió las paredes con fotos del Chapo: de joven, de cuando era unos años mayor, de reo, con atuendo norteño, con cantantes gruperos, con políticos, con bigote, sin bigote. También pegó en las paredes recortes e información de periódicos y revistas. Su obsesión era más fuerte cada día. O más que en una obsesión, la captura del Chapo se convirtió en la búsqueda de su libertad. La situación llegó al punto en que pasó días sin bañarse, despeinada y sin arreglar, concentrada, dibujando estrategias, posibles puntos de fuga y escondites.

En medio de tanta locura, recibió una llamada del general Mendoza que la hizo cambiar de actitud. Fue al clóset, escogió su mejor vestido, se acicaló como en sus buenos tiempos. Antes de salir, se miró en el espejo, convencida de que estaba más linda que nunca.

Las luces de la ciudad iluminaban con tonalidades amarillas las edificaciones. Jessica revisó una dirección en el celular y levantó la mano para detener un taxi. Un viejo modelo de Tsuru se detuvo. Subió al taxi y le indicó al taxista que se dirigiera hacia la gran ciudad.

El taxi dejó a Jessica frente a un restaurante de aspecto agradable, cómodo y nada ostentoso. Tras ocupar una mesa, le pidió al mesero que le llevara un tequila. Trató de controlar los nervios. Ubicó a las personas que la rodeaban, buscando a quien podría estar vigilándola. Intentó encontrar algún detalle, algo que le diera una pista. La calma del lugar fue interrumpida por la llegada del Chino Ántrax acompañado por tres hombres más; con voz grave y casi a gritos, llamó la atención de los comensales para informarles que en pocos momentos llegaría su patrón. Les pidió que permanecieran en sus lugares: nadie podría salir o entrar tras el arribo. Les exigió, con buenos modales, que entregaran sus celulares a sus compañeros, quienes se los devolverían a la salida.

Los comensales reaccionaron con miedo. En silencio, entregaron los celulares a uno de los hombres que los recogió en una canasta. Una vez terminada la tarea, el Chino les anunció que no se preocuparan por la cuenta: "El patrón pone hasta para la propina", concluyó.

El Chapo apareció por la puerta principal acompañado de sus pistoleros, que eran dirigidos por el Narices. Caminó entre las mesas saludando a los comensales, comentándole a algunos: "Sigan, la comida fría no es buena".

Como si fuera una primera cita con un enamorado, Jessica temblaba de nervios al saber que el objeto de su búsqueda estaba frente a sus narices. Pero lo que más la inquietaba era no poder hacer nada. Era como si no tuviera voluntad. Su obsesión perdía sentido y dejaba salir a la superficie todas las emociones experimentadas por ese hombre que, tal vez sin quererlo, le estaba destruyendo la vida.

El Chapo se sentó frente a ella e inició la conversación con una pregunta: "¿Cómo viste a mi esposa?". Jessica le restó importancia a la pregunta, no sabía si por rabia o por estrategia, y lo conminó a entregarse: "Entrégate, no puedes seguir huyendo; te buscan en muchos países por diferentes delitos, sin contar con que tus rivales quieren tu cabeza a cualquier precio".

Con la tranquilidad que le transmitía Jessica, le respondió que no quería hablar del tema sino de los dos. Su confianza era tan grande que ni siquiera cargaba pistola, a diferencia de ella. Jessica le recomendó que no abusara de su suerte. El Chapo se acercó y, tomándole la mano, le susurró que no se esforzara: ambos podían morir en ese instante y el negocio de la droga seguiría, no lo detendría ni Dios padre.

Una verdad como puño porque son muchos los capos que han muerto o están presos desde que comenzó el negocio del tráfico de drogas y, como si fuera algo independiente a la condición humana, es un negocio que sigue su camino en ascenso logrando que a sus filas lleguen cada día más adeptos, desde matones y mandos medios hasta capos y políticos. También caía en sus dominios gente "honrada" movida por la ambición.

Jessica lo sabía y lo entendía, pero no significaba que todos los seres humanos lo aceptaran y, mucho menos, se incorporaran al negocio en alguno de sus puntos. Creía en los principios que le había inculcado su padre. Aspiró profundo y le dijo: "Hablando de mi padre, quiero que me contestes honestamente. ¿Es verdad lo que dicen los Beltrán Leyva?, ¿que tú lo mataste?".

El Chapo, furioso, le respondió lo que siempre había sostenido: que él no lo había hecho. Le pidió que, en vez de estar persiguiéndolo, averiguara; le sugirió ir a los archivos y leer con toda atención cómo se había desarrollado el operativo en el que murió don Rafael.

Según las informaciones que ella tenía, y que provenían de la versión oficial, su papá había muerto en un cruce de disparos con una banda de gomeros. El Chapo se mostró incrédulo, lo que llevó a que Jessica pidiera desesperada: "¡Si no sucedió así, dime cómo fue!".

Él le dijo que la investigadora era ella, y puso algo en claro: la quiso siendo niño y la recordó por muchos años, disfrutó encontrarla de nuevo en la Gran Manzana, pero sus realidades eran muy diferentes. La vida y el destino se habían encargado de separarlos y así sería hasta el último de sus días.

El Chapo, sabiendo que Jessica no le aceptaría nada de lo que él quisiera ofrecerle, le pidió que no se fuera sin probar el aguachile que preparaban allí, que era muy bueno. Para cerrar con broche de oro, se acercó y le susurró al oído: "Hueles como hierba fresca justo cuando la cubre el rocío de la mañana. Estás muy linda". Le dio un beso en la mejilla al tiempo que se disculpó, hizo una señal y salió con su gente del sitio ante la mirada sorprendida de la agente de la DEA, que había quedado peor de lo que estaba al comienzo. A fin de cuentas, ese era y había sido Joaquín: un hombre que con su encanto cautivaba a todas las mujeres que pasaban por su lado. Quizá por amor, quizá por pasión, quizá por miedo, por compasión, por dinero o comodidad, lo cierto era que las tenía a todas, pero ninguna lo tenía a él.

De la misma forma que llegó, el Chapo desapareció. Jessica se quedó con más preguntas que respuestas. Con una impotencia enorme al no poder hacer nada, y con la certeza de que la muerte de su padre no sucedió como había creído. No tuvo otra opción que ir al baño a echarse agua en la cara para apaciguar los nervios, la angustia y el sinsabor que sentía por Joaquín, quien la dejó con una nueva incógnita.

XLII
LAS CENIZAS

Los esfuerzos que hacía Jessica para llevar una prometedora y ascendente carrera no pudieron contra su peor enemigo: ella misma. Las vivencias de una excelente amistad en su niñez con el Chapo habían logrado desarmar esa fachada de mujer dura e inteligente. Haber aceptado la cita fue el peor error que pudo haber cometido. Creyó estúpidamente que podría convencer al Chapo de hacer lo que ella creía que era lo mejor: entregarse.

Subestimando las estrategias, la tecnología, los seguimientos y todos los juguetes que tenían las autoridades para capturar a un hombre como el Chapo, llegó a una conclusión que no podía ser peor: había sido utilizada por el Chapo, y eso no era todo.

Encerrada en la oscuridad de su habitación, llorando, enojada, triste y cansada, trató de calmar la avalancha de sentimientos con una tanda de medicamentos recetados por la psiquiatra. Con la mano temblorosa y sin mucha energía, tomó dos pastillas de uno de los frascos que tenía en el buró y se las tragó con un poco de agua. Estaba desanimada, sin ganas de hacer nada: se encontraba completamente sumida en la depresión. Parecía haber muerto en vida.

Una de esas noches que se confunde con el día después de mucho soñar, respondió la llamada del celular. Era Salvador, quien al otro lado de la línea le reclamó por no contestar ese chingado teléfono. Le tenía información clave: "su amigo" iba para Los Cabos.

La información logró que Jessica se llenara de energía. Los ojos le brillaron intensamente, le volvió el color. Experimentaba emociones que habían estado ausentes durante los meses que llevaba encerrada en su departamento. Nerviosa, no sabía qué hacer, a quién llamar; intentó marcarle a sus compañeros pero se arrepintió, pues no sabía si aún eran parte del equipo. Después de pensarlo, decidió llamar a la psiquiatra. Le informó, tras pedirle que guardara el secreto, sobre la llamada del periodista. Le contó que le había revelado la ubicación del Chapo. Le dijo que tenía que ir a capturarlo, que ésa era la única manera en que podría salir del huevo en el que estaba.

La psiquiatra, pensando que todo era producto de una alucinación, le sugirió que revisara los registros del celular. La solicitud dejó fría a Jessica, quien le preguntó si creía que lo había imaginado. La doctora, con una frialdad estremecedora, le recordó lo sucedido en sus dos llamadas anteriores: Jessica la llamó para decirle que el Chapo había llegado a su casa para entregarse voluntariamente, quien además había reconocido ante ella que el crimen no paga.

"Pero esta vez es real", repetía Jessica al teléfono. La doctora le pidió que mantuviera la calma y que intentara dormir. Colgó. Jessica estaba desesperada; caminaba, pensaba, hasta que se detuvo para marcar otro número en el celular. Esperó que respondieran, pero su gesto de decepción no pudo ser más expresivo al escuchar la grabación que indicaba un número fuera del área. Estaba a punto de estrellar el teléfono contra la jodida pared, cuando llamaron a su puerta.

Jessica abrió y se encontró frente a un hombre de traje y corbata, quien se identificó como miembro de Investigaciones Especiales del Ejército. Le pidió que lo acompañara. Antes de que ella pudiera decir nada, aparecieron detrás de él otros dos hombres armados que le impidieron cerrarle la puerta en la cara al tipo, que era lo que ella quería hacer..

El hombre condujo a Jessica a la sede de la Secretaría de la Defensa Nacional, en una de cuyas oficinas la esperaba su acusador. Un soldado le entregó un sobre marcado con el nombre de Jessica. El hombre tomó el sobre y, sin dejar de mirar a Jessica, le hizo la peor pregunta que se le puede hacer a alguien como ella que creía ciegamente en las instituciones:

"¿En tantos años de exitosa carrera, nunca se enteró o sospechó que el general Mendoza trabajaba para el narcotráfico?".

Jessica sintió que el piso se abría a sus pies. No podía creer lo que le preguntaba el acusador. No entendía cómo un hombre honesto y solidario como el general Mendoza podría trabajar para el narcotráfico. ¿Cómo? ¿A qué hora? ¿Cuándo? Eran preguntas que en silencio le taladraban el cerebro. Tuvo que pedir permiso para ir al baño; la custodiaron dos militares. Abrió el grifo y se mojó el rostro; necesitaba que el agua que la mojaba le diera claridad para comprender lo que no podía.

Su mundo dio un giro inesperado. Mientras miraba fijamente su rostro en el reflejo, intentaba unir cabos; se esforzaba por recordar momentos al lado del general. Sospechaba de toda la información que le había dado y recordó la última cita que le había concertado con un supuesto informante del Chapo. Se sentía engañada, vapuleada, manipulada... la más detestable cucaracha de este mundo y la peor agente que la DEA pudo tener. Pensó en el suicidio, pero los custodios estaban tan atentos que lo único que la logró sacar de ese oscuro abismo fue el recuerdo de las palabras que le dijo el Chapo en su última cita: "No te esfuerces: tú y yo podemos morir en este instante y al negocio no lo para ni Dios padre".

Regresó a la sala de juntas para continuar el juicio de conducta que se llevaba en su contra. De frente al acusador, intentaba concentrarse en sus palabras mientras un grupo de militares de alto rango revisaban diversos documentos, entre ellos, los expedientes del Chapo y del general Mendoza. Según estos militares, la evidencia en su contra no dejaba lugar a dudas. La imputación era rebatida por Snowden, un oficial de la embajada americana de mediano rango, quien se sentó a su lado y le informó que oficiaría como su defensor.

Snowden, con la fortaleza que da la verdad, planteó que no contaban con ninguna prueba vinculante donde se demostrara que la oficial Jessica tuviera nexos con el crimen organizado. Esto logró, por fin, sacarle una sonrisa a Jessica, que se transformó en expresión de "lo quiero matar", cuando el acusador argumentó que "la falta de suficiencia" no implicaba que la inculpada fuera inocente.

Finalmente Snowden pidió recurrir a un segundo comité para evaluar el caso y emitir el dictamen final. Los militares presentes, la embajada americana —responsable de los agentes asignados a las agencias mexicanas— y el acusador estuvieron de acuerdo con la propuesta, y con que la oficial continuara de baja mientras se aclaraban los hechos.

Era una espiral en descenso. Tras la audiencia, Jessica, en medio del desorden en que vivía y frente a su agente inmobiliario, intentaba decidir si vendía o no su condominio. Hacerlo implicaba entregar las armas y dejar una brillante carrera en México sin cumplir su máximo objetivo. Esto le molestaba enormemente, pues no era de las personas que dejaban las cosas a medias. Decidió no vender y arreglar el desorden. Empezó por abrir las cortinas para permitir que entraran los vivificantes rayos del sol.

XLIII
TODO Y NADA

Mientras Jessica intentaba superar la crisis por la que atravesaba, el Chapo no desperdiciaba un segundo. Su poder y dinero continuaban en alza. Pero, como dicen por ahí, afortunado en el dinero, desafortunado en el amor. Su vida sentimental estaba completamente destruida. En Las Trancas, Tamazula, Durango, a más de dos mil metros de altura y en la zona más intrincada de la sierra conocida como el Triángulo Dorado, construyó su propio narco-paraíso, donde podía llevar una vida lo más parecida a normal.

En esa pequeña ciudad que no aparece en el mapa, el Chapo tenía todo lo necesario para vivir como rey, fiestear y divertirse, además de lo más importante: el más grande e imponente centro de acopio y distribución de drogas en el mundo. Desde ese lugar, el narcotraficante pretendía iniciar una nueva fase de su negocio.

El ejército y los compañeros de los policías gringos muertos junto con Smith, dolidos, furiosos y con deseos de venganza, le armaron un gran operativo. Arribaron tropas completas con el objeto de decomisar todo y capturar al responsable. La presencia de los militares ahuyentó a la comunidad de hombres y mujeres que hacían vida en el lugar. En el allanamiento se incautaron grandes cantidades de armas largas, toneladas de cocaína que incineraron, laboratorios y grandes hornos para procesar la droga, además de propiedades como cuadros, libros y música de grandes artistas. El Chapo logró escapar milagrosamente, pero parte de su fortuna quedó hecha cenizas.

Gracias al descuido de un hombre que trabajaba para él, el Chino Ántrax y el Narices le salvaron el pescuezo segundos antes de que llegaran los uniformados; Joaquín estaba borracho y trasnochado. Tanta riqueza lo había confundido. Al momento del operativo no entendía qué pasaba, pues el tren de vida que llevaba, sobre todo en los últimos meses, le había hecho perder el sentido de la realidad.

La razón era muy sencilla: vivía en un paraíso con las máximas comodidades que puede tener un ser humano. Contaba con piscina climatizada, sauna, baño turco, juegos de mesa, sala de video y una sala de cine —si él no podía ir al cine, el cine iría a su casa. Una recámara doble en la que predominaba el blanco, que quizá quería dar la impresión de pureza, la cual solamente se obtiene cuando se obra correctamente.

Lo tenía todo menos lo más importante: el amor de sus mujeres. Emma, temiendo por la vida de sus hijas, atormentada por la idea de que algo les pudiera pasar, después del encuentro con Jessica en el hospital de Los Ángeles reafirmó su decisión de quedarse definitivamente con sus padres. No quería exponerse ni exponer a sus hijas a vivir en medio de una guerra, y mucho menos a ser carnada para capturar al hombre que casi se había convertido en el más buscado del planeta.

En esa soledad de una vida sentimental árida como el desierto, comenzó el principio del final en la historia de Joaquín. Sin Camila, la doctora a quien había engañado y traicionado cuando estuvo preso, la que le había pedido que la buscara el día que quisiera cambiar su vida; sin Alejandrina, a quien le había perdido la pista; sin Griselda; sin las cientos de buchonas que compartían todos los días con él.

En el allanamiento hecho por el ejército al mando de Snowden casi matan al Chapo. Logró salvar su vida, pero tuvo que dejar atrás su colección de cuadros de Diego Rivera. Fue precisamente por esa colección que había recuperado el gusto por la pintura que su madre le inculcó desde niño.

Snowden salió en televisión, ofreció declaraciones, afirmó que le habían dado el mayor golpe al narcotraficante

Joaquín Guzmán, alias el Chapo. El presidente lo felicitó personalmente, salió en la primera plana de diversos periódicos y en portadas de revistas: se volvió el héroe del día.

XLIV
TERESA AGUIRRE

Pero el Chapo no se rindió. Por entonces conoció a Teresa Aguirre, famosa narcotraficante especializada en el negocio de las anfetaminas en lugares remotos como China, India y Tailandia. Teresa manejaba un grupo de mujeres provenientes de estos países, que entraban a México como turistas y terminaban formando parte de un *table dance* de su propiedad. Luego regresaban a sus países como mulas.

Ambos mafiosos hicieron buenas migas, se cayeron bien desde el principio. Se veían con frecuencia. Quizá se atraían, quizá no. Hablaban, conversaban. El Chapo se identificaba con ella, con su estilo decidido y audaz. La mujer tenía una hija muy linda llamada Gabriela, que le recordaba a su amada hija Griselda Guadalupe.

Teresa le propuso hacer una sociedad. Necesitaba capital para expandir sus operaciones; el Chapo le dijo que necesitaba pensarlo. Acababa de recibir un gran golpe, necesitaba que la levantada fuera segura y el resurgimiento con más proyección para el negocio. "La experiencia tiene que servir de algo", pensó el Chapo. El negocio que le proponía no estaba nada mal, y él, por su forma de ver la vida, siempre buscaba nuevos horizontes, y uno de ellos era, efectivamente, Teresa Aguirre.

Sin responder a su propuesta, se despidieron cordialmente; quizá en el futuro podrían pensar en asociarse. En el ambiente se respiraba el gusto por haberse conocido. Esos encuentros marcaron el inicio de una historia que sería una sorpresa en la vida del Chapo, quien tendría que demostrar que efectivamente era el Varón de la Droga.

XLV
MALAS NOTICIAS

Emma le pidió el divorcio a Joaquín a través de un emisario. Al recibir la solicitud, el Chapo reaccionó con desesperación. Pensó en viajar de inmediato a los Estados Unidos, donde Emma vivía con sus padres, pero sus hombres lo detuvieron advirtiéndole que allá lo meterían a la cárcel sin demora y jamás volvería a ver la luz del día. Era un momento doloroso y complicado en la vida del capo. Su esposa sostenía que lo amaba, pero que pensaba en sus hijas. Por su culpa habían matado a Edgar, por su culpa Joaquín júnior no se había recuperado y por su culpa el Chapito quería seguir sus pasos. "Aunque te amo no puedo seguir a tu lado, los hijos son lo más importante y no quiero que pierdas otro; ya perdimos uno", decía Emma, quien deseaba que las cosas fueran distintas.

En esa conversación telefónica, Emma le cantó sus verdades, aunque cariñosamente, pese a lo difícil que era la situación. Le hizo un recuento de sus mujeres. Griselda nunca había apoyado sus malos pasos; ella hubiese preferido vivir de forma modesta, pero con todos sus hijos vivos y siendo parte de una familia unida. Siempre estuvo por amor, incluso se enamoró de él cuando no tenía nada y andaba jodido. Alejandrina, simplemente había desaparecido. En cambio ella, que también lo amaba, solamente había sido una carga para él. Le pidió que se cuidara y vaticinó que su destino sería estar solo o morir, si continuaba por el mismo camino. No le deseaba mal alguno; en el fondo sabía que el Chapo no era un hombre feliz. Joaquín quedó doblemente afectado: por el divorcio y porque sabía muy bien que, aunque no lo aceptara frente a ella, Emma tenía razón.

Mientras pensaba en la forma de solucionar el tema de Emma, una importante cantidad de mercancía le fue decomisada en el puerto de Houston. Esta vez, aparentemente nadie había chivateado, había sido un simple decomiso al azar. Lo cierto era que todo había salido mal. El Chapo perdió una buena cantidad de droga del Loco Barrera, el colombiano. Afortunadamente tenía el dinero para pagarle. Había otra mala noticia: en el decomiso de ese importante alijo detuvieron al Cóndor, el jefe de rutas, y sería acusado y procesado en los Estados Unidos, que era lo peor.

El Cóndor, desesperado, le envió un mensaje a su patrón pidiéndole que hiciera todo lo posible por sacarlo de la cárcel. Joaquín le prometió que movería cielo y tierra, pero en los Estados Unidos la cosa tiene otro precio.

El Narices viajó de incógnito a San Antonio a ver a un abogado que estaba encargado de sacar al Cóndor de la cárcel. Lo necesitaba de vuelta en el negocio. El abogado lo puso al tanto de los trámites que había hecho. Le dijo que el Cóndor estaba en poder de la DEA y que no podía garantizar nada; el caso era grave pues fue capturado con las manos en la masa. Lo único que había podido hacer hasta ese momento era entrevistarse con un representante de la DEA, y la propuesta de éste era sencilla: entregar al Chapo a cambio del Cóndor. El Narices quedó preocupado por el triste final de su compañero de batallas, el Cóndor, pero satisfecho de que no hubiera traicionado a sus amigos, y mucho menos a su patrón.

XLVI
SOBERBIA

El Chapo se volvió errático. Una vez más la vida lo ponía en una situación límite. El divorcio solicitado por Emma, la desaparición de Alejandrina, la indiferencia de Camila, la muerte de Edgar, la distancia con sus hijos, la captura del Cóndor, las dificultades del negocio y otros factores lo tenían bajo una presión casi insoportable, y no encontraba mejor forma para liberarla que con fiestas, celebraciones, mujeres y drogas.

El Chapo sabía que nada de esto le devolvería a su hijo ni la paz que tanto anhelaba, pero no encontraba otra salida. Estaba atormentado. En esa lamentable situación estaba cuando recibió la visita de su madre. Doña Consuelo le cantó sus verdades. Nunca pensó que su hijo se convertiría en una persona tan diferente al muchacho que ella misma había educado.

Por si fuera poco, estando su madre de visita, el socio colombiano se presentó inesperadamente acompañado por sus hombres. Llegaba para presionarlo para que se pusiera en cintura con el negocio. El Chapo se molestó. Él era el único que daba órdenes en ese lugar. Era el rey de Sinaloa. "¡Así que me respetan!", les gritó. La situación se puso tensa y terminó tan mal que se declararon la guerra.

El Chino Ántrax no estaba de acuerdo con participar en otra guerra. Aún tenían muchos asuntos inconclusos, entre los que destacaba el de los Beltrán Leyva. A propósito de éstos, el Chino comentó al Chapo que llevaba un buen rato haciéndoles inteligencia y que, tras andar varios días detrás de ellos sin perderles la pista, se olía que traían algo muy cabrón entre manos. Le sugirió ponerse truchas para que no los fueran a agarrar dormidos. Intentó hacerlo reaccionar, pero el Chapo no escuchaba ni aceptaba consejos de nadie.

De hecho, el Chapo estaba pensando en la manera de matar al socio colombiano y a sus hombres. Sabía que en cuanto sus enemigos se subieran al avión y pisaran tierra colombiana se volverían más peligrosos. Los quería muertos en México, y la mejor manera que encontró fue dándole el pitazo a uno de sus tantos torcidos de la policía federal mexicana, quien ideó un plan para capturarlos.

Los colombianos lograron huir, pero más adelante cayó uno de ellos. El otro, el Loco Barrera, sobrevivió, y sabía que el ataque había sido orquestado por el Chapo. El Loco Barrera le declaró la guerra a distancia. El Chapo se había ganado un nuevo enemigo tan poderoso como él.

No obstante, esta nueva circunstancia no le preocupaba. Él era Joaquín Guzmán, El Varón de la Droga.

Una noche en medio de una parranda chingona, mandó traer unas muchachas de vida alegre. La droga corría a montones y una banda amenizaba el momento. Todo era gozadera, a pesar del despecho de Joaquín. Ya completamente borracho, recibió una llamada. Al escuchar el mensaje, su gesto se transformó.

XLVII
VÍCTIMAS INOCENTES

Héctor, el más atractivo de los Beltrán Leyva, invitó a una morra a pasear en su lujoso yate, y ella aceptó sin imaginar lo que le esperaba. Parecía un día perfecto.

Héctor era un hombre guapo, caballeroso. La chava con la que andaba se llamaba Reina y, haciéndole honor a su nombre, la trataba como toda una reina. La llamaba todos los días. Le enviaba a diario un hermoso arreglo de rosas. La invitaba a los mejores restaurantes. Le regaló diamantes, zapatos, bolsos y un reloj Rolex con brillantes. La enamoró con todo lo que hace quien pretende conquistar a una mujer.

La noche era perfecta a bordo del yate. Reina lucía un hermoso y diminuto vestido blanco que Héctor le había comprado para la noche tan especial. Hablaban, bebían champán y disfrutaban de una deliciosa comida. Todo era perfecto. Héctor se le acercó con delicadeza y se fundieron en un beso. La acariciaba y ella lo permitía. La alzó en los brazos para llevarla al camarote y la depositó desnuda en la cama. Héctor la miraba como un depredador observa a su víctima. La empezó a comer a besos y después de hacerle el amor, sacó su pistola y a sangre fría le metió dos balazos, dejándola muerta y sin el Rolex que le había regalado. La mató porque al parecer la morra era una soplona.

El entierro fue conmovedor. El Chapo, quien tenía a Reina haciéndole inteligencia a los Beltrán Leyva, la mandó sepultar muy cerca de su hijo Edgar. Fuera de la vista de todos, juró que se vengaría a como diera lugar del Beltrán que la mandó a mejor vida.

Los Beltrán Leyva —aunque la mayoría de ellos estaban en la cárcel o en el cementerio— y el Chapo no cabían juntos en este mundo. Era una reacción natural al dolor, que le impedía reflexionar sobre una opción distinta a la venganza. Sin embargo, sabía que la venganza es un plato que se sirve frío. Tenía que dejar que el tiempo pasara. No podía contraatacar en ese momento. Aunque quisiera, sería un paso en falso. Los que quedaban de los Beltrán Leyva esperaban el menor movimiento para contragolpear con toda su fuerza. El Chapo no contaba con el elemento sorpresa a su favor. Si Beltrán Leyva se había tomado su tiempo, él también lo haría. Debía contener la furia y cultivar la paciencia.

Su hijo, el Chapito, le tendió la mano. Estaba orgulloso de ser su hijo, nunca se había avergonzado de él ni de lo que hacía. Al contrario, quería trabajar a su lado aunque su madre no estuviera de acuerdo. Si bien el Chapito y Edgar no eran hijos de la misma madre, él quería vengarlo. Joaquín no aceptó el plan de inmediato. Era su hijo, su sangre y sentía que teniéndolo a su lado lo estaba protegiendo. También lo necesitaba. Pero el Chapito, después de pedirle disculpas por lo soberbio que había sido con él en algunas ocasiones, le dijo que su única familia era él, su papá, y nadie más.

La confesión enterneció al Chapo, quien al mismo tiempo se sintió incómodo; en cierta manera, hubiera querido un hombre más fuerte que su hijo a su lado, pero comprendió que el plebe tenía sentimientos. "Podré ser sentimental", le respondió el Chapito, "pero con los huevos bien puestos para lo que sea, apá".

En ese momento de ternura, el Chapo se abrió para confesarle a su hijo que se había metido al negocio del narcotráfico para sacar a su familia de la pobreza, y aunque lo había logrado, todo era una desgracia. No le había hecho caso a su padrino, José Luis Beltrán, cuando le dijo que no debía tener familia ni enamorarse y lo estaba pagando. Le mataron a uno de sus hijos y sus amores habían sido un calvario. No era el hombre que todos pensaban; al contrario, estaba lleno de defectos y de errores. Y ahora él, su hijo, quería seguir sus pasos.

El Chapo en el fondo era consciente de que lo que vivía era producto de las circunstancias en las que él mismo se metió. Así fue como se abrió espacio en la vida: a codazos.

Fue un momento de reflexión y de aceptación de los errores. Agobiado, le repitió que no era un buen ejemplo, pero le tocaba tenerlo a su lado para velar por que nada le sucediera. En adelante, el Chapito debía ser como su sombra, pero no porque su padre lo quisiera en el negocio, sino porque era la única forma de protegerlo.

El Chapito quería aprender más; seguir los pasos del padre. Para él no había mayor orgullo que ser hijo de Joaquín Guzmán. Al muchacho le tocó ver al padre en toda su desgracia y estado de fragilidad. El Chapo no quería que su hijo lo viera así, pero no pudo evitar, como cualquier ser humano, derrumbarse frente a un hijo.

XLVIII
EL RESURGIMIENTO

Los primeros rayos del sol y la bruma de la mañana dibujaban el contorno de los árboles, jardineras y senderos, testigos mudos del ajetreo de los deportistas que a esa hora hacían todo tipo de ejercicio. Jessica practicaba su rutina de trote de alto rendimiento a esa hora cuando recibió una llamada de Snowden, por quien, dicho sea de paso, se sentía atraída. El agente le dio una buena noticia: "Jessica, de acuerdo con el órgano de control y los resultados de la exhaustiva investigación de las últimas tres semanas, el comité ha concluido que su historial es perfecto. Por lo tanto, su baja temporal se cancela de inmediato".

Jessica no había escuchado algo tan positivo en mucho tiempo. La noticia la llenó de energía: fregó los platos de dos semanas, organizó su casa y su ropa, lavó, planchó. Volvía a la vida. Desde ese día se propuso bajar los cuatro kilos que había subido. Con disciplina y entrega, iba a correr todos los días al parque a las cinco y media de la mañana. Empezó corriendo seis kilómetros y medio y ahora ya corría trece. Estaba llena de entusiasmo e ilusión porque, además de esa noticia, Snowden le preguntó si deseaba integrarse a un nuevo operativo, algo que había esperado por mucho tiempo.

Estaba nerviosa y a la vez ansiosa ante la nueva responsabilidad. Como todos los días desde la reactivación, desayunó un jugo fresco de naranja con linaza para regular la función intestinal que la había molestado el tiempo que estuvo sin hacer nada. Sería parte de un equipo especial, de alto rendimiento, para una operación secreta llamada Operación Gárgola.

En una oficina secreta del ejército, cerca de Culiacán, estaban reunidos Gibrán y Raúl, dos viejos sabuesos agentes de la oficina del ICE, excompañeros de Jessica, el agente Snowden, quien dirigía el grupo, y su asistente, Martina. Ésta proyectaba en una pantalla un mapa de Europa, centrado en los Países Bajos, de donde el líder informó que había llegado información muy importante. En la pantalla se sucedían diversas imágenes de un personaje que para Jessica resultaba muy familiar: Rodrigo Aréchiga Gamboa, más conocido en el mundo de la delincuencia como el Chino Ántrax. Snowden les informó que las autoridades de Holanda lo acababan de capturar.

El Chino Ántrax intentó entrar a Holanda en el último vuelo del día desde París para, según él, agarrar a los policías dormidos. Su pasaporte español despertó sospechas en los oficiales, quienes, después de hacerle un escaneo visual, llamaron a la central de inteligencia del aeropuerto Charles de Gaulle para confirmar la legitimidad del documento. El Chino Ántrax ignoraba que hacía poco los Estados Unidos contaban con la base de datos más exacta y actualizada que existe de todas las personas que viven al sur de su frontera, desde México hasta la Argentina. Sus huellas no correspondían con las del pasaporte, pero sí con las de un mexicano que estaba en la base de datos. Por eso cuando los policías regresaron para detenerlo, él alegó que era un inversionista español, que no cargaba armas ni consumía drogas. Lo detuvieron por una razón muy sencilla: el pasaporte era falso. Pero no era razón suficiente para dejarlo en una cárcel por mucho tiempo. Como necesitaban averiguar quién era realmente, solicitaron la colaboración de las autoridades mexicanas.

Después de averiguar que el pasaporte falso estaba a nombre de Norberto Sicairos García, Jessica quería saber si la Secretaría de Relaciones Exteriores estaba enterada del caso. "Una buena pregunta", dijo Snowden, que no lo sabía por una razón muy sencilla: las autoridades holandesas les estaban dando preferencia para que dieran el primer paso antes de informar a cualquier otra autoridad. El equipo entero fijó su vista en Jessica, quien intuía cuál debía ser el primer paso.

Después de viajar por más de diez horas en un vuelo directo, Jessica se dirigió a la prisión que funcionaba en el mismo aeropuerto Schiphol, una construcción prefabricada para albergar a cuatrocientos presos, mulas en su mayoría. El lugar había sido construido con paredes metálicas, cámaras en el techo y contaba con toda la seguridad necesaria. La recibió un oficial holandés que hablaba español y le indicó que el preso estaba preparado.

Jessica entró a una sala de interrogatorio que, como es común en estas instalaciones, tenía una ventana de espejo para poder grabar y observar la entrevista. La sala estaba custodiada por dos policías pelirrojos, altos y fornidos. Parecían hermanos. Al verla, el Chino Ántrax no pudo dejar de sorprenderse, pero más que eso sintió cierta alegría por ver allí un rostro con rasgos similares a los suyos.

Después de saludarlo, Jessica le informó que su situación no era envidiable. El Chino le advirtió que si lo que buscaba era una declaración contra su jefe, hablara con su abogado. "Soy lo más cercano a un abogado", afirmó Jessica.

El Chino intentó levantarse; no aceptaría ese tipo de presiones. "No has cometido ningún delito en este país, pero en México sí, y hay un equipo de abogados trabajando para lograr tu extradición" le reveló la agente. La información le molestó al Chino Ántrax y solicitó que sacaran a Jessica, que no tenía la obligación de escucharla. Jessica le pidió que se calmara, pero el Chino insistió en que no lo presionara. Se sintió frustrada al ver cómo uno de los policías que la acompañaban se llevaba al Chino hacia su celda.

En la habitación del hotel Rho, en el centro de Ámsterdam, Jessica no dejaba de pensar en cuál podría ser la mejor táctica para ganarse al Chino. Sabía que estar en una prisión como en la que se encontraba era una buena situación para vulnerar su férrea defensa. Tal vez la solución estaba en sus recuerdos, en las conversaciones que tuvo con el Chapo, en alguna de sus frases, de sus comentarios o incluso en sus chascarrillos.

Tratando de recordar sentía que, muy en el fondo, quería que el Chino no hablara para que no se supiera nada del Chapo. Tal vez la más perjudicada con su captura podría ser ella misma; su triunfo en algún momento sería su propia derrota. Un nuevo motivo de confusión invadía su mente y no quería que pasara. Temía entrar en una crisis que muchas veces no sabía en qué podía terminar. Recordó que muy cerca de ahí vivía una amiga de su mamá que hacía años leía el tarot. Decidió visitarla.

La amiga de su mamá ya no leía el tarot, sino la carta astral china. Le habló de los cuatro pilares, los cuatro elementos que combinados con el año del perro, daban ciertas pautas de lo que podría ser su vida. No le garantizó saber si cumpliría su objetivo de capturar al Chapo, pero sí podía predecir qué pasaría con ella cuando lograra su propósito. La señora, sin preámbulos, le dijo que estaba apegada al pasado y a una obsesión; le aclaró que eso no tenía nada que ver con amor: lo de ella era una situación no resuelta que la llevaba a vivir en una dimensión muy diferente de la realidad. Le dijo que no era que quisiera u odiara al Chapo; lo que amaba era el recuerdo, un recuerdo de niña. Le sugirió dejar el pasado en el pasado, pues solo así podría saber si siendo la mujer en quien se había convertido podría querer a un tipo como Joaquín Guzmán.

Decidida, regresó a visitar al Chino Ántrax. Luego de ponerlo en su lugar y de amenazarlo con no volver a ver la luz del día, tuvo que regresar a los Estados Unidos pues había sido informada de que había caído otro de los hombres de confianza del Chapo.

Esa llamada en vez de alegrarla la frustró. Ya tenía el plan perfecto para obligar a confesar al Chino Ántrax. Sin embargo, antes de partir de Holanda, logró lo que buscaba, a pesar de la adversidad. La moraleja de la situación repentina le enseñó que en la vida no siempre las cosas son como uno piensa. La amiga de su madre estuvo de acuerdo y cerró la sesión diciéndole que su destino estaba donde ella quisiera, no donde a los demás se les antojara, incluido el Chapo Guzmán.

XLIX
NUEVO SOCIOS

Efectivamente, la organización de Joaquín el Chapo Guzmán había recibido otro fuerte golpe. Gracias al FBI, el Narices había sido capturado en Culiacán cuando se hallaba resolviendo asuntos de cobranzas a unas bandas atrasadas con los pagos. Lo detuvieron durante una operación encubierta. Primero había sido capturado el Cóndor, luego el Chino Ántrax y ahora el Narices. La pérdida de sus tres hombres de confianza lo dejaba prácticamente desprotegido, a pesar de tener a cientos de hombres a su servicio.

El Chapo comprendió que tenía demasiados frentes abiertos y que le era imposible controlarlos todos. Era impulsivo pero no tonto. Sabía que el Chino Ántrax era muy bueno, fiel y decidido, pero no estaba capacitado para conducir parte del negocio, además no había dado signos de vida desde su partida a Europa.

Mientras el Chapo pensaba en la propuesta que le hiciera Teresa tiempo atrás, el Narices recibió la visita de Jessica. Como si estuviera programado, lo mismo que el Chino Ántrax, se negó a hablar. "Si quieres una declaración, habla con mi abogado", fue su respuesta. Jessica le dijo que, aunque podría ponerlo preso de por vida, no lo haría. Su interés era el capo mayor: Joaquín. Le propuso entregarlo y, a cambio, mover los hilos para sacarlos a él y al Cóndor de la prisión. Joaquín por los dos. El Narices la mandó al carajo sin pensarlo y le dijo que primero muerto antes que traicionar a su jefe. Si bien no eran hermanos ni primos, eran raza, y más que eso, se habían criado juntos. "La próxima vez que me proponga algo por el estilo, la mato, así me manden a todo el ejército de los Estados Unidos y México", sentenció el

Narices. Jessica, controlando todo tipo de emoción, le insistió que lo pensara.

Entretanto, el Chapo reinició el acercamiento con Teresa. Después de meditarlo, concluyó que quizá era ella la persona ideal para ayudarlo en sus negocios, sobre todo en ese momento que tenía varios frentes de batalla: los colombianos, los gringos, los Beltrán Leyva y los Zetas. Estaba recibiendo poca droga y necesitaba el varo para librar las batallas abiertas en todos esos flancos, incluidos los abogados.

Joaquín fue a la casa de Teresa acompañado por el Chapito; temía por la seguridad de su hijo y por eso prefería que estuviera con él. En ese encuentro le propuso a Teresa que le ayudara a conseguir cocaína y él, a su vez, la apoyaría financieramente y con la venta de anfetaminas. Era una situación en la que ambas partes ganaban.

El Chapito y Gabriela, los hijos de los nuevos socios, se conocieron y la atracción fue inmediata. Ambos eran jóvenes, atractivos y vivían en mundos similares. Amor a primera vista.

Esa noche, para sellar su nueva sociedad, Joaquín y Teresa se emborracharon, bailaron corridos y se contaron chistes. Pero todo como amigos, al menos desde la perspectiva del Chapo. En cambio a Teresa le gustaba mucho su nuevo socio. Le parecía "un mango". Perfecto para ella, que ya no era una jovencita, sino una mujer madura, en sus cincuenta, que se conservaba muy, pero muy bien: grandota, curvilínea y sensual, como todas las de Sonora. Y estaba buscando un hombre o una pareja que la aceptara sin cuestionar a qué se dedicaba, así que Joaquín le caía como anillo al dedo. Teresa le coqueteaba, hacía todo lo posible por enamorarlo. Y el Chapo que por primera vez quería mantener los negocios separados de la cama, se resistía. Sabía que cientos de veces había metido la pata con las mujeres y no quería volver a hacerlo. Pero Teresa tenía sus propias herramientas de conquista, que eran muy particulares. Ella misma le armaba las fiestas, las parrandas, contrataba mujeres para que fueran al rancho del Chapo a hacerle espectáculos, pero solamente para ver, disfrutar y no tocar.

El Chapo nunca había conocido a alguien como ella. Poco a poco la mujer lo fue calentando, después lo enloqueció, pero había podido contenerse a duras penas para mantener el compromiso de hacer las cosas de otra manera. Hasta que por fin, tras una serie de acercamientos, el hombre decidió que era suficiente, que Teresa estaba buenísima, que lo volvía loco y que ya se había fastidiado de sus promesas consigo mismo. A fin de cuentas, él no era un monje tibetano. Se la llevó a la cama una y otra vez y ardió Troya.

L
CAE EL MENTIROSO

El Chapo continuó su vida entre las sábanas de Teresa. Los envíos pequeños de ella, comparados con las toneladas de él, le daban para la caja chica y para pagar los honorarios de los abogados que eran por partida triple. Al caer preso el Chino Ántrax en Holanda, su vida familiar se había reducido al tiempo que pasaba con el Chapito, su hijo.

Mientras eso sucedía con la vida de Joaquín, Jessica, tras volver de los Estados Unidos, se dio a la tarea de averiguar un asunto pendiente que no le permitía recuperar la paz. Seguía aferrada a la idea de saber cómo había sido en realidad la muerte de su padre. Viajó a la ciudad de México para revisar nuevamente los informes sobre el enfrentamiento, pero descubrió que muchos de los documentos que había visto tiempo atrás ya no estaban en el expediente, lo que generó aún más sospechas de las que ya tenía, primero por lo dicho por Carlos Beltrán Leyva y luego por la recomendación del Chapo.

Solicitó hablar con el jefe de archivo, un militar sexagenario al que le dieron el puesto como castigo por tratar de influir a sus tropas para que pensaran de manera diferente sobre el delito. El general Paredes, aun siendo director de archivo, llevaba con orgullo su uniforme de gala que lo distinguía como general de la República; lo hacía porque ese era su cargo aunque lo hubieran congelado.

Tras escucharla, Paredes le prometió a Jessica buscar en otros archivos clasificados. Si algo diferente pasó en ese operativo, él se comprometía a ayudarla a descubrirlo. A Paredes le caía bien la gente que tenía como meta obrar bien.

Luego de la grata experiencia con el general Paredes, Jessica se dirigió a la guarnición donde estaba confinado el general Mendoza. Éste se sintió feliz y sorprendido al mismo tiempo con la visita; le explicó que todas las acusaciones que pesaban sobre él eran un vil montaje de algunos funcionarios del gobierno y de ciertos generales que querían deshacerse de él por sus buenos resultados. Esa posibilidad tenía un alto porcentaje de ser verdad, consideró Jessica, quien se sorprendió cuando el general le dijo que en una semana recuperaría la libertad. Una vez fuera, la tomaría en cuenta para conformar un nuevo equipo de trabajo encargado de revelar quiénes eran los generales mexicanos corruptos que realmente estaban al servicio del narcotráfico. Era un halago para Jessica.

Después de expresarle su apoyo, Jessica le preguntó si recordaba el incidente en el cual su padre había perdido la vida. El general le aconsejó olvidarlo y continuar. Le explicó que, tal como dicen los informes, fue un accidente. Entonces le reveló el hallazgo del archivo: los informes están incompletos. Él lo justificó aduciendo que eso era común en el ejército: tal vez con la desaparición de los documentos protegían a alguien más para implicarlo a él.

¿A él? Las elucubraciones del general confundieron aún más a Jessica. Ella quería tener al Chapo a su lado, conversar con él como cuando se iban por montes y valles a conocer su bella La Tuna, en Badiraguato. El Chapo, además de contarle la rutina de su casa donde poco había que comer y la única entrada era la que él conseguía con la venta de naranjas, escuchaba sus preocupaciones, para las que siempre tenía una salida inesperada que, muchas veces, resultó ser la solución perfecta. Eso le encantaba, además de su humor su negro.

Jessica recuperó su ritmo habitual de trabajo; se quedaba hasta la medianoche revisando artículos de prensa, investigaciones, notas, informes, crónicas… hasta que, una noche, recibió la llamada del general Paredes, quien le dijo que tenía algo de la información que estaba buscando. Jessica viajó toda la noche para estar a las siete de la mañana en la puerta del archivo general del ejército. Allí se encontró con el general Paredes, quien la invitó a tomar un café.

Después de hablar sobre las aventuras de ambos en sus años de servicio, el general Paredes le entregó un sobre con documentos. Ya en la tranquilidad de su departamento, abrió el sobre y encontró algo que jamás habría esperado: el informe decía que hubo un enfrentamiento entre una banda de gomeros y una patrulla de soldados dirigidos por un oficial que comandaba el operativo en el que murió su papá. El oficial era el entonces coronel José Rafael Mendoza.

Lo que revelaban los documentos, que Jessica revisaba una y otra vez, trastocaban de nuevo la estabilidad que había logrado siendo miembro del equipo de Snowden. Sospechaba que alguien la engañaba, pero no tenía certeza de quién. Se preguntaba: "Si el general Mendoza dirigió ese operativo, ¿por qué nunca me lo dijo? ¿Cuál era la razón? ¿Y por qué nunca me contaron que hubo presencia del ejército?".

Buscando una respuesta, pensó inmediatamente en el Chapo; estaba segura de que él sabía la verdad que ella buscaba. El Chapo la puso a investigar para que se diera cuenta de lo que no se daba cuenta. En otras palabras, para que dejara de ser tan confiada. Algo que sabía que le afectaba para llegar al punto que quería llegar en su carrera profesional.

Revisó su celular y al descubrir los registros de las llamadas de Salvador, sintió alegría. No se había imaginado las llamadas; eran una realidad. Se atrevió a marcar y se llevó una gran sorpresa al escuchar la voz del mismo Salvador, quien subrayaba con palabras grandes el milagro que estaba haciendo. Jessica le pidió un favor especial: conseguirle una cita con el Chapo, a la que prometió que llegaría sola.

Era impensable pero, como en este mundo nada es imposible, Salvador quedó en regresarle la llamada. Tres horas después le llamó y le dio un número para que llamara y le dijo que allí le indicarían cómo continuar el proceso para la cita.

Jessica llamó. Le contestaron en un *spa,* donde le dieron día y hora para su tratamiento.

Jessica llegó muy puntual a la cita. En la recepción le exigieron que dejara su bolso, su celular y sus documentos. Tuvo que obedecer. Fue conducida a una habitación; al cambiarse, escondió su arma en la bata; el tratamiento comenzó con una relajación con piedras calientes.

Estaba sola en el salón de relajación, con su escuadra bien escondida en la bata y las piedras de las que salía humo con olor a sándalo que no lograba relajarla. Tal vez ésa era la condición para poder verse con el Chapo, pensó, estar relajada. Al no tener indicios de él, decidió seguir el juego y relajarse. Total, no tenía nada que perder: si el Chapo estuviera ahí y quisiera matarla, ya lo hubiera hecho.

Después de una hora, Jessica podía ver las cosas con más serenidad. Pensaba en ella como mujer, en su carrera como algo adyacente, en su objetivo de capturar al Chapo. También pensó en el general Mendoza, quien al día siguiente recuperaría la libertad y su cargo en el ejército. Pero en lo que más pensaba era en su propia vida, en que era, como se lo dijo la amiga de su madre en Amsterdam, más un apego a los recuerdos que una realidad en su corazón.

Pensar en todas esas cosas le impedía relajarse. Pero continuó. Se cuestionaba si estaba metida en una agencia federal por competencia, una competencia que no era la suya y que, simplemente, al saber lo que realmente había sucedido con su padre podría superar la obsesión para convertirla en una realidad y capturar al Chapo. Era consciente de que parte de su deseo de capturar al Chapo era aclarar la muerte de su padre. Tener la certeza de que el Chapo no estaba involucrado la dejaría tranquila, pues no se perdonaría haber compartido en algún momento de su vida con el asesino de la persona que más había amado en la vida.

En ese momento el Chapo habló a través de los parlantes por los que hasta ese momento escuchaba música. Le preguntó que si estaba relajada para platicar lo que tenían que platicar. La pregunta la volvió a la realidad. Jessica empuñó su fusca para contestar que le diera la cara. No hubo respuesta; se hizo un silencio que dio paso a que la música relajante sonara nuevamente, lo que la llevó a dudar si había escuchado la voz del Chapo o había sido solo su imaginación.

Una asistente entró en ese momento, la saludó con mucho respeto y cariño y la invitó a pasar a la segunda fase del tratamiento, los masajes.

En la sala de masajes estaban Jessica y otra señora que tenía cubierta la cara con una mascarilla especial. Al comienzo, Jessica intentó negarse al masaje, con la idea equivocada de que representaba una pérdida de tiempo. Estaba acostumbrada a la acción y desechaba de inmediato lo que no lo fuera. Pero la amabilidad de la masajista logró calmarla para empezar a disfrutar el recorrido de sus manos que se deslizaban por sus músculos, tratando de deshacer los nudos del estrés y las preocupaciones que guardaba su cuerpo.

Era tanta su prevención que la asistente tuvo que pedirle que se relajara porque la sentía muy tensa. Jessica no tuvo más remedio que hacerle caso. La asistente le sugirió dejar de lado los pensamientos. Entonces cerró los ojos y se entregó a la relajación total, tanto que dejó de percibir lo que sucedía a su alrededor, hasta que sintió que las manos sobre su espalda eran más pesadas. Abrió los ojos para descubrir que la asistente se había ido y estaba sola con el Chapo.

Jessica se levantó rápidamente, se acomodó la bata y desenfundó su fusca. El Chapo abrió los ojos temeroso pensando lo peor. Él estaba allí cumpliendo su palabra; ella debería cumplir la suya. Por encima de sus sentimientos y sus profesiones —el uno mafioso y la otra agente federal—, como amigos habían compartido buenos y malos momentos. El Chapo le pidió que se tranquilizara. Solo quería, como dijo por los parlantes, hablar.

Jessica le pidió respeto. El Chapo no la quería molestar. Solo estaba allí porque andaba cumpliendo su palabra, pero si ella quería, se veían otro día, le dijo. Jessica le pidió que no. Le explicó que se refería a que esperara o diera la media vuelta mientras se vestía. El Chapo sintió un escalofrío de los pies a la cabeza: por primera vez en su vida estaba frente a una verdadera morra. Una que lo hace tartamudear con solo mirarla. Y es que Jessica tenía lo suyo y no solo lo suyo, lo de ella y cientos más: un cuerpo y una cara más parecida a una diosa que otra cosa.

Después de que Jessica se vistió, detrás de ellos se abrió una gran puerta que los llevó a un pasadizo secreto que el Chapo tenía para fugarse en caso de emergencia. Le pidió que entrara para evitar cualquier duda. El Chapo, aunque controlaba la situación, no podía ocultar cierto nerviosismo. Aunque su vida estuviera llena de mujeres como Teresa Aguirre, Alejandrina, Griselda o sus cientos de buchonas, sabía que Jessica era diferente. Era la conjunción perfecta: la combinación que inconscientemente quiere la humanidad entre atracción, deseo, amor, amistad y respeto.

Jessica, que era poco dada a dejarse deslumbrar, puso al Chapo en su sitio, porque daba la impresión de que quisiera celebrar su encuentro. Por otro lado, la sobrecogió intuir que podría ser la despedida para siempre, pues quizá en su próximo encuentro las cosas serían distintas.

Los dos alternadamente entraron en el juego de los recuerdos. Él recordaba una cosa; ella recordaba otra. A medida que llegaban más recuerdos, entraron en un torbellino que llevó a Jessica a recordar las palabras de la amiga de su mamá durante su estancia en Amsterdam. Volvió a la realidad pensando que, si no fuera por los recuerdos, no le gustaría estar con un hombre como el Chapo compartiendo su vida.

Esto volvió a poner los límites entre ambos. Jessica aprovechó para ir al grano y preguntar lo que deseaba saber: quería que le hablara del general José Rafael Mendoza.

El Chapo se levantó para servirse un trago de su *whisky* preferido. Luego de desocupar el vaso, le dijo que no le gustaba hablar de sus socios. Con eso bastó. Jessica cayó en cuenta de que todo el tiempo el general Mendoza la había engañado. El ser en el que ella más había confiado trabajaba para el Chapo. Una revelación no menos importante que la llevaría a la siguiente pregunta: "¿Fue él quien mató a mi papá?".

El Chapo, que sabía quién lo había hecho y cómo había sido el falso positivo, lo negó. Le contó que habían intentado inculparlo a él, pero que él no había sido. "A tu papá lo mataron unas personas y otras hicieron lo que tenían que hacer", concluyó. También le reveló que la persona encargada de esa zona estaba recibiendo dinero de los narcos, entre ellos de su padrino José Luis Beltrán Sánchez.

Otra gran revelación para Jessica, quien retomó su papel de oficial para preguntarle si tenía idea de que al día siguiente liberarían al general Mendoza. Ante el silencio del Chapo, furiosa le reclamó por qué le había revelado ese secreto. Ella podría pensar que lo hizo porque el general dejó de servir a sus intereses y al brindarle la información, provocar que ella la presente e impida su libertad.

El Chapo, luego de halagarla elogiando su inteligencia, le dijo que había cosas más sencillas que estar manipulando información. Y una de esas era el cariño, admiración y aprecio que sentía por ella, aunque estuvieran en bandos distintos. Por eso jamás la engañaría, y mucho menos la manipularía.

Nuevamente Jessica perdió la fuerza. El Chapo logró desarmarla de una manera que hasta para ella era extraña. Hablándole de cerca, le contó que su padre había sido víctima de la codicia y de un traidor que buscaba un cargo mejor en el ejército. Fue víctima de la ambición. Del abuso. Del Poder. Y aunque le ha servido, se lo cuenta por respeto a la honra de su padre y porque sabe que así podrá descansar su alma. Jessica le agradeció el detalle con un apretón de manos, lo máximo a lo que podía llegar en ese momento.

Después de la cita ambos se fueron como habían llegado: cada quien por su lado. Para Jessica solamente quedaría el recuerdo, porque si algo tenían ambos claro era que no habría una próxima vez. O al menos eso pensaban.

Jessica volvió al archivo del ejército. Buscó por todos los rincones hasta que encontró pruebas contundentes que comprometían al general Mendoza como cómplice de la muerte de su padre, evitando con ello que fuera dejado en libertad. Esa acción le compró un enemigo que antes era su aliado y que, aun estando preso, era muy poderoso.

LI
UN NUEVO PLAN

Snowden se estremeció al escuchar la versión de Jessica y comprobar que en los estamentos del poder mexicano aún existen generales que se dejan comprar por el narcotráfico. Pensaba que la práctica había quedado atrás cuando se dio a las autoridades mexicanas y americanas una lección ejemplar con el proceso y sentencia del corrupto general Jesús Gutiérrez Rebollo, el zar antidrogas, a quien se le comprobaron nexos con el extinto Señor de los Cielos.

Como líder del equipo, Snowden le propuso a Jessica un esquema de seguridad para protegerla de cualquier agresión. Le dijo que no podían subestimar su reacción y que, si el general Mendoza la inculpaba de ser parte del supuesto complot en su contra, era de esperar la represalia. De la misma forma pensaba el Chapo, quien alguna vez pidió autorización al Mayo Zambada y al Azul para acabar con el general Mendoza, pues estaba dando declaraciones que podían poner en riesgo las operaciones. De acuerdo con sus informantes, se comprometió a que si lo sacaban del bote, cantaría lo que sabe… "Y sabe mucho", dijo el Chapo.

Los socios estuvieron de acuerdo con la resolución, pero enfatizaron que debían hacer las cosas de tal manera que no resultaran involucrados. Una difícil tarea para el Chapo pues el general Mendoza no era de los que se dejaba deslumbrar por mujeres, trago o cualquier tipo de diversión. Tenía que pensar en un plan más audaz y quién mejor para llevarlo a acabo que alguien de quien nadie sospeche.

El Chapo se reunió con sus hombres y diseñó la estrategia para acabar con el nuevo enemigo. Estaban preparando los operativos cuando fueron interrumpidos por una ráfaga de balas que venía del exterior. Los plomazos alcanzaron la sala y ellos estaban en el comedor, lo que les salvó la vida. El Chapo y sus sicarios se tiraron al suelo protegiéndose unos a otros. De la bella decoración no quedó nada. En las paredes se dibujaban los huecos que dejaron las balas en su recorrido mortal.

Por el tipo de atentado, el Chapo comprendió que el cártel de los Zetas ya había tomado partida uniéndose a Héctor Beltrán Leyva para exterminarlo. Ni siquiera los hombres que apostó afuera del lugar para protegerse alcanzaron a reaccionar cuando vieron una Hummer adaptada como un tanque de guerra, desde donde se desgranó la lluvia de plomo que sorprendió a todos.

La situación se puso color de hormiga. El Chapo sabía que una lucha entre cárteles se resolvía entre cárteles, por lo que, según él, lo mejor era empezar por hacer una purga interna para saber con quiénes contaba y con quiénes no. Así podría tomar la decisión de agarrar al toro de los huevos.

LII
AGARRAR AL TORO DE LOS HUEVOS

"Agarrar al toro de los huevos" para el Chapo significaba, con información filtrada, que Jessica siguiera de cerca al general Mendoza al día siguiente cuando se dirigiera a la última audiencia, en la que, estaba seguro, le darían la libertad. Y así fue. Jessica, desde la distancia, seguía el coche en el que trasladaban al general Mendoza.

Todo estaba calculado, menos que el general y algunos comandos que acababan de aparecer de la nada obligaran con tiros certeros al chofer de la comitiva a detener la camioneta en la que viajaba el militar.

Jessica, al percatarse de lo que estaba pasando, en una maniobra suicida intentó interponerse entre los delincuentes y la fuga del general en otro coche, pero era demasiado tarde. Inició la persecución mientras en el lugar de los hechos se enzarzaron en una batalla los agentes que iban apoyando a Jessica contra los comandos encargados de la liberación del general.

El general, en una maniobra peligrosa, detuvo el coche en un estacionamiento. Vio a Jessica acercarse en el suyo y se bajó para dar buena cuenta de ella. Estaba ante la oportunidad perfecta para acabar con quien lo quería acusar de un asesinato cometido veintisiete años atrás. El plan era perfecto: ella lo había intentado matar buscando venganza y él había tenido que dispararle en defensa propia. Para que la historia fuera creíble, tenía que cuidar la distancia de los tiros.

Desde su trinchera, Jessica le gritó que las deudas en esta vida tarde o temprano eran cobradas. Comenzó el intercambio de disparos. El general resultó un experto en el manejo de la distancia. Sin embargo, sorprendido con la valentía de

Jessica, trató de ubicarla para darle de baja pero la perdió de vista. El general sacó la cabeza para buscar a Jessica con la mirada y fue entonces cuando escuchó una voz a sus espaldas que le ordenó no moverse. Era la voz de Jessica, quien esperaba que él tuviera el mismo valor para entregarse que tuvo para matar a un hombre inocente como su papá por unos pocos dólares. Levantando las manos, el general le dijo que ella era la única culpable por esa obsesión amorosa que sentía por el Chapo, la cual, según él, la llevaría a la locura.

Ella respondió que la suya, además de ser una afirmación atrevida, no concordaba con la realidad. Estimaba al Chapo, pero jamás estuvo enamorada de él. El general Mendoza, sonriendo, le cuestionó cómo explicaría los encuentros a escondidas que había tenido con Joaquín, de los que él tenía pruebas, las que entregaría a sus superiores para dejar en evidencia su traición a la patria.

Jessica, llena de furia, apoyó la pistola en la cabeza del general mientras le decía que era un cobarde, que no merecía vivir. A punto de apretar el gatillo, creyendo que esa era la única forma de vengar la muerte de su padre, fue detenida por una pesada mano, mientras una voz le decía: "Así no".

Era Snowden, quien le quitó la pistola con delicadeza. No era la manera de vengar una muerte. "El ojo por ojo está superado. Es mejor que el general pague por lo que hizo ante la justicia", dijo Snowden. Jessica miró al militar, quien le exigió, a pesar de que ya no estaba armada, que acabara de una buena vez con su vida. "Ése es un triunfo que usted no merece, general", sentenció.

Jessica comprendió que la mejor venganza era que el general Mendoza muriera olvidado en una prisión, no solamente por ser escoria de la sociedad, sino también por ser un traidor a la patria.

Ése fue un plan fallido para el Chapo. Su idea era que Jessica matara a Mendoza, quien sabía muchos secretos del cártel de Sinaloa, especialmente acerca de los movimientos financieros y de droga que habían hecho sus hombres de confianza, quienes continuaban presos desde entonces. Las cosas no salieron como esperaba y, contrario a sus intenciones, el general ahora sí estaba jodido y esperando una sentencia.

LIII
NO TODO ES DINERO

Mientras investigaban y acusaban formalmente al general Mendoza, el Chapo intentó llevar una vida de muy bajo perfil. Con mucho sigilo, dio con el paradero de Camila, ubicó su residencia —un lugar nada bonito— y llegó hasta la puerta con un hermoso arreglo floral, bien vestido, peinado y con los nervios a flor de piel.

Camila no ocultó la sorpresa al verlo parado frente a la puerta de su casa. Él no sabía de vergüenzas o de la culpa, pero apenas podía respirar. Lo cierto era que el corazón latía aceleradamente. Camila desconfiaba, no sabía qué esperar del Chapo. Fueron a un departamento que él pensaba regalarle para que viviera en él. Estaba acostumbrado a pagar por el cariño, pero no era el caso de la doctora que lo había entendido y conocido en su peor momento, cuando las cartas de la baraja estaban en su contra. Aunque el departamento era realmente hermoso y con todas las comodidades, ella prefirió no escuchar sus justificaciones para aceptarlo y lo dejó con las llaves en la mano.

Y aunque el Chapo, como acostumbra hacer con todas las mujeres, es todo dulzura, con Camila lo es más para decirle que la sigue amando, que nunca dejó de pensar en ella y ansiar estar a su lado. Camila lo cortó de inmediato para tocar un tema incómodo para él, del que no quería hablar. Pero insistió; le dijo que así como ella pagó por su error, él también lo podía hacer. Quizá algún día podrían ser felices, aunque sus corazones y sus almas pertenecieran a otros seres. Pero ése era un tema que el Chapo no quería discutir; para él era una conversación que no lo llevaba a ningún lado.

Le explicó a Camila que tenía una deuda pendiente y que la cobraría así fuera lo último que hiciera en la vida. Los

Beltrán Leyva le mataron un hijo y no descansaría hasta borrarlos de la faz de la Tierra. "Y no trates de convencerme de lo contrario", le advirtió.

Camila miró al Chapo en silencio; la decepción que sentía con él era evidente. No había cambiado para nada. Fríamente y molesto, el Chapo le dijo que no cambiaría, que si no quería nada con él hiciera lo que se le diera su rechingada gana, que regresara a trabajar a la cárcel o lo que fuera, "pero no vengas a quererme cambiar, porque no lo voy hacer". Camila, dolida y llena de odio, le soltó una cachetada por grosero y le dijo que no quería volver a verlo. Le advirtió que no se le ocurriera buscarla porque lo denunciaría. "Y quédate con tu cochino dinero y todas tus cosas. No quiero nada que venga de ti. Si antes no lo necesité, ahora menos", le gritó indignada.

Con el alma herida y fuego en el rostro por lo sucedido, el Chapo se marchó. Si bien lo que le hizo la doctora no había pasado a más, eso no significaba que él la pudiera perdonar. Él era un hombre y a un hombre como él no había mujer que lo sometiera o lo rechazara, por eso lo llamaban el Varón de la Droga. A pesar de que se tenía que ir esta vez con la cabeza baja, juró que regresaría quién sabe con qué intenciones.

LIV
LA PROPUESTA

Las agencias federales de los Estados Unidos luchaban entre sí por capturar al Chapo y obtener el mérito. A espaldas de la DEA, que intentaba conseguir la extradición del Chino Ántrax a los Estados Unidos, apareció en escena un agente del FBI con un inusual acercamiento al Chapo para hacerle una propuesta: el FBI también estaba interesado en el Chino Ántrax, a quien acusaban de haber matado al licenciado Smith y a dos agentes de la agencia federal estadounidense, por lo que querían ser ellos quienes lo llevaran a prisión de por vida.

La propuesta llegó al Chapo a través de uno de sus cientos de abogados y consistía en ayudar al Narices y al Cóndor, presos en una prisión federal de los Estados Unidos, y bajar la presión en su contra a cambio de entregar al Chino Ántrax antes de que la justicia holandesa lo extraditara a México, adonde quería regresar el Chino, y por quien el Chapo y sus abogados libraban una dura batalla judicial.

Era un dilema difícil de resolver. El Chino Ántrax, su escolta y jefe de seguridad, era su camarada; se conocían desde que eran niños y había sido fiel y eficiente con él, pero la propuesta de dejarlo tranquilo para que recuperara el tiempo perdido lo puso a pensar largo. El Chapo no era ningún tarugo y sabía que, tras esa andanada de mentiras de parte de la agencia federal estadounidense, se le venía algo grande.

Como su especialidad era hacer carambolas a tres bandas, le hizo creer al emisario del FBI que pensaría la propuesta. Los puso a esperar porque detrás tenía un plan estratégico, sin imaginar que la conversación que había sostenido con el emisario del FBI fue grabada por otra agencia federal, para la que el abogado también trabajaba: la DEA.

LV
EL COMPROMISO

Entretanto, el Chapito y Gabriela —la hija de Teresa Aguirre— se comprometieron en matrimonio. El joven, siguiendo los pasos de su padre, pagó para cerrar un restaurante en Culiacán: el lugar sería exclusivamente para su boda esa noche. Mientras comían y bebían, una banda grupera tocaba canciones en inglés que nadie entendía, pero el momento fue inolvidable.

Cuando el Chapito le contó su decisión de casarse a su padre, Joaquín le repitió las palabras que tantas veces le dijeron primero su tío y luego su padrino José Luis Beltrán, y que él nunca escuchó: "No te enamores ni tengas hijos si te vas a dedicar al negocio chueco". El Chapito, por supuesto, tampoco lo escuchó.

La sociedad entre el Chapo y Teresa iba viento en popa y los negocios en ascenso. A veces tenían sus encerronas, pero ninguno de los dos quería complicarse la vida, así que los suyos eran encuentros casuales, más de amigos o de socios con derechos que de amantes. El problema fue que lo que comenzó como una relación de conveniencia, de a poco se convirtió en necesidad; eran tan parecidos que se hacían falta el uno al otro.

El Chapo y Teresa aprobaban el compromiso de sus hijos. Gabriela había sido educada para ser la esposa y compañera de un narco, así que no sería un impedimento para que el Chapito se convirtiera en lo que deseaba a pesar de la resistencia de su papá, quien sin querer lo estaba formando.

El Chapo, que tenía otra idea, debía rendirse ante la realidad. Para nada quería que sus hijos fueran narcos. Sí quería que fueran como él en cierto sentido —echados pa'lante, trabajadores, inteligentes y rápidos—, pero que se dedicaran a otra actividad, no a ese negocio, en el cual la vida está comprada. Así se lo dijo a Emma cuando la llamó para saber de sus hijas. La mujer, quien guardaba un buen sentimiento hacia el Chapo, le recordó lo que muchas veces le había dicho: "Los hijos son el ejemplo que uno les da".

Pues si era así, entonces él le daría el mejor ejemplo al Chapito.

LVI
EL FIN DE LOS BELTRÁN LEYVA

Joaquín convocó a sus hombres a una reunión para anunciarles que había llegado el momento de terminar con los Beltrán Leyva. "Nos vamos ya", ordenó. El Chapito lo detuvo: "A huevo que los vamos a chingar, pero hay que hacer las cosas bien, apá". Ya había pasado algún tiempo desde la muerte de Edgar y necesitaban planificar con eficacia lo que harían.

El Chapo no podía esperar. Por culpa de esos cabrones, había perdido a su familia, a su hijo, había perdido todo. El Chapito —como su padre, experto en el arte de la guerra— diseñó la operación. Armaron un pequeño ejército y definieron el mejor momento para atacar.

Entraron al rancho de los Beltrán Leyva a sangre y fuego. Balacera total. Era el enfrentamiento definitivo, la batalla más sanguinaria. Caían hombres de un lado y otro. El Chapo lideraba las acciones, no le temía a nada. Sus hombres se echaron a unos cuantos. Los hombres del Beltrán Leyva también avanzaban, dispuestos a impedir que el Chapo se saliera con la suya.

Finalmente y luego de varias horas de combate, Carlos Beltrán Leyva logró salir del rancho con vida gracias a la ayuda de sus hombres, que pagaron con sus vidas la huida de su jefe.

El Chapo no tardó mucho tiempo en localizar a Carlos en Culiacán. El operativo había sido planeado para ultimarlo, pero una llamada anónima a las autoridades federales, que arribaron minutos antes de la llegada del Chapo y su gente, le salvó la vida. Al momento de su captura, Carlos, que se identificó con una licencia de conducir falsa, portaba un arma tipo escuadra calibre 45 y munición para varios días. Al día siguiente de su captura fue trasladado al aeropuerto internacional de

Culiacán y de allí a la ciudad de México para formalizar su arresto.

Poco a poco el Chapo iba consumando su venganza. Esto le satisfacía, pero sabía que ya no podría recuperar lo que había perdido por culpa de ellos.

Carlos Beltrán Leyva, eterno rival y enemigo del Chapo, dormía en un calabozo de una prisión federal mexicana. Solamente quedaba Héctor, el más escurridizo de los Beltrán Leyva, pero el único que era inofensivo, según el Chapo. Decidido, éste llamó a Héctor y le recordó que era el último de los hermanos Beltrán Leyva que quedaba libre. Lo citó en una zona desértica y le dijo que si no se presentaba arremetería contra toda la familia, que mataría a sus hijos como hicieron ellos con el suyo.

Al día siguiente, a plena luz del día, en una árida zona de Sinaloa se encontraron. Héctor era contemporáneo del Chapo. Hablaron de frente y sin tapujos. Héctor Beltrán Leyva no tenía nada que perder, pero sabía que los tentáculos del Chapo tarde o temprano lo alcanzarían. Héctor le dijo que no quería más muertes ni broncas, que estaba harto de la violencia, que se quería ir lejos de ahí, olvidarse del negocio de la droga y reiniciar su vida.

El Chapo lo quería matar: a las cucarachas había que exterminarlas, y no dormiría tranquilo hasta no ejecutar su venganza. Héctor no mostraba miedo sino resignación: si lo mataba, solamente le pedía que lo hiciera de una vez. El Chapo desenfundó su pistola y se la puso en la frente, dispuesto a disparar. No obstante lo desconcertaba la actitud de Héctor, el último de los Beltrán Leyva. Finalmente, le perdonó la vida. Lo quisiera o no, por la relación con su padrino, era como sangre de su sangre y ya bastante sangre propia habían derramado. Lo dejó vivir, pero le ordenó que se fuera lejos y que no volviera jamás. Le advirtió que si lo volvía a ver por allí no tendría compasión. Héctor Beltrán juró que nunca más volvería a escuchar de él —y lo cumplió—, y el Chapo se marchó.

Quienes no se olvidaron de Héctor Beltrán Leyva fueron las autoridades. Permaneció dos años en la más absoluta clandestinidad, viviendo en una colonia en Salvador de Allende, Guanajuato, haciéndose pasar por empresario de inmuebles y obras de arte. Nadie en la colonia sospechaba que tras esa fachada se escondía el hermano del hombre que puso a temblar la estructura del cártel de Sinaloa encabezado por Joaquín el Chapo Guzmán. Su detención se logró de manera rápida y eficaz en un restaurante de mariscos muy cerca de su casa.

Con la captura de Héctor Beltrán Leyva, su organización prácticamente desapareció. Lo único que quedó de ella fueron mandos medios que no lograron nada distinto a simples escaramuzas en el mundo de la mafia, y fueron controlados poco a poco por los grandes capos, a los que, de un bando o del otro, terminaron uniéndose para poder sobrevivir.

LVII
LA CUERDA SE ROMPE POR LA PARTE MÁS DÉBIL

El Chapo se sentía satisfecho con el fin de los Beltrán Leyva. Había cumplido su venganza, lo que lo hacía sentir el hombre más poderoso. Tenía todo el dinero del mundo, gozaba de poder casi ilimitado, contaba con propiedades, mujeres, gente a su disposición, pero no tenía con quien compartirlo. Era un hombre solo, sin amor. Como lo había hecho en el pasado, compró a custodios para visitar en la cárcel a su padrino, José Luis Beltrán Sánchez.

El Chapo, por el respeto y el cariño que le tenía, quería explicarle lo que hizo con sus sobrinos. Lo encontró golpeado por los años de encierro, con una amenaza de extradición sobre su cabeza. Además, la vinculación con la muerte de don Rafael le había complicado más su situación judicial. El viejo sabía que había matado a algunos de sus sobrinos, pero no lo juzgaba. Eran unos miserables asesinos y traidores que lo dejaron solo y en la cárcel. "Merecían tu venganza", concluyó. También le repitió lo que venía diciéndole desde que inició su carrera en el mundo del narcotráfico: "Las guerras solamente traen desgracias y muerte. Es mejor trabajar en paz, sin traicionarse". Nadie le había hecho caso, pero le dijo que era hora de que él atendiera su consejo. El Chapo lo escuchó sin discutir. Se fue del lugar pensando en las palabras de su padrino quien, sin quererlo, era un daño colateral en su plan de venganza.

Ese mismo día Joaquín le comunicó al agente del FBI, por intermedio de su abogado, que por ningún motivo traicionaría al Chino Ántrax. Lo sentía por el Narices y el Cóndor, sus amigos, pero tampoco los sacrificaría por salvar a otro. Reconoció que la oferta lo había hecho dudar y que estuvo

JOAQUÍN "EL CHAPO" GUZMÁN: EL VARÓN DE LA DROGA

a punto de cometer un grave error. Le aclaró que era tan su cuate como todos los que le entran al jale de su lado. Desde que inician, todos saben cuáles serán sus posibles finales. El Chino se lo buscó, que lo resuelva como le dé su rechingada gana. Y concluyó su mensaje.

El Chapo ignoraba que se había salvado de caer en una trampa muy bien diseñada por el equipo de Snowden, con Jessica a la cabeza. Querían medir cuál de los dos resistía más, con base en el adagio "La cuerda se rompe por la parte más débil". Y para el grupo de Snowden, el Chapo había resultado ser la parte más resistente. En el fondo, Jessica esperaba tal cosa, pero eso no significaba que no fuera a caer tarde o temprano.

LVIII
PASIÓN INTERRUMPIDA

Las noches de pasión entre Teresa y el Chapo eran cada vez más frecuentes. Al Chapo lo satisfacía saber que tanto en los negocios como en la cama él llevaba las riendas. Teresa, poco a poco, fue entregándose a él, enamorada.

Teresa era de carácter fuerte, apretado, diferente del resto. Para empezar, le advirtió que no le permitiría otras fiestas que no fueran las de ella, ni locuras con mujeres de la vida fácil. El Chapo la frenó, él no aceptaba órdenes. Le dijo que ambos eran adultos e independientes y que ella no podía decirle qué podía o no podía hacer. Teresa se encabronó. Era celosa, posesiva, obsesiva y determinante.

El Chapo hacía sus bacanales a escondidas de Teresa. Les pidió a las mujeres de la vida fácil y a sus escoltas discreción absoluta. Teresa descubrió varias veces las aventuras del Chapo y ardía Troya. Teresa se lo advirtió miles de veces: "Solo puedes disfrutar de las bacanales que yo organice, pero sin tocar, solo ver y nada más". Obviamente, eso aburría al Chapo, quien no podía aceptar semejante imposición. La mujer le reclamó con fuerza: no estaba dispuesta a tolerar infidelidades. Él era solo suyo y de nadie más.

Una noche Teresa lo visitó. Le llevó flores. Se compró ropa interior nueva, champán y fresas. El Chapo la recibió galante. Ella desconfiada, revisaba con la mirada para encontrar alguna pista que le indicara que ahí habían estado otras viejas. Solamente encontró unos aretes en un sillón y un labial en el baño. La verdad es que no descubrió nada de peso. La servidumbre había recogido los rastros y había limpiado la casa. Teresa y el Chapo se besaron apasionadamente. Era un momento perfecto que no podía ser interrumpido por nada más que su propia respiración, pero desgraciadamente se rompió al sonido de golpes insistentes a la puerta. Algo inusual en la casa del Chapo, presagio de que algo andaba mal. Y no estaba equivocado.

Los golpes continuaban. Teresa se arregló el cabello. El Chapo sacó su arma. Fue a abrir la puerta y, para su sorpresa, era Piedad, la viuda de su exsocio Coronel. Estaba borracha y buscaba drogas. Hacía tiempo se había fugado de un centro de rehabilitación y estaba hambrienta. Le pidió al Chapo que la dejara entrar.

Piedad, quien había sido reclutada por el general Mendoza cuando éste era coronel, nunca dijo a nadie que tenía un problema de adicción. Las drogas, todas, fueron un refugio para Piedad. Inició con calmantes, luego marihuana, coca y anfetaminas. El coronel Mendoza quien necesitaba a una mujer con clase dispuesta a infiltrar un narco, la convenció para que trabajara para él. Ella aceptó en gran medida por la facilidad para seguir viviendo esa vida de usos y abusos. Además de la sorpresa por verla, el Chapo sintió compasión por el drama y el dolor de su situación.

Teresa no podía creerlo y se preguntaba quién podría ser esa mujer. Se suponía que iba a ser una noche para ellos y resultaba que una buchona cualquiera se la arruinaba. Piedad balbuceaba tonterías sobre ella y el Chapo, los tiempos en que él la conquistó, las veces que hicieron el amor, las promesas y los regalos que le hizo. Era un momento bochornoso.

Pero el Chapo no podía dejarla en la calle: era la viuda de su socio. "¿Quién es esta mujer?", preguntó Teresa. Él le explicó con lujo de detalles. Era inteligente, hermosa, dulce y había sido la mujer de Coronel. El Chapo lo mató y ella le había salvado la vida en esa ocasión. Teresa no podía contener los celos. Se sentía denigrada, humillada. El Chapo le pidió que no fuera tonta y le aseguró que jamás la tocaría de nuevo, pero Teresa no escuchaba razones. Con un arma en la mano le dijo: "O ella o yo; decide". El Chapo no era de los hombres que se dejaban mangonear, y mucho menos por una mujer como Teresa, a quien utilizaba para dejar en la cama sus tristezas y problemas. Ella solo era su comodín y se tomaba libertades que no le correspondían. No había nacido la persona que le dijera qué hacer y qué no hacer. Ni su abuela —que en paz descanse— fue capaz de enderezar al chamaco. Para que bajara de la nube en la que andaba, le dijo: "Piedad se queda aquí en mi casa y punto. Mañana a ver qué pienso".

"Te vas a la chingada", respondió Teresa mientras recogía su ropa. Tomó la botella de champán, abrió la puerta decidida y antes de salir reflexionó un segundo y le clavó la mirada: "Hasta aquí llega lo que teníamos, te olvidas de mí y de la sociedad, cabrón". El Chapo, con aparente tranquilidad —en realidad estaba que se lo llevaba la chingada—, le pidió que se calmara y pensara las cosas, que no mezclara la chamba con la cama, que así no se trabajaba en ese negocio, había mucho dinero de por medio, que ni él ni ella querían perder. A ella no le importaba. Le iba muy bien antes de asociarse con él. El Chapo le ofreció una alternativa: si no quería, no se volvían a ver, pero le pedía que renunciara a la tonta idea de romper los lazos comerciales. Teresa, sin más, salió hecha una fiera, lanzando insultos. "Me las vas a pagar, pinche Joaquín Guzmán. Te lo juro", dijo al final.

El Chapo la juzgaba de loca, no tomaba en serio sus amenazas. Total, eran tantos quienes querían asesinarlo que sería una más en la lista. Además, estaba seguro de que al día siguiente, cuando todo se hubiera calmado, Teresa lo llamaría para solucionar las cosas.

LIX
DECISIÓN FATAL

El Chapo no salía de una cuando ya estaba metido en otra. Una nueva mujer había llegado a su vida: Piedad. La observaba y no podía evitar sentir culpa y decepción; en parte por su responsabilidad, de la dulce y hermosa mujer no quedaba nada. Piedad estaba ida, sucia, cansada, triste y sin ganas de nada. Solamente balbuceaba que se quería bañar. Mientras ella se duchaba, la servidumbre le preparó algo de comer. Luego de comer, al volverla a ver, el Chapo descubrió que aún conservaba su belleza. Hermosa y desastrosa.

Piedad le agradeció haberla acogido; se sentía mejor. Lo comprendía. Aunque el Chapo la acosaba, jamás se sobrepasó con ella, consciente de que el hombre llega hasta donde la mujer se lo permite. Piedad hurgó entre las cosas del Chapo y encontró el sitio donde guardaba la cocaína de uso personal; se esnifó varias líneas.

Su ánimo cambió, empezó a hablar como loro mojado. Le contó cómo fue que se inició en el vicio. Cuando era una bella dama de sociedad no le hacían falta las invitaciones a cocteles en galerías de arte, lanzamientos de marcas, eventos sociales y hasta reuniones políticas. Primero fueron unos pocos tragos, con la justificación de que uno al año no hace daño; luego conoció por casualidad la cocaína, se enganchó con la euforia que le producía, efecto que la volvía más apetecible para algunos hombres que veían en Piedad la encarnación de la lujuria. En ese trasegar conoció a muchos hombres. La mayoría de ellos disfrutaban de su cuerpo pero muy pocos, o casi ninguno, de su verdadero ser, que cada vez, con cada experiencia, iba quedando más abandonado en un cuarto oscuro. Su vida se volvió una eterna espiral de licor, fiestas, droga, sexo y depresión.

En esa espiral Piedad conoció al coronel Mendoza. Al comienzo la usó para satisfacer sus ocultas aberraciones sádicas, que a ella le parecían un juego interesante pero que luego se convirtieron en una pesadilla cuando casi la mata a golpes. Para evitar un escándalo, el ahora general Mendoza se encargaba de proveer a Piedad de toda la cocaína que necesitara y la convirtió en su esclava. Hasta la puso a trabajar para sus intereses. Para que lo pudiera hacer, la incorporó a un cuerpo especial oculto que limpiaba todos sus desastres, donde recibió algo de instrucción militar y manejo de armas.

Luego de pasarlo canutas y sin muchas opciones, Piedad se convirtió en informante, infiltrándose en la organización de Coronel hasta llegar a ser su esposa. Ésa fue una dura experiencia para Piedad, pues el verdadero Coronel era un hombre que maltrataba a las mujeres.

Fue entonces cuando el Chapo y Piedad se conocieron. Un círculo que se cerraba claramente para el Chapo, quien recordaba que el único que sospechaba de la supuesta Piedad era Genaro. Para protegerla y para proteger al Chapo, el general Mendoza inventó que Genaro era un soplón, como sí lo era el que en verdad lo vendió ante el mafioso colombiano. "Fue una jugada maestra", concluyó el Chapo, quien le confesó que el general le había sido de mucha ayuda, pero que enfrentaba problemas serios.

La situación del general Mendoza no era nada envidiable. Estaba siendo juzgado por un tribunal militar y al terminar, debía enfrentarse a las autoridades americanas, quienes lo acusaban de trabajar para el cártel de Sinaloa. El Chapo dijo que no era verdad, que el general Mendoza había sido un "colaborador" como muchos: narcos, militares y políticos del gobierno, para tener una buena imagen en su lucha contra el crimen organizado.

Piedad le pidió dinero para ayudar a su familia. El Chapo le respondió que le daría todo el dinero que necesitara a cambio de que desapareciera de su vida antes de perforarla a plomazos. Piedad se negó. Ella quería estar a su lado. El Chapo, con la dureza que lo caracterizaba, le advirtió que si no desaparecía lo estaba obligando a sentenciarla a la pena de muerte. Pero a Piedad eso no le importó: total, ya estaba muerta en vida. Solamente la mantenían con vida sus piernas, porque su corazón y su alma ya no estaban en la Tierra.

Luego de la discusión el Chapo intentó convencerla para que entrara a un centro de rehabilitación. Ella le respondió que cómo era posible que un tipo como él le recomendara tal cosa si transportaba la droga con la que todo el mundo andaba loco como ella. Sus palabras no lo incomodaron, ya que tiene muy claro que una cosa es el negocio y otra sus efectos. O será que los que venden hamburguesas con papas fritas se deben sentir culpables por todos los que mueren de infartos y obesidad, replicó él.

Al final Piedad la sacó barata. Los hombres de Joaquín la encajuelaron y la llevaron hasta un centro de rehabilitación, que pagaron por adelantado por orden del Chapo. No importaba el tiempo que tuviera que quedarse, así su tratamiento llevara años, estaba dispuesto a pagar hasta el último centavo con tal de no volverla a ver, y menos en ese estado. Ya había hecho suficiente con no pegarle un plomazo; lo que menos deseaba era verla. Ojalá en el centro de rehabilitación hicieran lo que él no se había atrevido a hacer, a pesar de que lo deseaba: matarla.

Piedad estuvo intentando salir de su lamentable estado durante varios días pero no lo logró. Un día, a mitad de la noche, el Chapo recibió una llamada. Sobresaltado se despertó para buscar a Piedad en el último lugar donde supieron de ella. Al llegar a un rancho en el que la noche anterior se había llevado a cabo una monumental fiesta, la descubrieron ahogada en la piscina. La imagen era fantasmal. Un final esperado para ella. El Chapo ordenó que sacaran el cuerpo del agua y encontraran a los culpables.

La vida de Piedad siempre estuvo marcada por la tragedia. El Chapo se sentía desconcertado aun cuando estaba acostumbrado a ver los diferentes modos de la muerte. Se puso a pensar en todas las personas que había perdido y comenzó a aceptar que la muerte le estaba ganando la partida, se los estaba llevando a todos. Se estaba quedando solo. Por primera vez se enfrentaba a lo que tanto le había huido: a su soledad. A su abandono. Hubiera querido tener a doña Consuelo al frente para decirle que necesitaba su apoyo, un abrazo, un consejo, una palabra. Todo lo que había construido, hecho y organizado por huirle al abandono y a la pobreza lo estaba destruyendo. Ironía de la vida: Dios no castiga ni con palo ni con rejo.

Aunque el Chapo, que todo lo solucionaba con dinero, quería enviarle algo a la familia de Piedad, no sabía quiénes eran ni dónde vivían. Ordenó que llevaran su cuerpo a una funeraria y que publicaran un aviso para que los familiares se enteraran y pudieran llevar a cabo sus funerales, a los que pensaba asistir de incógnito. Para la prensa y la mayoría de la gente quedó como la muerte de una drogadicta por sobredosis. Corto final para una larga historia.

LX
EL CHINO ÁNTRAX

Después de la dolorosa muerte de Piedad, al Chapo se le empezaron a complicar las cosas. Jessica volvió a contactar al Chino Ántrax por medio de la policía holandesa en la prisión de Amsterdam para repetir su oferta: salvarse a cambio de entregar al Chapo. El Chino, como fiel escudero, volvió a responder que no era ningún traidor y le advirtió que no estuviera chingando. Jessica, viendo que el Chino no iba a dar su brazo a torcer, decidió tirarle una bomba: "Tal vez tú no traiciones a Joaquín, pero él no ha dudado en traicionarte a ti".

Al Chino se le descompuso el gesto. Dio un manotazo a la mesa exigiendo que le explicara, y le advirtió que si mentía podía irse despidiendo de este mundo. Jessica le hizo escuchar la grabación de una conversación entre Joaquín y un intermediario del FBI; en ella el Chapo dice que si el Chino regresa a México lo entregaría a cambio de que bajaran la presión contra él.

El Chino Ántrax comprendió que había estado haciendo el papel de pendejo. El Chapo —la persona por la que él hubiera dado la vida— no dudaba en traicionarlo después de todo lo que había hecho por él. No se lo perdonaría jamás. Una nueva guerra se avecinaba para el Chapo.

El Chino, mirando fijamente a Jessica, le preguntó si le estaba diciendo la verdad. El hecho de que lo presionara de esa manera le indicaba dos cosas: quería capturar al Chapo a como diera lugar, tal vez buscando un ascenso, o lo estaba ayudando, y por qué. Esa conclusión la tomó por sorpresa. El Chino no ahorró palabras para advertirle que él no toleraba las mentiras y menos las patrañas.

El Chino, como si nunca hubiera sido escuchado por mujer alguna, se sinceró para contarle que había estado en todos los momentos que el Chapo lo necesitó; que los dos se habían protegido; que él siempre lo había visto como el más inteligente, el más audaz; que todo lo que había hecho por él no era una entrega sin sentido, que lo hacía porque siempre lo había admirado y, a fin de cuentas, lo que había hecho fue tratar de emularlo.

El Chino Ántrax reconoció que él sin el Chapo no hubiera sido nadie. La pobreza en la que vivía en la sierra era para que hubiera muerto de hambre pero fue el Chapo quien lo sacó de esa pobreza, por lo que se convirtió para él en más que un hermano. Más que su padre. Le debía la vida. El Chapo jamás lo había abandonado ni lo había dejado desde esa época en que se hicieron amigos, cuando el Chino perdió a sus padres ultimados por bandas enemigas.

Tocado por la sinceridad del momento, el Chino Ántrax le pidió a Jessica comprender que cuando no hay opciones, la ayuda que le dio el Chapo a él y a otras personas es algo que muy pocos hacen, y eso termina convirtiéndose en una deuda de por vida. Uno no escoge ser delincuente; hay razones más fuertes para estar en ese negocio y la suya se resume en agradecimiento al Chapo; por eso no lo traicionaría.

Ese agradecimiento podría tener su manifestación máxima en el acto de entregarlo, le dijo Jessica, y le aclaró que no era una traición, sino querer para el Chapo un mejor futuro. De no hacerlo, podría terminar muerto y entonces sí tendría que darle las gracias a un recuerdo.

Jessica le prometió luchar por que a él y al Chapo les dieran las condenas más bajas. Si colaboraba, la reducción podría ser superior al sesenta por ciento para él. Le dijo que entendía que se regían por un código, pero que era una mentira, porque si la justicia capturaba narcos o incautaba cargamentos de droga, era porque ellos mismos se delataban. "Así que, ¿dónde está la validez del código?", le preguntó Jessica.

Jessica se sinceró al afirmarle que, para ellos, lo bueno o lo malo solamente podía evidenciarse a largo plazo, asegurándole que si se decidía a colaborar, podría ver el futuro, de lo contrario, no estaba segura. Le advirtió que si no colaboraba, alguien lo haría por él. El Chapo y su organización eran odiados por muchos que querían que su cártel ardiera en el infierno. "No olvides, Chino Ántrax, que nuevos varones de la droga están presionando para estar en el sitio que ocupa alguien que está en bajada en todos los sentidos", terminó diciendo Jessica. Solo obtuvo como respuesta un silencio tenso que evidenciaba que sus palabras habían calado profundamente en la psique del Chino.

LXI
INDIGNIDAD

Las palabras de Jessica al Chino Ántrax fueron comprobadas cuando Teresa, movida por los celos y el deseo de cobrarle la reciente afrenta al Chapo, viajó a los Estados Unidos. Juró vengarse y lo cumpliría. Se reunió con las autoridades federales quienes le propusieron evaluar las penas por tráfico de droga que se le impondrían a cambio de delatar a Joaquín Guzmán, el Chapo. Ella estaba dispuesta.

El Chapito se enteró de la movida por Gabriela, su esposa e hija de Teresa. Buscó a su padre para advertirle pero no lo encontró. El Chapo, afectado por las circunstancias, había decidido aislarse en la sierra.

El Chapito tomó una decisión que seguramente le aplaudiría su papá al enterarse. Viajó a los Estados Unidos tras el rastro de Teresa. Tenía que impedir a cualquier costo que la mujer delatara a su padre. Por información que inocentemente le dio Gabriela, más otras que logró obtener de distintas fuentes, pudo establecer el paradero de su suegra en la ciudad de Los Ángeles.

Al día siguiente, Teresa, indignada aún por la humillación del Chapo, debía acudir a la fiscalía a hacer la denuncia formal contra Joaquín Guzmán, y de paso dar cuenta de sus negocios, de sus contactos, de su ubicación. El Chapo no lo imaginaba. Creía que Teresa se había ido unos días a la ciudad de México para calmar la rabia que sentía. Había decidido no llamarla y dejar que se aplacara. Lo que menos necesitaba en ese momento eran cantaletas de mujeres cargadas de rabia y odio, como él mismo las llamaba: diosas odiosas.

Con toda la información confirmada, el Chapito se enteró del regreso de Teresa a México, donde se haría, por cuestiones de estrategia, su entrega. Se desplazó hasta el D.F. de incógnito y en una acción intrépida entró en la habitación del hotel donde se hospedaba. Ella estaba en la ducha, por lo que no se percató de su presencia. Escondido tras las cortinas, escuchó una conversación telefónica con el agente del FBI, quien le confirmó qué haría y cómo. Era el mejor negocio de su vida: denunciar al Chapo.

El Chapito, agazapado, al confirmar que efectivamente Teresa había viajado a los Estados Unidos a vender a su padre, salió de entre las cortinas, sigilosamente tomó una almohada y, como león hambriento cuando ve a su presa, la sorprendió por la espalda. Utilizando la almohada para silenciar el ruido, le descargó seis plomazos en la cabeza. Teresa cayó al piso junto a la cama.

El Chapito huyó de la escena del crimen y se ocultó. Llamó a su padre, en *shock*, y le contó lo que había hecho y por qué. Le dijo que Teresa lo había vendido a los gringos y que él fue a impedirlo, pero que no sabía qué hacer, que tenía miedo de que lo atraparan.

El Chapo maldijo su suerte. Sentía la ausencia de sus hombres de confianza que, frente a una situación como la de su hijo, tendrían la solución perfecta. Se puso furioso sin imaginar que el Chino Ántrax había decidido colaborar con Jessica para darle captura.

Esa misma noche el Chapo viajó a la capital para rescatar a su hijo. Se prometió hacerlo así se le viniera el mundo encima. Se desplazó de forma clandestina y fue directo al lugar donde acordaron. Se encontró de frente con varios agentes de la Procuraduría que le seguían de cerca los pasos a su hijo.

Ese mismo día se dispararon las alarmas en la ciudad por la muerte de Teresa y la presencia del Chapo. Se lanzaron operativos de búsqueda; las calles estaban tomadas por los federales. Se sospechaba que el Chapo no estaba solo y que había cientos de sicarios a las órdenes del narcotraficante que se refugiaban en alguna colonia.

El Chapo y su hijo se movían de un lado a otro, evadiendo los cercos y las alcabalas. Necesitaban llegar al avión que esperaba por ellos para evacuarlos. Por poco las autoridades los atrapan. Se produjo una persecución en la ciudad. La policía los tenía casi cercados pero gracias a la astucia y sangre fría del Chapo, que manejaba por la ciudad como si fuera una pista de fórmula uno, lograron evadir el cerco y salvar el pellejo.

Pero los problemas no habían terminado con esa huida. Al aterrizar de nuevo en Sinaloa, el Chapo se encontró con lo que nunca esperó: Gabriela, la hija de la difunta Teresa Aguirre, quería venganza.

LXII
MÁS VENGANZAS

Gabriela, luego de recibir los restos de su madre, organizó su entierro. Asistieron pocas personas. Ni el Chapo ni su hijo acudieron, por asuntos de seguridad: seguramente la policía estaría rondando. Ante la tumba de Teresa, Gabriela juró que algún día cobraría venganza.

Se puso a indagar y conectó la ausencia del Chapito —su esposo— con la muerte de su madre. Algo olía mal. Las autoridades le confirmaron sus sospechas. Confrontó al Chapito, quien le respondía con evasivas, hasta que terminó por aceptar que había sido él quien mató a su madre. El Chapito pensaba que Gabriela lo iba a delatar y entregaría a su papá a las autoridades. Los dos jóvenes, que tanto se amaban, estaban enfrentados a causa de sus padres.

Gabriela no podía contenerse. En una inusitada reacción y gritándole que su mamá estaba antes que él, terminó sentenciando al Chapito en una cadena de golpes y contragolpes que parecía no tener fin. Le gritó que no tenía derecho de matar a su madre, que así como lo había hecho por salvar a su padre, ella debería asesinarlo para vengarse, algo que Teresa hubiera hecho en vida por ella. Un sinfín de acontecimientos, en los que la única ganadora era la muerte, la huesuda, que en el mundo de la mafia cada vez tenía más trabajo y se llevaba a sus clientes con más sevicia.

Después de sentenciarse mutuamente, cayeron en una depresión y una crisis que los condujo al mismísimo infierno. Al final, parecía que sus vidas quedaban atadas por un solo destino. Un destino que en algún momento los llevaría a la muerte.

Gabriela vivía ahora movida por la sed de venganza. Una venganza que tarde o temprano la conduciría a un sitio: el cementerio.

LXIII
EL COMIENZO DEL FIN

Al día siguiente, el Chapo se encontró con el nuevo enlace del gobierno. Le habló de frente. Ya había hecho lo que le pidieron. Acabó con los enemigos, principalmente con los Beltrán Leyva, y a los Zetas estaba a punto de hacerlos desaparecer. Reunificó narcotraficantes y los organizó a todos en un solo cártel bajo su mando, y controló los índices de criminalidad en las calles. Esperaba que ellos cumplieran lo prometido. Una estadía en una prisión mexicana y por ningún motivo ser extraditado a los Estados Unidos.

El único inconveniente que tenía el Chapo era que las cosas en el gobierno habían cambiado. Ahora ningún funcionario reconocía el acuerdo que tenían con él, en el que su parte era ayudarlos a controlar los índices de criminalidad. Los altos mandos sufrían amnesia conveniente. En lo único que pensaban era en su captura y su inminente reclusión.

La razón por la que lo usaron había pasado a la historia. Ahora su cabeza tenía precio, el precio de la dignidad de un país que reclamaba un triunfo en la lucha contra el narco.

El Chapo se sentía acorralado. El gobierno no reconocía que había hecho un acuerdo con él. Eso significaba, para un buen entendedor, que el gobierno trataría de acabar con él utilizando sus tres fuerzas. Después de reflexionar, concluyó que solo contaba con sus hijos y posiblemente con Emma, a quien definía como la mujer que más lo había comprendido.

El Chapo se acercó a la casa de su familia, para verla y para pedirle lo que él muy poco sabe hacer: perdón.

Emma recibió la razón con tristeza pero siempre optimista. La vida había sido dura pero, total, él era el padre de sus gemelas. Al ver que el Chapo llegó con una sonrisa llena de dulzura, sin fuerza ni ganas de discutir con él, aceptó escucharlo. El Chapo le preguntó: "¿Puedo?". Y ella respondió que sí. Se sentó a su lado, la abrazó y le dijo que le hacían falta sus hijas. Le pidió perdón por todo el daño que le había ocasionado y por no haberla escuchado. Le dijo que no lo había hecho porque era un idiota que no escuchaba a quien debía, que ella era la mujer más importante de su vida, la más respetable, la que mejor había llegado a conocerlo. Emma lo escuchaba sin decir palabra.

El Chapo reconoció sus excesos. Le dijo que tal vez los había cometido tratando de olvidar su propia realidad, que jamás se había visto ante el espejo de la vida y sentía que había algo mal por lo que estaba pagando. A Emma le parecían buenas razones, pero pensaba que echar mano del pasado no era una buena idea para resolver lo que tenían que arreglar en el presente. Para él el pasado era importante, le dijo, porque nunca se había detenido a pensar y haciéndolo es como pudo reconocer la calidad de mujer que había sido ella, que había sacrificado todo por nada.

El Chapo no quería perderla. Tenía tantos problemas que había pensado incluso en someterse a la justicia, y quería tenerla a su lado. No deseaba estar un día más en libertad si no era con ella. Si se entregaba, quería irse con la certeza de que contaba con su amor y con el de sus hijas. Emma lo perdonó. Entendía que no había buscado hacerle daño, ni a ella ni a las niñas. Emma lo besó en la frente y concluyó: "Si te sigues portando mal, te vas a quedar solo para siempre".

Arreglar las cosas con Emma no iba a ser tan fácil. Emma tuvo que recordarle las mujeres que había tenido y que ella tuvo que soportar sin decir nada. Nombró a Camila, la de la prisión; a Piedad, la esposa del difunto Coronel; a Alejandrina y Griselda; a las mil buchonas con las que se había involucrado por diversión; a tantas otras que no había podido olvidar. Emma reveló que sabía de todas sus mujeres, pero ella, al igual que él, era dependiente de una creencia que había descubierto que era mentira.

El Chapo estaba seguro de que por ser quien era —una máquina de hacer fortuna— tenía derecho a tener las mujeres que quisiera. Para él el amor era un trueque. No importaba si las mujeres a su lado le daban mucho o poco, con todas era especial y a todas las llenaba de joyas y riquezas a cambio de caricias.

Las palabras de Emma hicieron sentir al Chapo más pequeño de lo que era. Trataba de justificar su conducta como padre y esposo, cuestionando si le había hecho falta algo. Emma, sin sobresaltarse, le agradeció todo lo que le había dado, sabía que era importante, pero por encima de lo material estaba la dignidad de una mujer, y cuando ella tomó la decisión de dejarlo había sido porque sentía que la suya estaba como petate para que él pusiera sus pies.

El Chapo hubiera preferido que le dispararan con una .50, como hicieron con Edgar. Era lo más duro y contundente que había escuchado. Nunca lo había pensado así. Si todos los hombres en México tenían varias mujeres, cuál era el problema, decía con la intención de justificarse. "Y los mexicanos lo merecemos porque somos bien machos", remató el Chapo. "Es una cuestión de dignidad", le repitió Emma, "por personas como tú es que tenemos el país que tenemos".

"¿Dignidad?", preguntó el Chapo. Qué es, dónde la venden, dónde crece que él no la conoce. Para él la dignidad eran las palabras grandotas que le decía su mamá a su papá cuando llegaba borracho a pegarle; dignidad era guardarse las ganas de matarlo para que no le pegara a la única mujer que lo consentía; dignidad era tener que trabajar a los ocho años para mantener a su familia. Esa era la única dignidad que conocía, así que, ¿de qué dignidad le hablaba? La respuesta de Emma fue contundente: "De la que se siente cuando un hombre la respeta a una como esposa, como mamá, como mujer. Tú te creíste que si respondías económicamente tenías el derecho de hacer lo que quisieras, y para que lo sepas, lo que la mayoría de las mujeres buscamos es que se nos respete, no que se nos llene de oro".

Fue otro duro golpe para el Chapo. Emma, viendo que estaba sufriendo, le pidió que se marchara. El Chapo aceptó. Se fue sintiéndose un pobre diablo, pero también pensando en un plan. Es que Joaquín Guzmán Loera no daba su brazo a torcer y jamás se daba por vencido, así no entendiera lo que es la dignidad.

LXIV
EL PLAN

El Chapo se sentía el hombre más ignorante ante la situación que enfrentaba. Jamás lo había vivido. No conocía el desprecio de una mujer. Pero no era desprecio, porque sabía que Emma lo quería. Tal vez él la empujó a ese punto y ella, desesperada, decidió reorganizar su vida. Sus pensamientos se revolvían con el *whisky* y la coca que inhalaba. Se miró al espejo y al descubrir su peor versión en el reflejo, lo rompió en mil pedazos. No quería mirarse. Sabía que era una porquería, que si no fuera por el poder y el dinero nadie lo tendría en cuenta. Una tragedia humana se representaba en él. Por eso quizá trabajaba tanto, para evadirse. En un momento de lucidez decidió que no perdería a su esposa y menos a sus gemelas.

Se aseó para recibir a Julián, un especialista en seguridad. Julián vivía en la colonia Tierra Blanca, en Culiacán, y había sido recomendado por el Azul para encargarse del sistema de seguridad del Chapo. Lo entrevistó para conocer sus fortalezas y sus debilidades. Como solía hacerlo, intentó impresionarlo, pero a Julián, que se hacía llamar la Voz, nada le impresionaba.

A pesar de que su solicitud era inapropiada, era tal la desesperación del Chapo que le pidió un consejo a su entrevistado sobre cómo recuperar a su esposa. La Voz le hizo un recuento pormenorizado de la vida de Emma: dónde vivía y con quién; cuál era su rutina y la de las niñas. Le aclaró que si él tenía esa información, también la podrían obtener las autoridades o sus enemigos, y eso se debía evitar. Además, indicó que si no fuera por su esposa "quien se ha encargado de regar el comentario de que usted, señor, la dejó por otra mujer, cualquiera podría pensar que ella es su lado vulnerable".

El Chapo quedó impresionado con las habilidades de la Voz y lo contrató de inmediato como su jefe de seguridad. Lo que fue toda una revelación para él fue lo dicho por Emma, a quien veía como la única mujer que lo amaba; lo que escuchó no podía ser más que una señal de que lo seguía queriendo. Lo seguía amando y lo seguía protegiendo. Caer en cuenta de eso lo llenó de una energía sobrenatural que hacía mucho tiempo que no sentía. Le devolvió la vida. Le ordenó a la Voz que se encargara de su seguridad mientras hacía lo que tenía que hacer.

El Chapo, sabiendo que a Emma no la deslumbraban ni el lujo ni las joyas caras ni los grandes artistas, contrató un mariachi de los más baratos, una decena de veteranos, tísicos y enfermos, que entre todos sumaban casi mil años. Lo acompañaron en un viaje relámpago a la casa de Emma. Él mismo se vistió de charro, igual que los otros, y le cantó más de veinte canciones que se había aprendido durante el trayecto y cuyas letras hablaban de perdón, de amor sublime y de amor eterno.

Cuando Emma se asomó a la ventana y descubrió que el Chapo era quien cantaba, comprendió por qué le parecía tan desafinado el mariachi, pero valoró el esfuerzo de su marido. Sabía que nunca se había aprendido una canción, que era muy malo para memorizar y que si algo le daba vergüenza, era cantar. Verlo ahí con su traje barato de charro, con ese mariachi que, por su edad, parecía haber estado al lado de Pancho Villa durante la Revolución, la enterneció. El Chapo estaba cambiando y se merecía otra oportunidad.

Sentados en la banca de un parque, la pareja volvió a sentir el amor que los unió al principio de su relación. Mirando el cielo despejado, Emma le dijo que no quería que le bajara la luna ni las estrellas, solamente pedía que la respetara; eso era más real y lo mejor para ambos. El Chapo le juró de rodillas que así lo haría. Y si no le cumplía, ella tendría el derecho de hacer lo que quisiera, incluso de entregarlo si consideraba que lo merecía por fallar a su promesa.

Emma lo perdonó de corazón. Regresó al rancho y la vida volvió a florecer en el jardín de los Guzmán. El nuevo jefe de seguridad, la Voz, se puso a las órdenes de Emma.

LXV
NUEVA SEGURIDAD

El Chapo decidió contratar nueva seguridad tras las conversaciones que mantuvo con sus socios. Las broncas con los Zetas aumentaban cada día, y la gente en quien se podía confiar disminuía. Las cosas no estaban nada fáciles y, lo más seguro, era que a cualquier chivato que estuviera en la cárcel, las autoridades le prometieran ésta y la otra vida a cambio de información en su contra.

Por el lado del Chino Ántrax, las cosas habían pasado a castaño oscuro. Conforme pasaban los días, las señales apuntaban a que su destino final sería los Estados Unidos debido a la presión que ejercía el gobierno de este país sobre Holanda.

El jefe de seguridad, la Voz, como primera medida les pidió a todos los que directa o indirectamente trabajan para el Chapo que entregaran sus teléfonos celulares. Incluso el mismo Chapo tuvo que entregar su aparato; al principio el capo se negó, pero la Voz lo convenció al recordarle que, como cabeza de grupo, debía dar ejemplo.

El Chapo sacó su celular y lo mostró en lo alto para decirle a todos que lo entregaría porque las cosas estaban calientes y les pidió su colaboración. Mientras pasaban uno a uno a dejar su teléfono, el Chapo les informó que en adelante, si querían contactarlo, debería ser a través de la Voz, quien sería su nuevo celular. Confianza que le agradeció Julián, asegurándole que no lo decepcionaría.

Mientras tanto, en la sala de telecomunicaciones de la agencia, atiborrada de escritorios con *hackers* y expertos en telefonía, Snowden y su equipo intentaban obtener información y datos de los teléfonos intervenidos, pero descubrieron filtros que los llevaron a cuestionarse qué pasaba. Dos días atrás tenían ubicados y vigilados todos los números relacionados con Joaquín Guzmán. Jessica, molesta, decidió ir por un café a la maquina dispensadora.

Snowden fue tras ella. Mientras salían los cafés, Jessica le compartió su frustración. Dos días atrás los tenían ubicados a todos y en ese momento no les quedaba nada, lo que significaba que el equipo de seguridad del Chapo había descubierto las intervenciones. Snowden trató de calmarla con frases lapidarias: "En este trabajo unas veces se gana y otras se pierde", "lo importante es lograr una media que sume y no reste" y "triunfa el que tenga paciencia". Pero la notó tan molesta que le recomendó ir a su casa a descansar.

Jessica, después de dar un sorbo a su café, se dirigió a su lugar de trabajo dispuesta a redactar su carta de renuncia. Llevaba una vida entera persiguiendo al Chapo y sentía que no podía más, que era hora de darse por vencida. Lo veía como el más escurridizo de los narcos y eso la afectaba. La obsesión le había hecho perder la objetividad.

Snowden no aceptó su renuncia; lo habían pasado muy mal persiguiendo al Chapo, el juramento que se habían hecho era dejar sus carreras el día que lo capturaran, no antes, y su promesa aún no estaba cumplida. Jessica no sabía qué responderle. Si bien era cierto que Snowden tenía razón, también lo era que el eterno fugitivo parecía más escurridizo que nunca. En esa incertidumbre andaban cuando recibieron una noticia sorpresa.

Un piloto que había trabajado con el Chapo acababa de ser detenido con su familia en la frontera y soltó prenda. La confesión del hombre puso en alerta a los oficiales de la agencia del ICE, quienes contactaron de inmediato a Jessica y sus agentes.

En las reuniones de los agentes federales americanos con el informante, éste les confesó todo lo que sabía y les dio el número telefónico de la Voz, el enlace para llegar al Chapo.

Las alarmas se prendieron desde la frontera hasta el Comando General en Washington. Jessica ordenó la intervención del celular de la Voz y una llamada desde ese número la llevó a otro y ése a otro hasta que tuvo una red completa que armó en su laptop, devolviéndole la esperanza de poder lograr por fin el objetivo que se había propuesto muchos años atrás.

En una casa en Culiacán, más exactamente en la recámara donde dormía el Chapo junto a Emma y sus gemelas, el reloj marcaba las dos de la mañana. Las luces de las bombillas de los postes del alumbrado público proyectaban en la ventana una sombra, la del hombre que los cuidaba, quien en ese momento hablaba por teléfono con su novia. La conversación era escuchada por Snowden y Jessica, quienes en una *laptop* vieron dibujarse una gráfica que les revelaba las coordenadas exactas desde donde llamaba el elemento de seguridad del Chapo.

A Jessica le cambió el semblante, se le iluminaron los ojos. Convencida de que no habría escapatoria, tomó su radio para ordenar al equipo que se preparara; irían a por un pez gordo.

LXVI
CREATIVIDAD CRIOLLA

Era la noche del 17 de febrero de 2014. El Chapo se paseaba de lado a lado en su recámara, mientras Emma jugaba con las gemelas. Emma sabía que él no estaba bien; hacía varios días que lo veía preocupado. Se le acercó, lo abrazó y trató de tranquilizarlo. Le preguntó si le apetecía que le sirviera su trago favorito, *whisky* con hielo. El Chapo aceptó el ofrecimiento y le confesó que no entendía qué tenía; era un mal presentimiento, sentía que algo sucedería. Emma le propuso llevar a las gemelas un tiempo con sus papás, pero el Chapo se negó; quería que su familia estuviera unida. Emma se preocupó por lo que le estaba pasando a Joaquín.

En la madrugada de esa misma noche, en una esquina de la calle donde se ubicaba la casa del Chapo en una colonia de clase media —la número cuatro de las seis casas de seguridad que tenía en Culiacán, según la clasificación de Jessica—, se encontraron Snowden y Jessica con un grupo de efectivos del cuerpo de élite de la marina mexicana, listos para entrar a la casa que no era una vivienda ostentosa.

Los efectivos de la marina fueron los primeros en desplazarse tras los coches estacionados frente a la casa. Una vez asegurado el perímetro, hicieron la señal para que los comandos de avanzada se acercaran. Al hacerlo se toparon con dos grandes portones. Uno de ellos no estaba asegurado completamente, constató Jessica. Al instante, dos oficiales de la marina equipados con un ariete dieron un golpe certero y derribaron el portón. Como si fuera el santo y seña, se escucharon en el cielo algunos helicópteros que sobrevolaban la casa. Las sirenas de las fuerzas militares anunciaban su cercanía.

El ruido despertó a la Voz, quien ordenó a sus hombres que tomaran sus armas. Despertaron al resto de los sicarios y cerraron tras de sí una puerta de hierro. En la cocina, la Voz fue hasta una serie de monitores donde podía ver a Jessica con su grupo. "No son más de diez", exclamó y dio la orden de fuego apenas hicieran contacto visual con el objetivo. Luego, corrió a la recámara principal.

En la recámara, el Chapo le dio unos chalecos antibalas a Emma para que envolviera a las gemelas. Mientras, Jessica trataba de abrir la segunda puerta con el ariete, pero parecía la entrada de un búnker porque no lograban ni moverla. El Chapo la había mandado a hacer especialmente con hierro de grueso calibre. Su interior había sido construido en tres cuadros unidos por yunques de lado a lado, de modo que si la rompían, no lo harían en su totalidad, sino por cuadros. Además, la mandó a rellenar con un producto líquido que al solidificarse su consistencia le quitaba fuerza a los golpes; el frío, por su parte, impedía que la lámina se doblara.

Mientras los elementos de la marina y el equipo de Jessica intentaban derribar la puerta con un mazo, el Chapo, Emma y las gemelas entraron al baño de la recámara. La Voz y dos hombres más los siguieron. El baño tenía un excusado, un lavabo, una tina y otros muebles. El Chapo dirigió el escape advirtiendo que tenían que hacer lo que él dijera. Tomó una clavija de la que sobresalía un alambrito y lo acercó hasta un enchufe cochambroso. La conexión sacó chispas y la luz del baño parpadeó; se había producido un corto circuito que dejó la casa sin luz. El Chapo sacó su linterna para acercarse a un último mecanismo.

En el exterior, Jessica, su equipo y los marinos hacían todo lo posible por derribar la puerta que, de tanto golpe, estaba averiada pero no cedía. Jessica preguntó que cuántos minutos llevaban intentándolo. Le respondieron que ocho, que el Chapo no podría huir, que tenían la casa rodeada. Era una afirmación que no la convencía del todo; conocía muy bien al Chapo y sabía de su ingenio, más en situaciones extremas, que para él eran como quitarle un dulce a un niño. Por fin la puerta cedió y el grupo élite de la marina pudo entrar a la casa.

Lo primero que encontraron al ingresar fueron los monitores, lo que confirmaba que los habían estado observando. Luego, con movimientos precisos y calculados, se desplazaron por el corredor hasta llegar a la recámara principal. Se apostaron a lado y lado de la puerta, que estaba cerrada. Jessica se puso al frente, la abrió de una patada y entraron dos hombres dispuestos a iniciar el fuego, pero no había nadie. Una vez asegurada la zona, hicieron la señal para que entraran los demás.

Jessica avanzó sonriente, pero la sonrisa se desvaneció cuando no vio al Chapo ni a nadie. El vacío de la habitación la devolvió a la realidad: el Chapo se había ido, una vez más se les había escapado.

Pero, ¿por dónde se había fugado? Todas las salidas estaban vigiladas; quizá nunca había estado allí. Jessica se acercó a la cama para ver la ropa del Chapo; la olió y confirmó a los demás que sí había estado en ese lugar. ¿Dónde estaba entonces? Era la pregunta que se hacían unos a otros.

Jessica entró al baño y recorrió sus instalaciones con una lámpara, intentando encontrar algo que explicara cómo y por dónde había logrado escapar el Chapo. Miró cada detalle, cada elemento, hasta descubrir el alambrito que salía de la clavija. Lo miró detenidamente tratando de entender qué hacía ese alambre ahí en la clavija. No era normal que una clavija tuviera un alambre colgando. Llamó a uno de los marinos quien, con un probador de corriente, le dijo que lo único que notaba era que estaba recién quemado.

Jessica volvió a mirar todo, tomó la clavija y, por inercia, la metió en el enchufe, lo que generó otro corto circuito. Todos esperaban que algo sucediera, pero no pasaba nada. Jessica intuyó que algo de ese corto circuito tenía algún significado. No le parecía lógico que ese alambre estuviera allí al azar. Se miró al espejo, vio su rostro preocupado, su cabello despeinado y con una expresión de frustración que se transformó al detectar unas huellas en el espejo; las observa y deduce que son del Chapo.

Las huellas en el espejo son las de las manos del Chapo. Ella superpuso sus palmas a las huellas y su dedo pulgar tocó un botón que hay al lado del espejo. Al oprimirlo, se accionó un mecanismo que hizo que la tina se levantara y dejara ver una escalera que bajaba hacia un túnel: el lugar por donde acababa de escapar el Chapo.

LXVII
EL ESCAPE

En la parte más profunda del túnel todo era oscuro. Solamente se veía el rayo de luz proveniente de la linterna del Chapo, quien caminaba agachado. Lo seguía Emma con las gemelas, la Voz y dos sicarios más. De fondo se escuchaba el ruido del agua del drenaje de Culiacán. El Chapo se detuvo y pidió silencio para escuchar algo: sabía que los venían siguiendo. Se miró con la Voz, quien entendía qué pasaba. "Apuremos el paso", dijo.

Mientras tanto, Jessica y Snowden avanzaban con los marinos por el túnel tras los pasos del Chapo. Desde el radio, Jessica se comunicaba con el exterior ordenando que se cubrieran las diferentes salidas del drenaje en la ciudad para frustrar el escape. Ignoraba que más adelante se encontrarían con una bifurcación que llevaba por caminos distintos: uno conectaba directamente con el alcantarillado de aguas negras de la ciudad, mientras que el otro, más limpio, conectaba con un paraje de verde follaje.

Cuando los equipos llegaron a la bifurcación, quedaron decepcionados. Sorprendidos por la capacidad del Chapo para pensar en todo, tenían que dividirse en dos grupos. En contra de la votación del grupo, Jessica pensaba que el Chapo continuaría por el que olía a desechos humanos, mientras que los demás estaban seguros de que lo haría por el más limpio, por las gemelas. Jessica continuó y dijo que la siguieran.

En las afueras de la ciudad, a unos cincuenta metros del punto de salida del drenaje, esperaban hombres de la Voz que conducían varias camionetas. No estaban seguros de si era el punto de encuentro hasta que vieron surgir de las entrañas de la tierra al Chapo, a la Voz, a Emma y a las gemelas auxiliadas por los sicarios. Habían tenido que recorrer siete kilómetros por un túnel cuyo punto de mayor diámetro medía un metro cuarenta centímetros. Una odisea porque hubo momentos en los que la oscuridad no les permitía ver absolutamente nada, y todos sufrieron cortaduras menores. Rápidamente subieron a las camionetas y huyeron del lugar, dejando tras de sí una estela de polvo.

LXVIII
MORAL BAJA

El equipo de Jessica, que comandaba Snowden, se reunió en uno de los campamentos del cuartel militar de la marina para analizar en qué habían fallado. La situación era tan tensa que ninguno se atrevía a mirarse a la cara. Perdidos en sus pensamientos, prefirieron ver las noticias. El presentador hacía un recuento de la escapada del Chapo Guzmán, al que ya se le podía calificar de superhombre, pues ni con el más grande operativo, con los mejores hombres de las fuerzas del orden, habían podido capturarlo. El presentador concluyó con algo que dejó más atribulado al comando militar: "Pareciera que el Chapo en realidad no existe".

El Chapo llegó en un automóvil tipo sedán, con Emma y las gemelas a una farmacia. Bajó a comprar algodones, alcohol y curitas para aplicar en las pequeñas heridas que se habían hecho durante la huida. El Chapo, con toda la paciencia, curó a sus hijas porque Emma no lo podía hacer, estaba presa de la desesperación. Ella le preguntó qué harían. "Lo que hemos hecho siempre", respondió el Chapo. Emma se negaba a aceptarlo, no era la vida que quería para ella ni para sus hijas. El Chapo le abrió la puerta del sedán y le dijo que podía marcharse.

Emma estaba a punto de hacerlo cuando el Chapo le advirtió que las niñas se quedaban con él. Se miraron fijamente, primero retándose y luego con todo el amor que sentían el uno por el otro. El Chapo bajó su agresividad para que ambos pudieran tranquilizarse, especialmente ella. Le repitió que mientras estuviera con él, no les sucedería nada ni a ella ni a sus hijas. Emma le dio un beso. El Chapo, finalmente, cerró la puerta del auto para reiniciar la marcha con rumbo desconocido.

El grupo de Snowden miraba la proyección de una fotografía de la ciudad de Mazatlán donde estaba destacada una zona específica de la ciudad en un recuadro. Mientras observaban el mapa, comentaron que no habían descansado en las últimas cuarenta y ocho horas, y que era posible que hubieran dado con una probable ubicación. "¿Probable, posible o certera?", inquirió Jessica.

Snowden, cansado y de mal genio, trató de conservar la calma para no dejarse llevar por la irritante pregunta de Jessica, quien había hecho la pregunta sin otra intención, más bien movida por la frustración, la rabia y el cansancio que sentía. Snowden le respondió, tranquilamente, que en el punto en el que estaban era muy difícil asegurar cualquier cosa. Para no dar lugar a una confrontación entre los militares gringos contra los elementos de la marina, propuso tomar un descanso manteniéndose alerta mientras otro equipo, armado con drones, se desplazada a la zona delimitada para monitorear y filmar la periferia desde el aire.

Jessica no estaba de acuerdo, por experiencia y conociendo al Chapo, creía que lo mejor era mantener la operación lo más discretamente posible. Sabía perfectamente que el fugitivo tenía ojos que, aunque no fueran propios, permanecían vigilantes. Sabía que el Chapo, en una situación como ésa, andaba acompañado máximo por un hombre para no delatar su presencia, e intentaba hacerse pasar por el ciudadano más común y corriente que pudiera existir. Así que la mejor estrategia era actuar del mismo modo para seguirle la pista.

Ni los drones, ni los modernos equipos, ni la tecnología de punta eran útiles en ese momento. De acuerdo con Jessica, la mejor arma sería el sentido común, que es el menos común de los sentidos. Una afirmación que aprobaron los presentes, intuyendo que la agente tenía razón.

Jessica sabía por qué lo decía. Conocía tanto al Chapo que podía presentir cuál sería su próximo paso, pero no quería utilizar ese don. Quería que fuera el destino quien decidiera, y si la respuesta era que tenía que capturarlo, lo haría con el mayor gusto y profesionalismo con que estaba acostumbrada a trabajar. Se quedó varias noches trabajando hasta tarde; quería descifrar los puntos débiles del Varón de la Droga. Quería encontrar el hilo de Ariadna que la llevara al corazón de quien fuera su mejor amigo en la infancia y que había reaparecido trastornado su vida, algo que ni ella ni nadie podía comprender.

Jessica no mentía. Su verdadera razón era capturar al Chapo, y en eso llevaba trabajando sin descanso veinte años, tres meses y cinco días con sus noches para poder liberarse de una vez por todas de un recuerdo que le impedía organizar su vida. Se quería liberar del reflejo de su sombra, a la que deseaba iluminar capturándolo.

La ironía era que la cárcel para el Chapo significaba la libertad para Jessica, quien cortó todas sus reflexiones al recibir información muy importante. El trabajo que estaba haciendo finalmente daba sus frutos. Sabía que alguna de las tres debilidades del Chapo —las mujeres, los perfumes y las tortillas— lo pondría en evidencia.

LXIX
EDIFICIO MIRAMAR

Cinco días después, en la noche del 22 de febrero de 2014, unas luces tenues iluminaban la fachada y la barda del edificio Miramar en Mazatlán. De fondo se escuchaba el canto de los grillos, un aparato de aire acondicionado y una canción emblemática de *reggae* interpretada por Bob Marley: *One Love*. Eran todos elementos propios de un tranquilo vecindario que presagiaban una noche apacible.

Pero lejos de ser apacible, en el comando de la Marina se vislumbraba una fuerte posibilidad, algo por lo que todos, de una forma u otra, habían luchado por tantos años: la captura del Chapo Guzmán. Dentro del comando, Jessica y los demás terminaron de alistarse para continuar la operación Gárgola, iniciada días atrás.

Su objetivo era claro. La información que acababan de recibir desde la oficina central del ICE en Arizona (desde donde se monitoreaba todo), provenía de un informante de primera mano que tenía contacto directo con el primer círculo del Chapo y no dejaba lugar a dudas.

Tras confirmar que tenían apoyo suficiente por tierra y aire, Jessica y los efectivos de la Marina, en el punto de no retorno, comenzaron a orar. Sabían que cualquier cosa podía pasar y que la vida de todos estaba en peligro, por lo que se encomendaron al poder superior. Luego de los abrazos y de los deseos de buena suerte, salieron confiados y decididos a cumplir la misión más grande de sus vidas.

En el departamento 401 del edificio Miramar, la Voz dormía cerca de la puerta de entrada con la pistola en mano. Unos metros más adentro, el Chapo, Emma y las gemelas dormían en la recámara principal en una cama *king-size*, tapados con una colcha. El calor era sofocante. Lo único que se escuchaba era la respiración incómoda del Chapo y el aire acondicionado. Afuera, Jessica y el resto del comando de captura se aproximaban al edificio. Cargaban armas pesadas, escudos y arietes. Se escondieron entre los coches, jardineras, botes de basura y columnas. Un general de la Secretaría de Marina (SEMAR) llevaba la voz líder. Por radio, ordenó a las unidades que tomaran sus puestos. Unos soldados aseguraron las salidas, la entrada del edificio y al conserje, a quien amenazaron con arma larga; otros, la alberca, por si a su objetivo le daba por lanzarse, y unos más las escaleras.

Jessica, el general de la Marina y su grupo subieron sigilosamente por las escaleras. Llegaron al piso 6. Se colocaron frente a la puerta del departamento 601, de donde provenía la música de *reggae* que sonaba más fuerte. El general les dijo que allí era. Otro de los militares sacó una pequeña ganzúa que insertó en la cerradura. Mientras los otros esperaban, se escuchó el sonido que venció la cerradura, luego contaron hasta tres con los dedos de la mano.

En el interior del departamento encontraron a un gringo joven de pelo largo y a una gringa de cuerpo escultural con tatuajes tribales que se besaban semidesnudos. En la mesa del comedor había botellas de mezcal, un pequeño montículo de marihuana y todo lo necesario para una fiesta. En el estéreo seguía sonando el *reggae* que hacía que el ambiente en el departamento fuera coherente con sus huéspedes, que dos minutos después bajaron esposados por los *marines* que apoyaban la operación.

El general de la Marina, Jessica y dos hombres más, luego de recibir el reporte desde la recepción, bajaron al cuarto piso, seguros de que era allí donde realmente se encontraba el Chapo. Se acercaron a la puerta del departamento 401 en completo silencio y oyeron que adentro cortaron cartucho. El general de la Marina les indicó a los dos hombres que derribaran la puerta.

Los hombres cargaron sus fusiles y se llevaron la puerta por delante. Jessica y el general los siguieron con sendos escudos para defenderse de la balacera con la que esperaban ser recibidos. Pero el golpe fue tan coordinado que la Voz, cuya verdadera identidad había sido todo un misterio en los últimos días, no alcanzó a reaccionar. El general y Jessica le apuntaron advirtiéndole que era mejor que bajara el arma. La Voz pensó unos segundos sus opciones, pero Jessica, enfática y en voz baja, le dijo: "No te lo voy a repetir".

El ruido hizo que Emma, en la recámara principal, se despertara. Movió al Chapo, quien de inmediato se incorporó y se quedó quieto, tratando de entender qué sucedía afuera.

En la sala, dos *marines* cuidaban a la Voz mientras algunos soldados que acababan de entrar se desplazaron a la cocina. El general y Jessica corrieron hacia la recámara principal. Con todo cuidado, Jessica giró la perilla, abrió la puerta y se encontró de frente con Emma, quien tenía en los brazos a sus gemelas. La expresión de Emma era de total sorpresa y susto a la vez. Jessica la saludó. Le pidió por segunda vez que le dijera la verdad. Emma le dijo que estaba sola, que desconocía el paradero de Joaquín, que hacía días que no lo veía. Jessica entendió sus razones; no hacía más que defender al hombre que amaba y quería serle fiel hasta el final. Jessica, primero, le ofreció una disculpa por su segunda irrupción, luego le pidió que colaborara, que tenían que encontrarlo. Revisó debajo de la cama, en el clóset, y estuvo a punto de entrar al baño, pero la puerta estaba trabada. Empujó con fuerza y se dio cuenta de que algo la bloqueaba desde dentro.

Jessica repasó la expresión de Emma, la de las gemelas y entendió que la vida se reducía a eso, a lo que veía en ese momento: a estar en familia. Afectada, dio un paso a un lado para que el general de la Marina y varios oficiales hicieran su trabajo. El general, con voz imponente y apuntando hacia la puerta gritó: "Chapo, ¡es mejor que te entregues!".

El silencio en la habitación parecía durar siglos. Nadie respondía, nadie hablaba, todos esperaban el momento en que la vida regresara a su propia dinámica, encajando los piñones del tiempo que se vivió, el tiempo que fue y no fue, lo que se hizo y no se hizo y, en especial, lo que cada uno quiso que se hiciera. En el caso de Emma, que el Chapo se hubiera entregado años atrás para tenerlo algún día de vuelta en casa; para Jessica, que no hubiera torcido su camino y siguiera vendiendo naranjas, segura de que esa familia que se hallaba en esa habitación podía haber sido muy distinta.

De nuevo se escuchó la voz del general de la Marina, más fuerte, pidiéndole al Chapo que se entregara. Le advirtió que tenían todo rodeado, que no había por dónde escapar. El Chapo no daba señales de vida. Una vez más, el general le gritó impaciente que se rindiera. Entonces se escuchó la voz del Chapo desde el interior: "Está bien, está bien". Salió y se topó con la mirada de Jessica, que lo miraba con una expresión de victoria en los ojos. El general y otros oficiales lo derribaron para cerciorarse de que no portara armas y lo esposaron.

El Chapo, como cualquier ser humano, se sintió diezmado, golpeado. Le dijo a Jessica que seguían siendo tan amigos como siempre. Jessica lo miró en silencio: prefería no decir nada.

El Chapo quiso hablar con Emma antes de que se lo llevaran, pero el general se lo impidió. Tres minutos más tarde iba en un convoy con destino desconocido. La camioneta que lo transportaba atravesó un campo de futbol donde un helicóptero Black Hawk descendió para llevárselo. Solo el polvo y la basura lo despidieron. El helicóptero los trasladó hasta la pista militar del aeropuerto de Mazatlán, donde un avión Lear Jet 60 los esperaba.

En el avión, Jessica se sentó frente al Chapo. Los dos se relajaron. Ella revisó que estuviera bien asegurado con chaleco, cinturón y esposas. No quería otra sorpresa.

El Chapo rompió el silencio para saber cómo se sentía. Jessica, por lo alterada que había terminado tras el operativo, no quería hablar y, pasándole su celular, le preguntó si quería hablar con su abogado. El Chapo le dijo que quería hablar con alguien más. Llamó a Emma. Sus palabras iban cargadas de un fuerte sentimiento de amor, humildad y perdón. Le pidió que no se preocupara, que estaría bien. Habló con las gemelas para decirles que las amaba y que, aunque estuviera muy lejos, les prometía estar pendiente de ellas. Antes de terminar la conversación, les dio la bendición repitiéndoles que las amaba. Lo mismo le dijo a Emma. Una confesión que Jessica hubiera preferido no escuchar; era la primera vez que le tocaba vivir una situación así y no le gustó para nada. Se le ocurrió decir lo que era evidente cuando el Chapo le devolvió el celular: "¿Hablando con la familia?". Por su bien, jamás debió haber hecho esa pregunta. La respuesta la puso por el piso. El Chapo le respondió con otra pregunta: "¿Hay algo más importante?".

Ante esa contundente respuesta, a Jessica se le vino a la mente lo que le había dicho la amiga de su mamá en Ámsterdam: en su obsesión por capturar al Chapo, estaba enamorada de un recuerdo. La realidad y su presente eran muy diferentes. El Chapo, narcotraficante, asesino o lo que fuera, había logrado lo que ella, como agente federal, con todas las condecoraciones, no había podido: una familia.

Se sentía la mujer más vacía. Era el vacío que no había podido llenar con un recuerdo. No tenía familia. Estaba sola en el mundo, y lo que pensaba que amaba, su trabajo, se terminaba en ese momento. Una verdad que entendió mirando al Chapo a los ojos. Comprendió que cada uno elige su destino, y el de ella no era como el del personaje que tenía enfrente.

Jessica entendió, mientras el avión alcanzaba los diez mil pies de altura, que el Chapo a quien tanto había perseguido representaba el pasado. Ese Chapo que ella conoció murió en el paso de la niñez a la adolescencia. Ese Chapo era un recuerdo del que se liberaba en ese momento, ahí frente a él, frente a su realidad: cuando bajaran del avión, él iría a prisión y ella tal vez a cenar sola a un buen restaurante.

LXX
ALMOLOYA DE JUÁREZ

El Chapo sintió que su captura era una realidad cuando fue examinado frente a la doctora de la prisión de Almoloya de Juárez. Poco le importaba su silencio. Le gustaban las mujeres así, duras y secas, por eso cuando intentó entablar conversación recibió como respuesta un fuerte regaño. Así él fuera el delincuente más peligroso del mundo, en ese sitio donde estaban, mandaba ella.

El guardia lo condujo al lugar donde dejaría estampadas sus huellas dactilares para su reseña. Luego pasó por la humillación legalizada, la minuciosa requisa que deja un mal sabor en la hombría de cualquier individuo. Un guardia lo trasladó a la celda número 20. Caminó a su nuevo "departamento" y tuvo que escuchar los insultos de quien, siendo su peor enemigo, había jurado matar. "Pinche Chapo traidor y culero, por ti murieron mis hermanos, pero tú también te vas a morir hijo de tu puta madre. Aquí estás solo, pendejo, y cuando menos pienses, te voy a arrancar los huevos". Era la voz de Héctor Beltrán Leyva, que recién había llegado al mismo penal.

Así pasaron varios días. El Chapo recordando cómo habían muerto su hijo Édgar y Reina quien había sido masacrada por su vecino de celda y sabiendo que era vigilado por cámaras de seguridad. De a poco aprendió a hablar de medio lado, ayudado por un espejo, para evadir la presencia de los guardias.

El encierro fue minando sus resistencias, y cuando perdió la noción del día o la noche, le pidió ayuda a la Barbie para sobrellevar su depresión. La Barbie le enseñó lo necesario para sobrevivir en la jaula. Lo indujo a que construyera su principal herramienta: "un carro", con ganchos de revistas e hilo deshilado de las sábanas amarrado al tubo de la pasta de dientes, para transportar entre celda y celda todo lo necesario para vivir.

Luego vinieron los medios de comunicación. Por la salida del aire acondicionado tenía una llamada en espera de la Barbie, quien desesperado de tanto escuchar su caminar ansioso, le enseñó a hacerse, con su uniforme y sus pantaloncillos, un *black out* personalizado; de otra manera, le resultaba imposible dormir, porque nunca se apagan las luces.

Cuando el Chapo le confesó a la Barbie que quería matar a Héctor Beltrán Leyva, que lo traía con sus pinches amenazas hasta los huevos, la respuesta fue contundente: "Si lo matas sería un güey menos con quien hablar, y en esta prisión, sin hablar, te vuelves loco".

El Chapo, que no era de disculparse, defendía las leyes del negocio. Era su territorio y su empresa. ¿Acaso les había chivateado la droga que pasaban al gabacho por Durango o la que descargaban en el desierto de Texas? Lo sabía y nunca dijo nada, ni a sus enemigos ni a las autoridades. "En cambio ustedes sí me mataron lo que más quería, a mi hijo Edgar y a Reina. Si tienes familia debes saber lo que es perder un hijo, cabrón". Fue una conversación con puntos álgidos en la que pudieron hablar abiertamente de lo que sentía el uno o el otro. Total, aunque malvados, sanguinarios y peligrosos, eran humanos.

La charla se cerró con dos bolsas de azúcar que necesitaba el Chapo para hacerse un café, poniendo a funcionar el "carrito" del contrabando.

Durante los siguientes meses, el Chapo encontró entretenimiento hablando con su abogado, que le contó los nueve procesos que tenía en curso y la presión de los gringos por su extradición. También le habló del contacto que por encargo suyo había hecho con una actriz de televisión, una morra muy guapa a la que le propuso llevar a la pantalla o a la literatura la verdadera historia de su vida. Algo que desde hacía muchos años contemplaba el Chapo y que ahora, de la mano de la actriz, podría hacer realidad. Aunque solo eran mensajes a través de un correo, el Chapo sintió el flechazo en la mitad de su ego, y así dio inicio a un ambicioso plan. Le pidió al abogado que hablara con el ingeniero, el que estuvo en Alemania, y le pidiera que le ayudara, que a lo mejor si cavaban profundo le encontraban salida a su situación y le podían dar una respuesta concreta a la posibilidad de chambear con la actriz. A lo mejor él podría ser el protagonista de su propia película.

Con el poder de convencimiento del Chapo, una mezcla entre verborrea y dinero, logró que su esposa Emma lo visitara. A falta de mariachi, puso a cantar al H, la Barbie y a otro preso recién llegado. Después de la febril serenata las conversaciones se centraron en el tema que interesaba a Emma: si ya se le había pasado el capricho por Jessica, la mujer que lo capturó.

Jessica, ajena a la preocupaciones de Emma, disfrutaba de un merecido descanso en una cabaña cerca de Aspen, Colorado, alejada del mundanal ruido, pensando cuál sería su futuro ahora que pensaba retirarse de la DEA.

Con nuevas fuerzas y con el contrabando funcionando entre celda y celda con "los carritos", el Chapo se convirtió paulatinamente en rey de la prisión. Fue tanto su poder que, junto con la Barbie, organizaron una huelga de hambre a la que se sumó Héctor Beltrán y Servando Díaz, la Tuta. La huelga de hambre tenía un propósito secreto que solo conocía el Chapo: vencer un obstáculo que encontró el ingeniero diez metros bajo tierra. Una enorme piedra debía ser pulverizada con una buena carga de dinamita.

Con el plan de su fuga andando, el Chapo continuó sus conversaciones inodoras con sus "grandes amigos", Héctor, la Barbie y la Tuta, a quienes además de jurarles lealtad hasta la muerte, les taladró sus esperanzas con el argumento de que ese fue el final que escogieron y al que debían resignarse, porque de ahí lo único que los sacaba era la muerte. Un sombrío futuro para los líderes del narcotráfico, que cuando estaban libres comían lo que les daba la gana y ahora sufrían por un plato de frijoles fritos, lo que les recordaban su infancia llena de privaciones y hambre.

Mientras tanto, en el Ritz de Nueva York, una bella actriz de la televisión tenía un encuentro fraternal con uno de los mejores actores americanos de Hollywood. El que la había buscado porque tenían un objetivo en común: llevar a la pantalla la vida del Chapo.

Pero cuando el Chapo recibió la noticia de su abogado de que estaba en curso la solicitud de extradición por parte de los Estados Unidos (país afectado por el orgullo nacional mexicano que asegura, en palabras del Procurador, que sus delincuentes –y más en el caso del Chapo– tendrían que pagar más de trescientos años de cárcel sumando todos los casos, primero en su territorio y después en el extranjero, resultando una burla para los americanos), decidió acelerar el plan de fuga.

En unas de sus últimas reuniones, los grandes capos del narcotráfico fueron dándose cuenta de que estaban solos. Su poder ya no existía. Eran simples mortales que se hacían matar por un sobre de azúcar. Su vida se redujo a comer, defecar y recibir seiscientos treinta pesos mensuales con los que debían aprender a vivir cuando afuera tenían millones en sus clavos. Solo les quedaba alardear del imperio y la fortuna que construyeron a costa del daño y dolor de los demás, y lo justificaban con que todo había sido por ayudar a los suyos. El Chapo insistía en decir que, si lo atacaban, él se tenía que defender; que nunca iniciaba las broncas, por eso había tenido que asesinar a unos cuantos. Los capos caen en cuenta que de nada vale cuando ya no tienen nada. Ni siquiera lo más preciado que pueda tener cualquier ser humano: la libertad.

Luego de los dimes y diretes, el Chapo les dijo que no está vencido, que no perdía las esperanzas; todos lo miraron. "Este cabrón ya está leyendo la Biblia. Échanos pues la historia del pinche bato que abrió los mares". Pero el Chapo quería tocar el tema de las traiciones. Los únicos imbéciles en este juego habían sido ellos, que fueron engañados por el gobierno y los gringos. "Eso te pasa por confiar en tus amigotes que tienes arriba", le reclamó Héctor Beltrán Leyva. "Tarde o temprano te la iban a hacer, cabrón; esos sí que son mafiosos, porque al final la mafia y la política vienen siendo lo mismo".

La sociedad los recuerda como los malos, como los villanos. El Chapo confiaba en que con el plan que tenía en secreto iba a poder limpiar su nombre. Una película de su vida lo convertiría en inmortal; poco o nada le importaría si lo volvían a capturar. Le capturarían el cuerpo pero no su espíritu, por lo que en la siguiente cita envió la orden con su abogado de que aceleraran el plan, porque ya estaba hasta la madre de ese sitio y prefería cumplir en otras condiciones la cita que tenía pendiente con el actor y la actriz.

El Chapo caminó de un lado al otro de su celda como un león enjaulado, encendió el televisor, se acostó, pero no logró conciliar el sueño. Y entonces se levantó, miró en la ducha, se volvió a sentar, se levantó, fue de nuevo a la ducha y, como si hubiera sido una aparición divina, regresó a su cama, se puso los zapatos, caminó por última vez a la regadera y desapareció detrás de un pequeño muro para no ser visto más. Sus amigos lo llamaron a gritos tras el ruido ensordecedor de un objeto que había caído al piso, pero el Chapo no respondió.

La que sí respondió en la placidez de su cabaña fue Jessica. Snowden, al otro lado de la línea, le dio la mala noticia de que no había aceptado su renuncia por una razón muy valedera: se acababa de escapar el Chapo de la prisión del Altiplano, y tenían que organizar cuanto antes el grupo que, junto a la Marina mexicana, debía recapturarlo por el bien de su agencia, de los gobiernos y de ella, que aún con la vida hecha pedazos tenía que demostrarle al mundo que el crimen, efectivamente, no paga.

FIN

EPÍLOGO

La siguiente premisa constituye la primera conclusión que puede obtenerse tras conocer la historia de un personaje como el Chapo Guzmán: "El crimen no paga". Es una conclusión a medias, pues la premisa, en tiempo presente, se queda estática frente a un negocio —el narcotráfico— que se mueve y crece permanentemente.

Por este negocio muchos quedan huérfanos, sin hermanos, sin hijos, sin padres, víctimas de una masacre brutal. Conclusión: la premisa —"El crimen no paga"— es verdadera, pero mientras se acepta como verdad, la gente sigue perdiendo la vida, porque saberlo de nada sirve.

Que el crimen no paga lo saben quienes, de una u otra manera, han caído en los tentáculos del narcotráfico y, sin embargo, no se resisten. Lo hacen por ambición, necesidad, emoción; tal vez por venganza contra un Estado o contra una sociedad que nada les ha dado. Son múltiples las razones por las que personas como el Chapo Guzmán deciden torcer su vida. Es el cauce de un río imposible de contener, que inunda los rincones de una comunidad que no toma medidas para liberarse del flagelo.

La mala noticia es que soñar un mundo sin drogas no es realista. Se pueden controlar pero no terminar. El ser humano tiende a ellas desde tiempos remotos. El hombre siempre ha buscado sentir más allá de lo que le premiten sus cincos sentidos. Es su propia búsqueda la que lo lleva a confundirse, por eso no se puede mezclar, ni echar en el mismo saco a quien consume la droga y a quien la produce. El primero tiene una búsqueda, mal encauzada, en la vida; el segundo solo ve un negocio y su ganancia potencial, como lo hacen las empresas legalmente constituidas.

Tampoco pueden mezclarse quien la siembra o la cosecha, con quien la procesa y distribuye. Son circunstancias distintas, aunque lo más sencillo es meter a todos en una misma bolsa y lavarse las manos para, desde mi comodidad o la comodidad de la justicia, salvar responsabilidades.

Estigmatizar un fenómeno como el narcotráfico y sus múltiples aristas no aporta ninguna solución a un problema que hemos creado todos. Un caso concreto es el del Chapo, quien nació en un entorno donde el narcotráfico era algo normal. Las actividades productivas giraban en torno a él y eran regidas por normas establecidas por los implicados, quienes desconocían las leyes de una sociedad que solo los tomó en cuenta cuando fueron en su contra, obviando lo fundamental: la prevención.

La buena noticia es que muchos de los personajes que permanecen en el negocio, si se reintegran a la sociedad, dejarían sus negocios. El problema fuerte aquí es la exclusión que hace la sociedad calificando como contrario a ella al que no se somete. Esto a la larga termina siendo conveniente para ciertas autoridades que sacan provecho de eso y se enriquecen a costa de aquellos excluidos que de alguna manera quieren ser aceptados.

Lo más cómodo es juzgar y estigmatizar al otro, pues al hacerlo se diluye cualquier sentimiento de responsabilidad, olvidando que todos formamos parte de un todo, y que lo haga el otro me afecta directamente o indirectamente a mí. Un planteamiento responsable en este sentido ahorraría muchas muertes, guerras y enfrentamientos.

No se trata de bajar los brazos. Se trata de utilizarlos para abrazar a aquellas personas que, como el Chapo Guzmán, hubieran preferido tener un espacio para reflexionar sobre el mal que ocasionaban, a cambio de poder vivir junto a su familia, ese primer círculo afectivo que nos vuelve seres humanos.

Un ejercicio interesante es ver la vida en todas sus dimensiones, no solamente en blanco y negro. Esa perspectiva es más constructiva que el juicio descarnado hacia los demás, que no es otra cosa que un juicio contra nosotros mismos.

AGRADECIMIENTOS

Gracias a todos con quienes me tropecé en la aventura de escribir este libro y me ayudaron. A mis editores, por mostrarme un mundo que no conocía y hacer que me encariñara con la literatura.

Gracias a los "buenos" y "malos" que he conocido, porque sin los unos y los otros este libro no hubiera pasado de la primera página.

A mis compañeros de todas las batallas, a mis hijos que son el motor de mi vida, a Socorro, a Alejo, a mi madre y mis hermanos, a mi familia.

A Marina, que estoicamente soporta mi histeria cuando no todo lo que escribo queda bien.

A los que no confiaron en mí, me despreciaron, me cerraron las puertas o me insultaron, porque a ellos debo mi coraje y mi fuerza para seguir adelante.

Pero en especial, a mis lectores, a todos estos valientes que con mis letras pretenden desafiar la ignorancia, porque sin su apoyo todo hubiera quedado en veremos.

Andrés López López. Escritor, productor, director y documentalista nacido en 1971 en Cali, Colombia.

Su primer libro, *El cartel de los sapos* —basado en las experiencias de su juventud—, fue un éxito de ventas y dio origen a la galardonada serie de televisión *El cartel*, que le valió varios reconocimientos como libretista e inspiró además la película del mismo nombre —también escrita por él—, así como su segundo trabajo literario, *El cartel de los sapos 2*.

Escritor incansable, es creador de series de televisión como *Las Muñecas de la mafia* (basada en el libro de su coautoría *Las fantásticas*) y *El Señor de los Cielos*, a la que acompaña el libro del mismo nombre y el documental *El Señor de los Cielos: La verdadera historia*, inspirados en la vida del narcotraficante mexicano Amado Carrillo Fuentes.

Su más reciente trabajo es la serie para televisión *Ruta 35, la válvula de escape*, sobre la vida de los informantes que trabajan para el gobierno de los Estados Unidos, y prepara tres nuevas series: *Las buchonas, El zorro del desierto* y *Joaquín "El Chapo" Guzmán: El Varón de la Droga*.

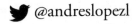 @andreslopezl   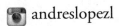 andreslopezl

Otros títulos de
Andrés López López con

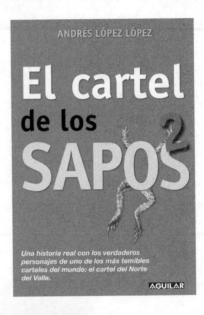